王丽萍 主编
文志华 何地 谢未来 副主编

智能广告

Artificial
Intelligence
Advertising

清华大学出版社
北京

内 容 简 介

本书以"智能广告"为核心,先介绍其诞生与发展的技术背景,接着阐述定义、核心三要素、特点等内容;基于此,本书构建了由受众识别、自动创意、精准投放、交互体验和监测反馈构成的智能广告运作模型,并阐明了智能广告的主要技术。为了便于读者理解,本书以程序化广告、搜索类广告、信息流广告、多感官广告四种典型的智能广告为例,详细梳理与之相关的理论知识,包括定义、特点、业务模型、优势与问题等。最后,针对智能广告在发展过程中出现的伦理失范与违法乱象,本书也提供了相应的监管对策。总之,本书重视理论与实践相结合,凸显新文科教育理念和模式,注重培养学生的创新思维和复合能力。

本书既能作为国内大中专院校新闻传播学等专业师生的必备教材,也能作为广告从业者的"工作指导手册"。

本书封面贴有清华大学出版社防伪标签,无标签者不得销售。
版权所有,侵权必究。举报: 010-62782989, beiqinquan@tup.tsinghua.edu.cn

图书在版编目(CIP)数据

智能广告/王丽萍主编. —北京: 清华大学出版社, 2024.1
ISBN 978-7-302-64765-2

Ⅰ.①智… Ⅱ.①王… Ⅲ.①智能技术 - 应用 - 广告学 - 研究   Ⅳ.①F713.80-39

中国国家版本馆 CIP 数据核字(2023)第 186783 号

责任编辑:	左玉冰
封面设计:	崔振江
责任校对:	王荣静
责任印制:	杨 艳
出版发行:	清华大学出版社
网　　址:	https://www.tup.com.cn, https://www.wqxuetang.com
地　　址:	北京清华大学学研大厦 A 座　　　邮　　编: 100084
社 总 机:	010-83470000　　　邮　　购: 010-62786544
投稿与读者服务:	010-62776969, c-service@tup.tsinghua.edu.cn
质 量 反 馈:	010-62772015, zhiliang@tup.tsinghua.edu.cn
课 件 下 载:	https://www.tup.com.cn, 010-83470332
印 装 者:	三河市人民印务有限公司
经　　销:	全国新华书店
开　　本:	185mm×260mm　　　印　张: 15.5　　　字　数: 308 千字
版　　次:	2024 年 1 月第 1 版　　　印　次: 2024 年 1 月第 1 次印刷
定　　价:	59.00 元

产品编号: 100686-01

前言

随着对自身及自然认知的不断深入,人类在使用工具的过程中逐渐摸索出一套与之适配的技艺并形成了技术。及至现在,技术的发展对整个人类社会已经产生了巨大的规制作用,不断重塑着社会中人们的生活方式,社会发展也多方面影响着技术进步的方向。人工智能(artificial intelligence,AI)将会触发"第四次工业革命"的启动键,前三次工业革命都有核心的变化:一个是能源,一个是使用能源的方式。第一次工业革命以蒸汽机的出现为标志,煤炭是主要能源;第二次工业革命是电力和汽油的使用,出现了电动机和内燃机;第三次工业革命,最主要的能源是数据,最重要的引擎是芯片;第四次工业革命,最关键的是人工智能,依托是互联网。

智能广告是在互联网媒介的蓬勃发展下,伴随着大数据思维和信息技术的发展,出现的具有交叉学科特征的全新概念,它不仅是广告的数字化、自动化和智能化,还是颠覆传统广告产业的创新力量。随着 5G(第五代移动通信技术)与 AI 应用、物联网(internet of things,IoT)应用、数字化云平台的应用及融合发展,VR(虚拟现实)、AR(augmented reality,AR 增强现实)、XR(扩展现实)、区块链、元宇宙(Metaverse)、ChatGPT、6G(第六代移动通信技术)等技术赋能的智能广告场景将更为丰富多元,随之而来我们需要总结、抽象、提炼出一整套有关智能广告的理论框架,推动广告创意文化与信息科学技术完美融合。

计算广告概念体现了智能广告的计算本质,"海量数据+智能算法"是互联网计算广告生产力的根本要素和底层架构,云计算、泛在计算、边缘计算(edge computing)等超级计算能力的发展是推动广告数字化发展的根本动力。计算广告体现出广告学科学化发展的技术特征,大数据的新范式让广告由"术"变成科学,推动了科学化深度洞察用户的心理和需求的智能广告理论横空出世。

当前,业界对智能营销的讨论和研究较多,专门论及智能广告的较少。现代社会,营销和广告的界限越来越难区分,广告也发展出广告即内容、广告即分享、广告即服务、广告即特定场景等多种形态,将广告整合甚至融合到营销领域,尽管与产业结构发展和市场思维之变相符,但是就传播本身进行具有时代和技术进步意义的研究更符合广告学学科发展之急需。智能营销和智能广告都建立在大数据基础之上,其所沉淀出来的智能洞察、智能推荐、智能创意、智能应对等方面的技术已经不止于产品营销、信息推荐或品牌提升,它将是牵动企业供给侧数字化重塑的重要支点。只有将生产、沟通、销售、服务诸环节完全彻底地在打通供需链的基础上,运用人工智能技术进行自动匹配，才能使未来的企业真正迎来全面智能化时代。

专家在论及传播变革时往往从智能传播的角度开展，主要探讨人工智能带来的未来传播革命和学科重构，但专注智能广告的系统性研究很少。广告有着悠久的历史，但广告学却是在20世纪随着新闻传播学和市场营销学的逐步发展而分化出来的一门学科。按照我国的学科分类体系，广告学是隶属于新闻传播学的二级学科，广告学理论在发展和完善过程中主要借鉴了传播学体系，广告从本质上说体现为一种信息传播的过程，必须依靠各种传播手段和传播媒介，才能传递给一定的受众。广告学与其他学科的最大不同在于更贴近行业，进入21世纪后，广告学与互联网产业、全球营销与数字营销、品牌咨询战略业和自媒体产业变革密切融合，涌现出大量新的理论和实践课题。智能广告学则借助了计算机科学与技术、人工智能、心理学、传播学和营销学等诸学科理论，体现出综合学科的应用集成，有必要从交叉学科角度出发，研究其在大数据、人工智能技术范式下的学科新属性和理论新成果。

按照通俗的说法，智能广告就是"在合适的时间、合适的地点把合适的内容用合适的方式传递给合适的人，产生合适的效果"。所有直击人心的智能广告都离不开数据的有效采集、渠道的有效曝光、用户的有效互动，这也是智能广告需要重点聚焦的三个方面：数据、显示（场景）和互动。本书对智能广告的定义是：依托于互联网等信息基础设施，以大数据为驱动，以个性化信息需求为中心，利用人工智能技术实现广告内容的耦合生产、精准投放、互动反馈和效果优化，推动广告产业以创新为驱动高质量发展，进而满足人民对美好生活向往的广告形式。智能广告可以在广告信息供需匹配之中搭建自我学习、自我迭代、自我进化的螺旋式可持续发展闭环。

智能广告是数据化时代的先锋者，是市场的推手，强调要有感知，要对市场和消费者有洞察，数据连接是第一步；有了数据连接以后，要把服务消费者对美好生活的需求放在第一位，要把流量还原成真正的人，对消费者作出决策、理解和分析，通过科学化深度洞察用户的心理和需求，用价值服务促进客户建立更高的忠诚度；然后用永远在线、场景化的技术改变社会和个体生活。数据思维和人性化思维要整合在一起才能建立未来智能广告的生态，也就是说，在今天和未来的时代，好的智能广告考验的是广告主对资源的整合能力。"价值理性比工具理性更重要"，真正做长期正向的广告闭环需要思考长周期的客户价值创造、长周期反复的交易过程，在广告供给和需求之间实现最佳效率的匹配，建立健康的闭环，使之由消费关系变为利益共生关系，使广告不会对消费者产生过度骚扰，更能够真正地使企业、品牌获得自身的价值。

无论是人与信息的连接还是人与人的连接、人与服务的连接，我们的社会都已经进入超级智能传播的时代，在这个新时代，智能网络、智能媒体、智能传播成为智能广告必然面临的生态系统。

王丽萍

2023年6月20日

目 录

第1章 技术改变广告 1
   1.1 技术背景 1
   1.2 人工智能概况 8
   1.3 广告的变迁 11
   1.4 广告业的重塑 21
   案例 29
   思考题 29

第2章 智能广告的基本概念 30
   2.1 国内外智能广告研究综述 30
   2.2 智能广告的发展历程 40
   2.3 智能广告概述 46
   2.4 智能广告的核心三要素 48
   案例 59
   思考题 59

第3章 智能广告的特点、功能和未来 60
   3.1 智能广告的特点 60
   3.2 智能广告的功能 70
   3.3 智能广告的现在和未来 76
   案例 80
   思考题 80

第4章 智能广告的运作模型 81
   4.1 智能广告的全生命周期运作 81
   4.2 受众识别 82
   4.3 自动创意 84
   4.4 精准投放 88

4.5　交互体验 ··· 90
　　4.6　监测反馈 ··· 92
　　案例 ··· 93
　　思考题 ··· 93

第5章　智能广告的主要技术 ·· 94
　　5.1　智能广告的支撑技术 ·· 94
　　5.2　智能广告的核心技术 ·· 102
　　案例 ··· 115
　　思考题 ··· 115

第6章　程序化广告 ·· 116
　　6.1　程序化广告的基本概念 ·· 116
　　6.2　程序化广告的发展与演进 ··· 118
　　6.3　程序化广告的业务模型 ·· 123
　　6.4　程序化广告的主要特点 ·· 129
　　6.5　程序化广告存在的问题 ·· 130
　　案例 ··· 132
　　思考题 ··· 132

第7章　搜索类广告 ·· 133
　　7.1　搜索类广告的基本概念 ·· 133
　　7.2　搜索类广告的发展和演进 ··· 135
　　7.3　搜索类广告的业务特点 ·· 137
　　7.4　搜索类广告的决策流程 ·· 139
　　7.5　搜索类广告存在的问题 ·· 141
　　案例 ··· 142
　　思考题 ··· 142

第8章　信息流广告 ·· 143
　　8.1　信息流广告的基本概念 ·· 143
　　8.2　信息流广告的发展与演进 ··· 144
　　8.3　信息流广告的主要模式 ·· 146
　　8.4　信息流广告的产品形态 ·· 149
　　8.5　信息流广告的优势与不足 ··· 152

案例 ·· 154
　　思考题 ··· 154

第 9 章　多感官广告 ·· 155

　9.1　多感官广告的基本概念 ··· 155
　9.2　VR、AR 广告 ·· 157
　9.3　智能视频广告 ·· 161
　9.4　元宇宙广告 ·· 167
　　案例 ·· 172
　　思考题 ··· 172

第 10 章　智能广告伦理 ·· 173

　10.1　智能广告伦理的定义及失范 ··· 173
　10.2　智能广告伦理失范的原因 ·· 181
　10.3　智能广告伦理原则 ·· 182
　　案例 ·· 188
　　思考题 ··· 188

第 11 章　智能广告监管 ·· 189

　11.1　智能广告监管现状 ·· 189
　11.2　智能广告监管重点与难点 ·· 213
　11.3　智能广告监管趋势 ·· 219
　　案例 ·· 225
　　思考题 ··· 225

参考文献 ··· 227

第 1 章

技术改变广告

本章以技术对社会发展的影响和推动为背景，介绍了互联网、大数据和人工智能等技术给传统媒体、广告产业带来的巨大变化与深刻影响。数字化技术促进了社会生活的转型，人类社会由信息匮乏的时代进入信息丰裕、信息爆炸、信息过载的新媒体时代，传统主流传播媒介的社会基础日渐式微，智能技术"微粒"化解析社会，互联网传播媒介则在很大程度上影响着消费者的心智。正如维克托·迈尔-舍恩伯格（Viktor Mayer-Schönberger）洞见的那样，我们已经迈入大数据时代。[①]随着各种智能技术的成熟及其在广告领域的运用，智能广告已成为广告行业发展的必然趋势，广告产业正在迎来智能时代的全新发展范式。

1.1 技 术 背 景

加拿大媒介理论学家马歇尔·麦克卢汉（Marshall McLuhan）指出："每一种技术都创造一种环境。"[②]美国媒介环境学派代表人物尼尔·波斯曼（Neil Postman）说："技术改变不是加法，也不是减法，而是生态法。公元1500年，在印刷机发明50年之后，我们拥有的不是一个多了印刷机的老欧洲，而是一个不同的欧洲。"[③]互联网，以及相伴而来的移动互联网，都不是只让原来的社会增加某种功能的简单技术，而是"元技术"，它能让整个社会生活，包括整个技术体系都围绕它重新建构。

1.1.1 技术的伟力

人类社会发展史也是一部技术发展史，在人类历史上，出现过许多伟大的发明创造。以生产力、生产工具和技术发展水平以及与此相适应的产业结构为标准，人类社会可划分为渔猎社会、农业社会、工业社会和信息社会，相应经历了石器时代、铁器时代、蒸汽时代、电气时代和信息时代，每一次技术的发展都会促进社会的进步，技术的发展不仅沿着自己的历史轨道在前进，而且使人类社会生活发生了重大的变化。

---

① 刘磊，程洁. 颠覆与融合：论广告业的"互联网+"[J]. 当代传播，2015(6)：84-86，89.
② 麦克卢汉，秦格龙. 麦克卢汉精粹[M]. 何道宽，译. 南京：南京大学出版社，2001：409.
③ POSTMAN N. Technopoly[M]. New York: Vintage Books, 1993: 18.

人类最早制造的工具就是石器，在漫长的斗争过程中，猿类学会了直立行走，并且开始使用石器，这就演变为最早的人类。此后，石器成了人类的主要使用工具，经过了旧石器时代（打制石器）和新石器时代（磨制石器）两大阶段。石器不仅成了人类最早的武器，还成了人类最早的狩猎工具。火是文明的象征，中国古代有"钻木取火"的故事，古希腊有"普罗米修斯盗取火种"的故事。火使得人类的生存和生活方式有了巨大的变革，它不仅能驱赶黑暗、带来光明，还与青铜器、铁器、陶瓷等古代手工业技术的进步密切相关。大约在10 000年前，人类发明了种植业。此后，人类就逐渐脱离了"采集—渔猎"的落后经济时代，向农耕文明前进。这一时期，人类逐渐大量发明和使用金属工具，对大自然的依赖有所减弱，改造大自然的能力增强了，人类的食物来源趋于稳定，人口迅速增加，为后来村落、城市的出现奠定了基础，伴随着农业出现的还有冶炼业、畜牧业、渔业和林业等。农业革命可以说是人类历史上的一次产业革命。

早期的人类，只有语言，没有文字。当人类发展到一定阶段的时候，就需要进行标记、计算、记叙和信息传播，于是就出现了文字。人类最早的文字是从图画简化而来，因此基本都是象形文字。随后，象形文字出现了分化，有的演变成为方块文字，有的演变为字母文字。文字的出现，是人类进入文明时代的标志之一。

近代自然科学的发展，是启蒙思想和工业革命兴起的基础，人类进入工业文明时代的标志就是蒸汽机的发明和推广。18世纪60年代，在英国的资本主义生产中，以牛顿力学为指导，大机器生产开始取代工场手工业，蒸汽机的广泛使用成为第一次工业革命的主要标志，生产力得到突飞猛进的发展。蒸汽机的出现使得人类对大自然的依赖进一步削弱，人类对大自然的改造能力进一步增强了。随之而来的是工业化、城市化的快速进步。在交通上，火车、轮船出现；在生产上，工厂取代了手工业生产，这是人类又一次重要的产业革命。第二次工业革命的一个标志性的发明就是发电机，这是人类历史上的又一次能源革命。发电机是人类进入电气时代的基础，在此基础上才有了电灯、电话、电报、电视、电影等一系列的发明。有了发电机，人类才对大自然的能源有了更多的利用，进一步推动了人类的工业化进程。第三次工业革命是以计算机的发明和应用为核心的工业革命，之前人类的发明基本在于解放人类的双手，而电子计算机不但进一步解放了人类的双手，推动了自动化革命，同时也开始解放人类的大脑。计算机能够对各种数据和信息进行自动加工与处理，直接加快了人类向信息化社会迈进的步伐，是科学技术发展史上的里程碑，也是此后的网络时代、信息时代的基础。在互联网问世的最初5年，人们创建了超过3.2亿个网页。[①]以智能为主的信息时代是在计算机技术、数字化技术和生物工程技术等先进技术的基础上产生的。信

---

① 凯利. 新经济 新规则[M]. 刘仲涛, 康欣叶, 侯煜, 译. 北京：电子工业出版社，2014.

息技术给人类的生活和工作带来了极大的便利，它的出现和发展急剧地改变着人们的工作、生活和交往方式，带来了划时代的巨大进步。今天，线上与线下、虚拟空间与现实世界甚至人与物、机器、设备都可以实现互联互通，普通人也能坐飞船进入太空，自动驾驶汽车、人工智能可穿戴设备、大脑芯片离我们的生活越来越近。[①]或许正如英剧《黑镜》所预测的那样（图1-1），未来人类可以自由提取和复制意识，实现永生也不再是梦想。

图1-1 《黑镜》里人类的意识被提取并放置于鸡蛋外壳的容器中

技术极大地推动社会生产力的发展，它以空前的发展速度渗透到社会生产和生活的方方面面，从而引起了生产观念与结构、经济观念与结构和社会观念与结构的深刻变革。马克思认为，科学是一种在历史上起推动作用的革命的力量，是历史的有力杠杆，他还认为手推磨产生的是封建主义，而蒸汽磨产生的却是资本主义，这就很明确地表明了科学技术的发展甚至会导致人类社会形态的整体性变迁。早在19世纪，恩格斯就对人类需求与科技发展的逻辑关系做过表述，他说："社会一旦有技术上的需要，则这种需要就会比十所大学更能把科学推向前进"。[②]

互联网、人工智能及相关技术形成的以信息化为特征的新型现代化的生产方式推动了社会生产力的发展，细化了社会分工，对既存的各种社会形态都具有重大的影响，甚至使整个社会具有媒介化的特征，促进了"微粒化"社会和"泛众化"传播时代的到来。"微粒化"社会中人与人之间圈层归属关系认同越来越趋向于非理性的横向连接价值因素，继而影响人们的社会认知、社会认同与社会协同。"破圈"传播与沟通已成为社会发展之于传播最为重要的责任与使命，通过非理性因素的有效作用将碎片化的

[①] 鲍德里亚. 消费社会[M]. 刘成富，全志刚，译. 南京：南京大学出版社，2014：1.
[②] 马克思，恩格斯. 马克思恩格斯文集：第10卷[M]. 中共中央马克思恩格斯列宁斯大林著作编译局，译. 北京：人民出版社，2009：668.

人群重新组织起来,找到社会共识与最大公约数。

科学技术是第一生产力,并不意味着科学技术是单独的生产要素,而是强调科学技术已渗透到生产力的各个基本要素中,而且使各要素不仅发生了巨大的量的增长,而且发生了质的变化。自 20 世纪 60 年代以来,科学技术上的新发明、新发现,比过去 2 000 年的总和还要多,而且科学发现、发明到应用的周期越来越短,新产品、新技术的"老化周期"也越来越短。可以说,科学技术的迅速发展正日新月异地刷新人类社会的面貌,它将人类带入物质丰裕的时代。正如让·鲍德里亚(Jean Baudrillard)所说:"富裕的人们不再像过去那样受到人的包围,而是受到物的包围。"[①]从人类现实生活看,科学技术正不断地渗透到社会生活的各个领域,并不断催生出新的需求,改变着人类的生产手段、生活方式和思维方式。"科技"早已深深地融入我们的衣、食、住、行里,就如空气一般无处不在。

1.1.2　互联网和人工智能的兴起

劳动工具从物质工具、动力工具发展到智能工具,从延长人手、增大体力扩展到提高和延伸人的智力,这意味着人脑或将逐渐得到解放。互联网产业是国家的信息基础设施,电子信息产业是国民经济最重要的产业部门之一,人工智能产业则是"新基建"的领域之一,这三大产业不仅是国际竞争的焦点,而且发挥着经济发展引擎的功能,能为绝大多数企业孵化出新业务。从时间轴来看,我国电子信息产业从 20 世纪 60 年代萌芽到起步用时 30 年,从起步到成熟合计用时 11 年;互联网产业从 1994 年萌芽到起步用时 14 年,从起步到成熟合计用时 8 年;人工智能产业从 2015 年萌芽到起步用时 4 年,2019 年进入起步期,预计到格局成熟阶段还需要 10 年时间,2019—2029 年将是人工智能产业竞争的重要窗口期。

计算机俗称电脑,是现代一种用于高速计算的电子计算机器,可以进行数值计算、逻辑计算,还具有存储记忆的功能。计算机作为能够按照程序运行,自动、高速处理海量数据的现代化智能电子设备,可分为超级计算机、工业控制计算机、网络计算机、个人计算机、嵌入式计算机五类,较先进的计算机有生物计算机、光子计算机、量子计算机等。当前,超级计算机已快速进入智能化时代,成为研究和应用人工智能必不可少的基础设施。

互联网是计算机交互网络的简称,又称网间网。它是利用通信设备和线路将全世界不同地理位置的相对独立的数以千万计的计算机系统互联起来,以功能完善的网络软件(网络通信协议、网络操作系统等)实现网络资源共享和信息交换的数据通信网。互联网始于 1969 年,是美军在 ARPA(阿帕网,美国国防部高级研究计划署)制定的

---

① 鲍德里亚. 消费社会[M]. 刘成富,全志刚,译. 南京:南京大学出版社,2014:1.

协定下将计算机相连，ARPA 成为现代计算机网络诞生的标志。从 20 世纪 60 年代起，由 ARPA 提供经费，结合计算机公司和大学共同研制而开展 ARPA 网络研究工作，最初，ARPA 主要是用于军事目的，后来，在技术上作出了一个重要奉献，即 TCP/IP（传输控制协议/网际协议）簇的开发和应用。作为互联网的早期主干网，ARPA 的实验奠定了互联网存在和开展的根基，较好地处理了异种机网络互联的一系列理论和技术问题。1983 年，美国国防部将 ARPA 网络划分为军事网络和民用网络，同时，局域网和广域网的产生与蓬勃发展对互联网的进一步开展起了重要的作用。其中最引人注目的是美国国家科学基金会（National Science Foundation，NSF）建立的 NSF 网络。NSF 在全美国建立了按地域划分的计算机广域网并将这些地域网络和超级计算机中心互联起来。NFS 网络于 1990 年 6 月彻底取代了 ARPA 网络成为互联网的主干网，并逐渐扩展到今天的互联网。第一个检索互联网于 1989 年发明，是由彼得·多伊奇（Peter Deutsch）与他的全体成员于蒙特利尔的麦吉尔大学（McGill University）开创的。1989 年，蒂姆·伯纳斯-李（Tim Berners-Lee）和欧洲粒子物理实验室的其他人，在欧洲粒子物理研究所（CERN），提出了一项对互联网信息进行分类的协议。这项协议在 1991 年后被称为"World Wide Web"，它是一个基于超文本的系统，若将另一段文本嵌入其中，当你阅读这些页面时可以随时使用它们来选择文本链接，这也是互联网应用普及历史上的一个重大事件。1990 年 9 月，Merit、IBM（国际商业机器公司）和 MCI 共同成立了非营利组织先进网络科学公司（Advanced Network & Science Inc.，ANS）。ANS 的目标是建立一个可以 45 Mbps 传输数据的全国性 T3 骨干网。到 1991 年底，所有 NSF 网络骨干网都连接到 ANS 提供的 T3 骨干网。1991 年，明尼苏达大学开发了第一个连接互联网的友好接口。客户端服务器体系结构的拥护者们很快制作了一个名为 Gopher 的高级演示系统，在接下来的几年里，全世界就有了 10 000 多个 Gopher。电子邮件服务始于 1992 年 7 月，一系列网络服务于 1992 年 11 月推出。1995 年 5 月，国际科学基金会失去了作为互联网中心的地位，美国在线（AOL）、Prodigy 和 CompuServe（美国在线服务机构）开始了在线服务，微软完全进入浏览器、服务器和互联网服务提供商（ISP）市场，实现了以互联网为基础的商业公司。1998 年 6 月，微软的浏览器和 Windows 98 的集成桌面计算机推动互联网发展。2000 年后，逐渐发现实现"机器智能"的关键；2005 年左右，实现了较为轻松地利用互联网收集大量样本；2010 年左右，利用计算机进行复杂的大规模神经网络运算才逐渐突破运算速度上的瓶颈；2012 年，深度学习在图像和语音方面发生重大突破后，人工智能便真正具备了走出实验室、步入市场的能力。同样地，直到最近几年，随着计算机系统生态的完善，机器人才逐渐开始"开源"，可以接收更多的"数据"作为"学习资料"了。

现在生活中的很多互联网工具已经开始使用人工智能技术了，只是我们没意识到而已。谷歌就是一个巨大的搜索弱人工智能（artificial narrow intelligence，ANI）；智

图 1-2　ChatGPT 登上《时代》杂志封面

能手机、自动驾驶汽车也是弱人工智能系统。人工智能领域中发展最快的就是以机器下棋为代表的人工智能，2016 年，在古老的围棋比赛中，AlphaGo 以 4∶1 的高分击败了世界大师级冠军李世石，这是第一个战胜围棋世界冠军的人工智能机器人，迅速引爆了人工智能行业。不依靠任何人类经验，从空白状态学起，能够迅速自学围棋的 AlphaGo Zero，于 2017 年以 100∶0 的战绩击败"前辈"。从 AlphaGo 到 AlphaGo Zero，人工智能在深度学习和强化学习的算法（algorithm）等方面不断取得新发展。2022 年 11 月 30 日，美国 OpenAI 发布了由其研发的聊天机器人程序 ChatGPT，ChatGPT 这个人工智能技术驱动的自然语言处理工具，代表的是下一代具备信息整理、创作能力的新的信息生成方式，能够从事归纳性的文字类工作、代码开发相关工作、图像生成领域工作、智能客服类工作，将进一步解放人类。2023 年 2 月 16 日，ChatGPT 登上《时代》杂志封面（图 1-2），并以"人工智能军备竞赛正改变一切"（The AI Arms Race Is Changing Everything）作为封面故事标题。

　　自 1994 年 4 月 20 日互联网正式进入中国以来，已经接近 30 年，互联网已经经历了三次大浪潮，分别是 1994—2000 年、2001—2008 年、2009 年至今。在此过程中，也可以窥见人工智能的身影。在第一次互联网大浪潮中，经历了从四大门户到搜索引擎（search engine）的改变。1994 年，我国正式接入国际互联网；1997 年 6 月，丁磊创立网易公司；1998 年，张朝阳正式成立搜狐网；1998 年，邮箱普及，第一单网上交付完成；1998 年 11 月，腾讯由马化腾、张志东等五位创始人创立；1998 年 12 月，王志东创立新浪；1999 年，聊天软件 QQ 出现，当时叫 OICQ，改名腾讯 QQ 后风靡全国；1999 年 9 月 9 日，马云带领下的 18 位创始人在杭州正式成立了阿里巴巴集团；2000 年 1 月 1 日，李彦宏在中关村创建了百度公司，提供中文搜索引擎服务。第二次互联网大浪潮经历了从搜索引擎到社交化网络的升级。2001 年，中国互联网协会成立；2002 年，博客网成立；2002 年，个人门户兴起，互联网门户进入 2.0 时代；2003 年，淘宝网上线，后来成为全球最大的 C2C（消费者对消费者）电商平台；下半年，阿里巴巴推出支付宝；2004 年，网游市场风起云涌；2005 年是博客元年；2006 年"熊猫烧香"病毒泛滥，名为"熊猫烧香"的计算机蠕虫病毒感染数百万台计算机；2007 年，电商服务业被确定为国家重要新兴产业；2008 年，中国网民数量首次超过美国。第三次互联网大浪潮经历了由PC（个人计算机）互联网到移动互联网的转变。2009年SNS（Social Networking Service，社会性网络服务）社交网站活跃，以人人网（校内网）、开心网、QQ等SNS平台为代表；6月，弹幕视频网站"哔哩哔哩"上线；2010年3月4日美团成立，团购网站兴起，数量超过1700家①，团购成为城市一族最潮的消费和生活方式；2011年，微博迅猛发展对社会生活的渗透日益加深，政务微博、企业微博等相继出现并呈井喷式发展。同年，中国互联网重新排位，百度、阿里巴巴、腾讯被称为"中国互联网三巨头"，简称BAT；2012年，手机网民规模首次超过台式计算机，微信朋友圈上线；2012年3月，今日头条上线；2012年"双11"，阿里天猫与淘宝的总销售额达到191亿元，被业内称为"双11"的爆发点，这一年淘宝商城正式更名为天猫；2013年，互联网进入商业社交互联网3.0时代；2014年，打车软件"烧钱"发红包，巨资红包抢用户，"互联网+交通"出行；2015年首次提出"互联网+"，ofo共享单车上线等；2016年"魏××事件"引发网络平台监管责任边界大讨论，互联网直播、网红等热词风靡全国；2016年，自媒体百家争鸣，互联网公司第一梯队、第二梯队等纷纷砸金到自媒体平台；9月，抖音上线，12月3日，喜马拉雅FM举办中国第一个知识内容狂欢节，称为"123知识狂欢节"，消费超过5000万元；2017年5月17日微信推出看一看、搜一搜；2019年5月，微信月活跃用户突破11亿；6月6日，工业和信息化部向中国移动、中国联通等发放5G商用牌照，中国在全世界率先全面实施5G技术商用；2021年，广告更充分地凸显出规模化的人性互动交流、营销平台的社区化和营销场景的沉浸式体验特点。视频、短视频广告和直播带货异军突起，进一步消解了传统广告的边界。②2023年3月2日，中国互联网络信息中心（CNNIC）发布的第51次《中国互联网络发展状况统计报告》显示，截至2022年12月，我国网民规模达10.67亿，较2021年12月增长3549万，互联网普及率达75.6%。③我国电子商务、社交媒体等互联网平台经过多年的发展，在推动营销创新和广告变革的同时，也出现了运用大数据侵犯消费者隐私权、社交媒体传播违规违法广告和电商垄断等乱象，国家市场监督管理部门及相关部门出台了一系列的政策法规，查处了几个互联网头部电商大案，向社会释放了加强互联网领域反垄断监管的信号。

时至今日，人工智能的商业化在中国得到了长足发展，在商贸、安防、金融、企服等领域纷纷落地开花，同时也真正意义上衍生出一套完整的产业链。业界将2017年称为"人工智能商业化、产品化应用元年"，我国主导的5G技术、5G网络逐渐推进到商用阶段，人们可以足不出户、动一动手指就完成很多想做的事。在此进程中，以计算机视觉、自然语言处理、深度学习、语音识别等为核心的人工智能技术被广泛地

---

① 互联网发展史4[EB/OL]. (2021-11-29). https://www.douban.com/note/820717143/?_i=10051872wVtYdJ.
② 刘强.2021：中国广告业的回顾与反思[J]. 现代广告，2021，437（22）：6-9.
③ 中国互联网络信息中心. 第51次《中国互联网络发展状况统计报告》[EB/OL].（2023-03-02）. https://www.cnnic.net.cn/n4/2023/0303/c88-10757.html.

应用到各行各业，形成了新一轮的产业变革，催生了多样化的经济形态。举个例子，国内的机器人独角兽优必选（UBTECH）就率先做出了一套 ROSA 机器人操作系统。作为开放系统，ROSA 通过模块化设计和层次性架构，在语音、视觉、运动以及情绪控制、设备互动和调度等方面都实现了相对完善的功能，使服务机器人拥有了表现力和生命感。ROSA 提供了丰富的接口，使普通的程序员也可以用 Java 语言进行开发，用自己的方式来 DIY（自己动手做）机器的运动、表情和语言功能，让自己 DIY 的机器人成为某种意义上"独一无二"的机器人。对广告业而言，互联网 1.0 阶段完成了传统广告业数据化；互联网 2.0 阶段完成了广告内容数据化；互联网 3.0 阶段完成了广告交易程序化、广告服务数据化；在智能广告时代，万物皆可相连、一切皆被数据化的万联网阶段也不再遥远。

1.2 人工智能概况

1.2.1 人工智能定义

现代意义上的"智能"概念可追溯到 17 世纪德国数学家、哲学家戈特弗里德·威廉·莱布尼茨（Gottfried Wilhelm Leibniz）的"万能符号"理论，他认为一切现实事件都能用物理符号将其逻辑化并推理。①对于人工智能，英国数学家、逻辑学家艾伦·麦席森·图灵（Alan Mathison Turing）于 1950 年发表的《计算机器与智能》（*Computing Machinery and Intelligence*）一文中提出机器是否会思考的问题，开启了人工智能的序幕。他提出了重要的衡量标准"图灵测试"（图 1-3）：假设在一面墙的后面有一台计算机和一个人，然后问他们一个问题，给出答案后判断不出是人还是机器的时候，就说计算机有了和人一样的智能。②1956 年"人工智能"一词在达特茅斯学会上被明确提

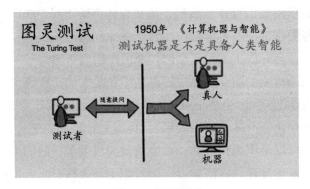

图 1-3 图灵测试

---

① 段淳林，宋成. 用户需求、算法推荐与场景匹配：智能广告的理论逻辑与实践思考[J]. 现代传播(中国传媒大学学报)，2020，42(8)：119-128.

② TURING A M. Computing machinery and intelligence[J]. Mind, 1950, 59(236): 433-460.

出。人工智能专家迈克尔·尼格尼维斯基（Michael Negnevitsky）将人工智能定义为机器具有"学习和理解事物、处理问题并作出决策的能力"。①按照此定义，显然目前距离真正意义上的人工智能还有很大差距。

维基百科的人工智能词条采用的是斯图尔特·罗素（Stuart Russell，加州大学伯克利分校的计算机科学家）与彼得·诺维格（Peter Norvig，谷歌研究所的主管）在《人工智能：一种现代的方法》第 3 版中的定义，他们认为，人工智能是有关"智能主体（intelligent agent）的研究与设计"的学问，而"智能主体是指一个可以观察周遭环境并作出行动以达至目标的系统"。②这个定义，既强调人工智能可以根据环境感知作出主动反应，又强调人工智能所作出的反应必须达至目标，同时，不再强调人工智能对人类思维方式，或人类总结的思维法则（逻辑学规律）的模仿。③可见，人工智能的范围很广，从机器学习算法和大数据管理到机器人技术与神经科学，范围在不断扩大。广义上的人工智能泛指通过计算机（机器）实现人的头脑思维，使机器像人一样去决策。

1.2.2 人工智能的目标及历史发展三阶段

人工智能的两个主要目标：一是通过在计算机上建模和模拟来研究人类智能；二是通过像人类一样解决复杂问题使计算机更有用。人工智能的发展主要经历了三个阶段：第一个阶段是 1966 年以前，让机器人学习人类，一开始人们认为，通过确切的文字和逻辑，就可以让机器拥有智能。第二个阶段是从 1970 年至 2000 年，1969 年，西摩尔·帕普特（Seymour Papert）和马文·明斯基（Marvin Minsky）[后者在 20 世纪 50 年代曾热衷于人工神经网络（artificial neural network，ANN）的研究，后来放弃了]联合出版的《感知器：计算几何学概论》一书中指出了学习机的局限性，其中有些局限性对于技术发展会造成严重阻碍，对他们来说，神经网络的研究之旅已经走入死胡同。④这两位都是麻省理工学院极负盛名的权威教授，他们的作品在领域内引起了轰动：资助机构纷纷退出，不再支持该领域的研究工作。从 20 世纪 80 年代末到 21 世纪，人们研究了多种机器学习方法，包括神经网络、生物学和进化技术以及数学建模。早期最成功的结果是通过机器学习的统计方法获得的，线性和逻辑回归、分类、决策树、基于内核的方法[即支持向量机（Support Vector Machine，SVM）]等算法大受欢迎，后来，深度学习被证明是构建和训练神经网络以解决复杂问题的有效方法。其基本训练方法与之前相似，但是有一些改进推动了深度学习的成功，包括构建有很多层并大

---

① 尼格尼维斯基. 人工智能：智能系统指南[M]. 陈薇，等译. 北京：机械工业出版社，2015：1.
② 罗素，诺维格. 人工智能：一种现代的方法[M]. 3 版. 殷建平，祝恩，刘越，等译. 北京：清华大学出版社，2013.
③ 李开复谈人工智能的五个定义：哪个最不可取？[EB/OL]. （2019-08-27）. https://baijiahao.baidu.com/s?id=1643006053392164975&wfr=spider&for=pc.
④ MINSKY M L, PAPERT S A. Perceptrons: an introduction to computational geometry[M]. Cambridge, MA: The MIT Press, 1987: 969.

得多的网络。庞大的数据集，包含：数千个到数百万个训练示例；神经网络性能、泛化能力和跨服务器分布训练能力的算法改进；更快的硬件[如图形处理器（GPU）和张量，人工智能术语——Tensor 核心]，可以处理更多数量级的计算，这都要求使用大型数据集来训练复杂的网络结构。第三个阶段是 2000 年至今，研究人员认为，以逻辑的方式无法建构真正的智能机器，必须赋予机器学习的能力，让它们能以经验为基础进行自我建构。至此，人类才逐渐发现，实现"机器智能"的关键，不在于模仿人类的语言逻辑，也不在于模仿人类说话内容——这些原本以为的突破口，都被证明是徒劳无功的，真正的突破口，在于"数字化"和"样本量"——收集足够多的数据样本，并迅速进行计算，然后响应。深度学习算法是由计算机自己通过不断的试错调整得到的模型，更加实用，更能够从本质上解决问题。然而，收集大量数据在互联网时代到来以前是一件非常困难的事情，迅速计算大量数据对计算机性能具有较高的要求。2005 年左右，才能较为轻松地利用互联网收集大量样本；直到 2010 年左右，深度学习、大规模计算、大数据才逐渐步入成熟阶段，利用计算机进行复杂的大规模神经网络运算才逐渐突破运算速度上的瓶颈。同样地，产业界迎来了数据密集型科学发现时期，这也被称为科研第五范式的雏形。

1.2.3 人工智能的能力三层次

近年来，人工智能的智能程度和可用范围以指数级快速增长，按照人工智能的能力，可将其分成三个层次。

1. 弱人工智能

弱人工智能，是指擅长单个方面的人工智能。比如，有能力战胜象棋世界冠军的人工智能，但是它只会下象棋，你要问它其他方面的问题，它就不知道怎么回答你了。比如，第一个击败人类职业围棋选手、战胜围棋世界冠军的人工智能机器人 AlphaGo，就是一个弱人工智能。

2. 强人工智能

强人工智能（artificial general intelligence，AGI），又称通用人工智能或完全人工智能，指的是可以胜任人类所有工作的人工智能。一个可以称得上强人工智能的程序，大概需要具备以下几方面的能力：存在不确定因素时进行推理、使用策略、解决问题、制定决策的能力；知识表示的能力，包括常识性知识的表示能力；规划能力；学习能力；使用自然语言进行交流沟通的能力；将上述能力整合起来实现既定目标的能力。

3. 超人工智能

假设计算机程序通过不断发展，可以比世界上最聪明、最有天赋的人类还聪明，那么由此产生的人工智能系统就可以被称为超人工智能（artificial super intelligence，

ASI）。超人工智能的定义最为模糊，因为没有人知道，超越人类最高水平的智慧到底会表现为何种能力。如果说对于强人工智能，我们还能从技术角度探讨可能性的话，那么，对于超人工智能就只能从哲学或科幻的角度加以解析了。

2006年初，我国召开全国科技大会，这次会议对技术创新的基调与以往的技术政策有很大的不同，部署实施《国家中长期科学和技术发展规划纲要（2006—2020年）》，提出加强自主创新、建设创新型国家。国家鼎力支持人工智能的发展应用，陆续且密集出台了一系列相关文件：2015年7月出台《国务院关于积极推进"互联网+"行动的指导意见》，2016年5月国家发展和改革委员会等四部门联合发布《"互联网+"人工智能三年行动实施方案》，2016年底出台《智能制造发展规划（2016—2020年）》，2017年7月发布《新一代人工智能发展规划》，2017年年底发布《促进新一代人工智能产业发展三年行动计划（2018—2020年）》，等等。这些"顶层设计"鼓励政策，提出大力培育和发展人工智能新兴产业、鼓励智能化创新，力争到2030年实现把我国建设成为世界主要人工智能创新中心的"新目标"。

1.3 广告的变迁

建立在工业社会基础上的旧技术经济范式正在被建立在信息社会基础之上的新技术经济范式逐渐取代，这种范式转换在"互联网+"时代表现得尤为抢眼。人类正在从IT（information technology，信息技术）时代进入DT（data technology，数据技术）时代。2016年，唐·舒尔茨（Don Schultz）在展望未来广告的发展趋势时提出了几点假设：传统供应链模式将被需求链取代；企业将更多关注消费者的欲望、需求和要求等方面而非生产规模；企业营销的重心是"识别"或"理解"消费者的"需求痛点"，创造产品/服务予以满足；企业的组织结构将完全颠倒，并越来越强调将互惠或共享价值作为一种商业关系工具。[1]这些假设在现在看来已被基本证实。

1.3.1 从传统媒介到数字媒介

广告生态的重构与传播媒介的进化同频共振，传播媒介的嬗变成为见证和推动广告迈入现代化阶段的重要载体。按传播介质，可以将人类传播历史分为人际传播时代、文字传播时代、电子媒介时代和数字信息时代。传播媒介正在经历从物理介质到关系介质，再到算法介质的改变，媒体形态的"由实转虚"意味着算法将成为无所不在的"万物皆媒"发展阶段的基础媒体。

在人际传播时代，社会中的信息交流主要通过口头语言，吆喝即是广告，文字被

---

[1] SCHULTZ D. The future of advertising or whatever we're going to call it[J]. Journal of advertising, 2016, 45(3): 276-285.

发明后，人类借由文字符号传递信息，文明被带离发源地，传播到更远的地方，人类社会发展进程被大幅度推动。

报纸、杂志作为印刷媒介，在书写年代吸引了大量的读者，影响着当时社会生活的方方面面，在这一时期，人类依赖媒介完成了文明的大范围扩散。报纸是平面静态方式表现的传播媒体，对消费者的文字水平有一定要求，能过滤一部分社会群体，内容偏向理性，但整体表现能力不强（尤其是对图片的表现能力），具有非强制性传播的特点，可信度高，特别是我国发行的报纸，与党政机关联系紧密，更被读者奉为权威，但是时效性差。杂志类似于报纸，亦为平面方式传播，但视觉表现能力强，颇具艺术美感，印刷精美，为读者喜爱，许多广告甚至被读者收藏。杂志针对性强，读者群稳定且明确，尤其是专业类杂志，因而使广告更具针对性。同时杂志对读者文化、社会层次要求更高，一般杂志订阅者都有较强的社会购买力。杂志内容一般关注某一领域，能进行深度报道，相比其他传统媒体，杂志的重复阅读率及传阅率最高，同一广告能反复传播，但是时效性差，广告安排不灵活，不适合做短期促销广告。

在电子媒介时代，电报、电话、广播、电视等媒介陆续诞生并用于实践，传播媒介占据主动权，对人们的影响较大，改变了国民的时空观念和政治态度，改变了国家的治理方式，也改变了国家间的外交方式和解决纷争方式。在电子媒介时代，信息开放社会才真正地来临，人们逐渐获得了传播地位。

互联网出现后，曾经被业界视为继报纸、杂志、广播和电视等传统媒体之外的一种新媒体，这种观点在短短10年不到的时间内就被推翻。电脑和互联网的发明开启了人类又一次传播革命，数字信息时代也随之开启，尤其是几乎人手一部智能手机，它使每个人都可以释放出前所未有的传播影响力，甚至新闻爱好者也完全有能力达到过去资深记者的最高水平。传统意义上的媒介产业正在分崩离析并且边界已失，现代社会处在一个自从现代媒介产业诞生以来的长达100多年的去中心化进程的顶峰，超级智能的泛媒介化景观已初现轮廓。不同于工业时代机器大生产的观念以及"在任何一个特定的时间和地点以统一的标准化方式重复生产的经济形态"，在这个新时代，互联网已经成为打破传统行业竞争壁垒的跨界闯入者。互联网颠覆了以往个体在社会生活中的存在方式，彻底改变了国家间政治、经济、文化、军事等方面的交流，在技术、思维、模式和业态等各个方面颠覆了传统的媒介产业。BAT、谷歌（Google）、脸书（Facebook）、亚马逊（Amazon）、苹果（Apple）等公司站上了传媒产业的风口，而曾经煊赫一时的报业集团、广播集团和4A（American Association of Advertising Agencies）广告公司（即美国广告代理商协会成员公司，或泛指具有国际化作业水准的广告公司。）即便仍然保持着一定的规模，但其发展和创新能力已经相形见绌，纷纷主动向融媒体和全媒体方向发展转型。

在数字信息时代，传播的受众往往是个体，信息变得极度个人化，媒介满足了人类越来越高的信息需要和个性化服务需求。在人媒关系中，人与媒介趋向于相互作用。随着大数据、云计算和人工智能技术的发展，算法技术在互联网媒介中的应用越来越广泛，算法技术是智能媒介的基础设施，技术发展必然指向智能数字媒介。依赖算法所进行的人与人、人与物和人与内容的连接，也不再像前智能时代那样有迹可循，而是遮蔽在数据分析、算法推荐、机器选择背后，通过吸纳、分析海量多元的网络数据得以存在。随着智能媒介的发展，人媒合而为一、共同组成一个"超媒介"也指日可待。

传播媒介不仅推动着社会的发展，同时也在功能上延伸着人体的视觉、听觉、触觉等感官功能，并逐渐作用于人的神经和意识层面。加拿大媒介理论学家麦克卢汉曾就媒介如何延伸人体功能作出阐述：在机械时代，我们首先完成了身体在空间中的延伸，眼睛、耳朵等感官器官的功能增强；步入电力时代，广播、电报等就像地球的神经系统一样，媒介技术增强了人类神经中枢系统的功能；随着电脑的出现和互联网技术的发展，"我们正在迅速逼近人类延伸的最后一个阶段——从技术上模拟意识的阶段"，人类的意识经由无所不在的互联网络被延伸至地球的各个角落。媒介的发展趋向于人性化，同样具有生物体的"进化"属性，处在不断进化过程中。[1]

麦克卢汉将媒介的进化视为一种自然选择偏向的结果，认为具有人性化趋向的媒介在功能上更符合人类的生物习惯，在与其他各种媒介的竞争中更容易取得优势，从而存在并发展下去。美国媒介环境学者保罗·莱文森（Paul Levinson）则在麦克卢汉思想的基础上作出补充和延展。莱文森认为，媒介的进化为人类所掌控，是趋向于人类理性需要的产物，媒介进化的内在逻辑是人类对前一媒介技术的补救，并由此提出了补救性媒介理论：人是在技术发展过程中占支配地位的，技术所产生的任何可能性都是由人来实现的，但同时他也意识到，任何媒介都无法完美地满足人的所有需求，针对前一个媒介的某些不足，人们会创造相对应的补救性媒介。[2]印刷文字是对人际传播无法持续保存、大范围传播的补救；广播发明以后，存在着视觉缺失的缺陷，于是人类生产出了补救性媒介——电视；及至现在，互联网是对以前这些补救性媒介进行再补救的媒介，智能媒介的出现也是对原有互联网无法主动推荐信息的补救。这样的补救过程完全由人类理性所控制，换言之，媒介处在不断进化中且进化的方向由人类所掌控。

人类借由媒介技术夺回失去的真实传播环境可以分为三个阶段：第一阶段，人类传播是在前技术环境中面对面地传播，人类纯粹利用自己的生物感官系统进行信息交换。第二阶段，人类为了克服生物体的局限，开始使用技术，但在这一阶段，传播过程丢失了真实环境中的部分元素如色彩、触感等，如借助广播、书籍、报刊等技术手段进行的传播，信息的生产和信息的传播是两种职能，如编辑是内容和信息的生产者，

---

[1] 麦克卢汉. 理解媒介：论人的延伸[M]. 何道宽, 译. 南京：译林出版社, 2011：序言.
[2] 莱文森. 数字麦克卢汉：信息化新纪元指南[M]. 何道宽, 译. 北京：社会科学文献出版社, 2001：16.

广播员、代言人、报纸、书刊等是信息的传播者。传播者通过大众媒体来劝服和影响受众，接收者是不知名及不定量的大众。第三阶段，技术越来越先进和复杂，人类尝试利用技术的发展来重获早期技术丢失的真实环境中的因素，如彩色照相机的发明使得色彩重新被找回，摄像机的发明使得之前静态画面生动起来，3D（三维）视频的发明更趋近人类生物器官感知下的真实环境。

纵观媒介发展史，随着技术的发展，承载信息的介质从文字向图片，再向视频转变，人类获取信息的难度逐渐降低。从香农—韦弗传播学模式中的解码编码意义来看，当信息传播的介质变得越来越先进的时候，人们在接收信息时所要进行的解码就越容易。阅读文字时，人们需要将视觉上的符号解码为视觉、听觉、触觉等众多信息；收听广播时，听觉信息已经被接收到，人们对信息的解码较为轻松；观看视频时，色彩、画面、语言等视觉听觉信息都被完整接收，只需在脑海中将其解码为三维视角。媒介技术的发展，意味着将编码解码这一过程中的工作更多地压缩在编码过程中，使人类在解码信息时更加容易。

在我国，以互联网、通信技术、广播电视为代表的"三网"在技术上趋向一致，"三网"融合标志着数字化时代的到来，广告业加速改变，而物联网、区块链、云存储、大数据以及移动计算机处理新技术等的出现，使广告业进入一个新时代：智能数字媒介时代——万物皆媒的环境。从智能数字媒介的网络特征来看，智能数字媒介集中了影像、声音、文本等多种媒介形式，真正实现了多媒体全方位信息传播；智能数字媒介还实现了信息发布者与受众可以交互沟通，甚至是实时交流的互动性；智能数字媒介可进行个性化信息配置，进行针对某一群体或个体（如电子邮件广告）的小众传播等；智能数字媒体能超越国家、文化、地域的限制进行全球信息传播。智能数字媒介不仅包括传统的以互联网为代表的在线媒介，还包括线下渠道在内的所有互动媒介，如数字标牌、IPTV（交互式网络电视）、OTT 服务（互联网公司越过运营商，发展基于开放互联网的各种视频及数据服务业务）、智能电视、平板电脑、智能手机、SNS、VR/AR 平台等。智能数字媒介对广告主的魅力在于全天候可视性、形态多样性（程序化、原生、信息流等广告形态）、受众精准性和效果可测量性。随着数据传输高速率、低延迟 5G 技术的应用和新一代移动通信技术——6G 技术的布局，人工智能技术在广告产业链中的嵌入程度将更进一步，市场主体对智能广告价值取向将更加鲜明，万物互联的智能时代成为可能，智能终端与家庭的电视、冰箱、空调、洗衣机等设备都能连接，家居用品、智能穿戴设备都可能成为广告投放终端，在未来，依靠人脑思维操控机器，实现真正的人机交互将不再是梦想，智能广告将迎来更广阔的媒介载体。

1.3.2　从传统广告到智能广告

广告作为一种信息传播方式，是为了适应人类信息交流的需要而产生的，在漫漫历史长河中,经历了一个漫长的历史演变过程。从声音、图案、文字、图文并茂到电波、电视、互联网数字广告等,广告形态不断丰富,广告媒介不断多元,呈现出内容不断丰富、载体渐趋多元、形式趋于人性的总体发展特点。

1. 我国广告发展历程

古代广告的通常形式是口头传播,《诗经》的《周颂·有瞽》一章里已有"箫管备举"的诗句,汉代郑玄注说:"箫,编小竹管,如今卖饧者所吹也。"唐代孔颖达也疏解说:"其时卖饧之人,吹箫以自表也。"可见西周时,卖糖食的小贩就已经懂得以吹箫管之声招徕生意。文字的发明,大大丰富了广告的内容和形式,现在可考的中国最早的文字广告是出土于河南省登封县告咸镇的东周陶器上篆体陶文"阳城"。最原始的广告形式除了口头广告之外,还有实物广告、悬物广告,其后是音响广告(如收破烂的人鸣锣为号、布贩子摇拨浪鼓、货郎敲小铜锣、补锅的敲大铜锣、卖油的敲油梆子等)、旗帜广告、彩楼广告等。唐代商贾已会利用广告招揽顾客,他们在酒店门前悬挂酒旗,夸耀酒美。元稹的《和乐天重题别东楼》写道:"唤客潜挥远红袖,卖垆高挂小青旗。"卖垆,即卖酒。杜牧说:"酒旗夸酒美"(《送沈处士赴苏州李中丞招以诗赠行》)。"酒幌",就是旗帜广告。北宋时期的名画《清明上河图》描写了北宋东京繁华的街市景象,里面的悬挂式旗帜广告随处可见。这些都可看作广告的雏形。印刷广告是古代比较先进的一种广告形式。我国最先发明了印刷术和纸,其后发展出雕版印刷工艺。据考证,雕版印刷工艺始于隋朝,流行于唐朝,到宋代时已达到极为精湛的水准。在宋代,毕昇发明了活版印刷术,印刷广告的历史由此而展开。北宋时期的济南"刘家功夫针"铜版(图1-4)是迄今为止发现的世界上最早的印刷广告实物,它比1473年英国最早印刷广告——威廉·凯克斯顿(William Caxton)销售祈祷书广告还早300年左右。铜版一掌大小,长13.2厘米,宽12.4厘米,版面以双线为框,内分三层。第一层栏内,印刻楷书"济南刘家功夫针铺"八字;第二层栏内中部是白兔持

图1-4 刘家功夫针商标及铜版

杵捣药图案，两侧分别刻有四个楷书阳文，连起来为"认门前白兔儿为记"；第三栏内则是七列楷书阳文，每行四字，从右往左，全文为："收买上等钢条，造功夫细针，不误宅院使用，转卖兴贩，别有加饶，请记白"。其上的"白兔儿"是中国最早的商标。

到了清末民初，租界遍地的上海等地区成为中国现代广告的发达地区，出现了外国人主办的报纸并陆续刊登广告。辛亥革命后，中国工商实业界利用报纸刊登的广告越来越多，上海、广州、天津、北京等地出现了广告社，代办广告业务。报纸在当时是广告刊登的主要承载形式，当时的《申报》《大公报》广告篇幅占报纸版面的一半左右。中国共产党中央委员会最早的机关报《向导》从第 4 期起曾刊登进步书刊的广告。1945 年《新华日报》开辟了《大众广告》专栏。《人民日报》（晋冀鲁豫）在 1946 年 5 月创刊启事中说"本报刊登各种广告"。1949 年 10 月 1 日，中共中央机关报《人民日报》用近两个半版的篇幅刊登广告。中华人民共和国成立后，因为市场经济的消失，现代广告逐渐失去了赖以生存的环境。1978 年，我国改革开放以后，以城市为中心的现代广告才开始繁荣起来，但与外国相比还有很大距离。1979 年 1 月 28 日，上海电视台播出了中国大陆电视史上第一条商业广告——参桂补酒；同年 3 月 5 日，上海人民广播电台在全国广播电台中第一个恢复广告业务。我国的第一个互联网广告诞生于 1997 年 3 月，Intel（英特尔，美国研制处理器的公司）、IBM 在中国第一家 IT 互联网媒体比特网上发布了广告，成为中国互联网史上一个重要的里程碑。

2. 国外广告发展历程

公元前 4000 年，古埃及的纸莎草制成的纸上出现了世界上最早的平面广告，人们用莎草纸制作销售推广或寻找失物的广告海报；古印度，亦有通过壁画的形式来达到商业宣传的目的；法国卢浮宫的古时广告铭刻在一件公元前 550 年的陶器上；具有商业性质和政治竞选的较早期广告已经在庞贝的废墟中被发现。当印刷术在 15 世纪到 16 世纪的欧洲广泛运用时，出版业开始发展，真正意义上的现代广告出现了。1473 年，国外的第一张印刷广告是英国的一个出版商为宣传宗教内容的书籍而印制的，印成并广泛张贴于伦敦街头。1612 年，法国创办的《每周新闻》第一张报纸上就刊登了广告。1630 年，世界上出现了第一个广告公司，那一年，巴黎的一个医生开设了一家前所未有的商店，任何人只需花 3 个苏（法国古铜币），就可在商店门口贴出一张任意内容的广告。此后，广告公司便雨后春笋般地发展起来了。1650 年，英国《新闻周报》上刊登了一则寻马悬赏启事，它是世界上较有影响的报纸广告。

17 世纪，广告开始出现在英国一些每周出版的报纸上，后来因为宣传效果良好，医药产品亦开始采用这种宣传途径，在接下来的一个世纪中，广告日益流行，成为社会生活和商业经济中不可缺少的一部分。1704 年，美国第一份刊登广告的报纸《波士顿新闻通讯》创刊。

19 世纪，世界经济开始急速扩张，对广告的需求也同步增长。1843 年，美国费城出现了世界上第一家广告代理公司；欧洲式的广告于 19 世纪也开始在日本的江户出现。早期的广告代理只是报章的广告分销商，但到了 20 世纪，广告代理开始为广告的内容负责。

1902 年，广播试验成功，人类的通信史迎来了广播时代。1920 年 9 月 29 日，美国匹兹堡西屋公司的工程师弗朗克·康拉德（Frank Conrad）建立了 KDKA 电台，播出了第一支广播广告，内容是推销收音机。

1926 年，宝路华"At the tone, it's eight o'clock, B-U-L-O-V-A Watch Time."（"刚才最后一响，是宝路华手表时间八点整。"）的广播广告被数以百万计的民众听到，美国第一支全国性的电台广告诞生。

大萧条时期，美国总统罗斯福多次"炉边谈话"，通过广播将国家政策广而告之，使美国民众逐渐重振信心，投身到国家经济的复兴中来。

声音时代的繁盛催生视频技术的发展，当电视被发明后，广告开始呈现富媒体的特征，视觉和听觉叠加，增强了广告的艺术性。1941 年 7 月 1 日凌晨 2 点 29 分，美国全国广播公司（NBC）旗下的"WNBC"电视台在棒球赛前播出了一条 10 秒钟的宝路华广告。画面中美国地图之上放置着一只宝路华手表，画面下方是旁白："AMERICA RUNS ON BULOVA TIME（美国按宝路华时间运行！）"，世界营销史正式迎来电视广告时代。

1994 年 10 月，在 AT&T 公司的赞助下，乔·马克坎伯利（Joe McCambley）在 HotWired.com 上发布了世界上首个网络广告——黑色背景上用彩色文字写着"你用鼠标点过这儿吗？你会的"。由这个横幅（Banner）开启了一个新的互动广告时代。1996 年，DoubleClick 公司将横幅广告与 Cookies（计算机中网页访问时能唯一标识用户的字符串信息）技术结合，基于用户行为的低配版"瞄准"广告诞生，这算是世界上第一个精准推送广告。1996 年 7 月，雅虎发布了搜索引擎广告（search ad），算是世界上第一个搜索类广告。2006 年，Facebook 推出了"信息流"——它能按照时间顺序显示用户所有好友的活动，是信息流广告的鼻祖。

3. 智能化时代的广告

互联网诞生之后，人类接触广告的时空被放大，1G、2G 时代大体对应互联网 Web 1.0 时代，人们将互联网络称为继报纸、广播、电视之后的"第四媒介"，以广告主选择不同网址的不同网络页面与网络板块发布一对多的泛化线性广告为主，常见的有页面广告、旗帜广告、横幅广告等，强调以创意加强广告的吸引度、互动性和影响力。究其根本，无论是发布形态还是作品形态，只能算是线下广告的线上平移，与传统媒体广告并无本质不同，所改变的只是用户通过登录网站读取信息的广告接触方式，以及利用互联网技术在链路末端对用户点击行为进行数据反馈与收集所做的广告效果的监测方式。3G 技术与互联网的结合为互联网广告的发展提供了新的技术条件与基础平台，互联网广告从此进入一个颠覆性的变革期，其重大变革不止于 Web 2.0 技术支持下兴起的互动广告与受众参与式广告，而是开启了以精准营销和精准传播为目标的智能广告的勇敢探索与创新。随着 Web 2.0 的到来，第一代移动终端 iPhone 于 2007 年发布，掀开了移动互联网大幕，2010 年是中国移动互联网的风口元年，互联网媒体属性越发朝着社交属性转变，以微博、Twitter（推特，2006 年 3 月创办并在当年 7 月启动）的崛起为标志，广告进入移动互联网阶段。Web 3.0 可以使网站内的信息直接和其他网站相关信息进行交互，通过第三方信息平台同时对多家网站的信息进行整合使用；用户在互联网上拥有自己的数据，并能在不同网站上使用；完全基于 Web，用浏览器即可实现复杂的系统程序才具有的功能；对用户数据审计后，同步于网络数据。[①]Web 3.0 相对 Web 2.0 转变的一个重要标志就是前者升级为人工智能。

随着微信、Facebook 的崛起，计算广告、移动广告、大数据广告、程序化广告（Programmatic Advertising，PA）大放光彩。5G 技术助推互联网广告全方位进入智能化阶段，"大数据+全媒体""大数据+全链路""场景化+精准化"，各种精准匹配的广告场景、精细化广告投放和互动优化等使广告由营销工具属性向服务于人的美好生活的价值属性转变和升华。谷歌全球发展总监塔拉·瓦尔伯特·利维（Tara Walpert Levy）在 2015 年提出："2020 年的广告应该看起来像是一份礼物，人们会用各种方式寻找它，包括媒体或 App，因为它很简单并能深度程序化驱动你强烈的人类兴趣、情感和效用。"在舒尔茨教授看来，广告的未来是令人兴奋的。一种全品牌传播的新形式将会取代传统的广告模式。一种全新的相互连接的网络连接起销售者、购买者、品牌。随着自动化的科技发展，更多的机器人参与到生产当中，信息被充分利用。所有的广告不会固定在同一个地方，而是跟随移动化的趋势不断调整。在未来可能会有机器对机器的交互界面，大量的科技进展会由人工智能所主导。[②]

易龙在论文中提道：随着 Web 3.0 人工智能技术在网络广告领域广泛应用，许多以 Web 3.0 为平台、以人工智能等技术为支撑的新的广告形态产生，尽管它们的形式可能各有不同，但它们都表现出一个共同的本质能力，就是能够针对用户接触媒体的习惯作出简单的分析归纳、推理判断，进而合理地安排广告发布方式，解决传统广告无法解决的定向、精准、高效的问题，我们将这些具有近乎人类思考和行动的简单推理判断能力的广告形态，称为智能广告。[③]

传统排期采买广告时，广告主需要花更多的预算采买非目标受众流量，因此广告业界流传百货业之父约翰·沃纳梅克（John Wanamaker）的经典发问："我知道在广告上的投资有一半是无用的，但问题是我不知道是哪一半。"传统媒体时代的广告传播基

---

① 互联网 web3.0 时代的特点（web3.0：被认为是互联网的下一个时代？）[EB/OL]．（2023-03-31）．https://www.yyssd.com/web3/378.html.

② 美国西北大学新闻学院终生荣誉教授唐·舒尔茨与北大师生共同讨论"广告的未来"[EB/OL]．(2016-12-20). https://news.pku.edu.cn/xwzh/129-296266.htm.

③ 易龙．智能广告初论[J]．新闻界，2008（4）：170-172.

本是单向的，美国传播学家沃纳·J. 赛佛尔（Werner J. Severin）提出："目前，广告业正处于一个变化阶段，其主要原因是媒介环境发生了巨大变化。传统上针对广大不知姓名观众的大众媒介广告是一种行将消亡的传播形式。"[①]AI 技术是帮助实现广告由生产者导向向消费者导向营销模式变革的有力武器，可以提供从媒介策划、数字创意、智能投放到智能交易的一站式营销解决方案等，广告行业无疑是 AI 技术的完美实践基地，广告产业与其他文化创意产业一道，正在迎接智能化趋势。

1.3.3 从传统广告效果评价模型到互联网智能传播模型

一直以来，无论广告学如何变迁，始终离不开"广告媒介""广告主""广告公司"与"广告受众"这四个基本要素，自 20 世纪 70 年代消费市场由卖方市场转向买方市场，广告便在调适中形成了受众导向的营销模式。以广告受众为中心，现代广告效果评估经历了由传统广告模型到智能传播模型的理论变迁，我国互联网企业对广告的认知已经进入将传播运营和内容传播结合、相提并论的阶段，即将顾客数字化运营和打造硬核优质内容融入竞争壁垒的认知思维中。

1. AIDA 模型

初期 AIDA 模型是由"美国广告先驱"艾尔莫·刘易斯（Elmo Louis）于 1898 年引入广告效果评价中。他认为，广告作用于人们心理由四个步骤组成：注意（attention）、兴趣（interest）、欲望（desire）和行动（action），AIDA 即是这 4 个英文单词的首字母大写。刘易斯认为，AIDA 既是消费者接受广告的心理过程，又是广告作品创作时应遵循的原则，要考察一个广告的效果，就要分别测量这个广告在多大程度上引起了消费者的"注意"，激发了多大的"兴趣"，刺激了多少"购买欲望"，改变了多少"行为"或者"行为意向"。该模型应用在广告效果测量、产品销售转化等方面，奠定了广告阶段性效果评估的基础，但是模型从卖方视角出发、存在比较明显的局限性，应用较少。

2. AIDMA 模型

AIDMA 模型是在 1898 年由美国广告学家刘易斯提出，常用来解释消费心理过程。AIDMA 是 attention（注意）、interest（兴趣）、desire（欲望）、memory（记忆）、action（行动）这 5 个英文单词的首字母大写，表示"广告就是充分利用各种艺术表现形式（包括音乐、舞蹈、诗歌、绘画等）来传播产品或服务信息，以达到更好地引起受众的注意、理解、接受、刺激，促进购买欲望的目的"。[②]该理论在品牌营销、线下店铺营销、广告效果监测等方面应用较广。模型提出的时候，消费者对产品知之甚少、获

---

① 赛佛尔，坦卡德. 传播理论：起源、方法与应用[M]. 郭镇之，等译. 北京：中国传媒大学出版社，2006：99.

② 陈培爱. 现代广告学概论[M]. 4 版. 北京：首都经济贸易大学出版社，2017：18.

取信息的渠道比较单一，因此模型将广告视为作用者，受众为广告的作用对象，受众受到广告影响，被动地产生一系列心理活动，所以仍然是单向的漏斗转化。这个模型对普通受众到消费者的心路变化阐述得很准确，反映了消费者们从不知情者变为被动了解者再变为主动了解者，最后由被动购买者变为主动购买者的过程，把握了关键变化点，所以依然是广告创意制作的标杆，有助于广告从业人员研究消费者后进行更有效的广告宣传。

3. AISAS 模型

从传统时代到网络时代，互联网与移动应用得到了爆发性的普及，AISAS 模型是日本电通公司于 2006 年针对互联网与无线应用时代消费者生活形态的变化而提出的一种全新的消费者行为分析模型。AISAS 是 attention（注意）、interest（兴趣）、search（搜索）、action（行动）、share（分享）这 5 个英文单词的首字母大写。AISAS 模式分为 A-I 阶段、S-A-S 阶段两大阶段，包括引起关注（attention）、激发兴趣（interest）、主动搜索（search）、购买行动（action）、互动分享（share）五个环节。A-I 阶段包括引起关注和激发兴趣两个环节，属于消费者心理活动阶段，主要是商品信息引起消费者关注，并激发其进一步了解、消费的兴趣，这一阶段的心理变化直接影响后续 3 个环节的决策实施。S-A-S 阶段描述的是消费者主动搜索商品相关信息、消费，并将消费体验与他人互动分享的活动过程，属于消费者实际行动阶段，这一阶段强调搜索和分享这两个具有网络特质的彼此互动的关键环节，尤其是分享环节，它又直接反作用于其他几个环节。AISAS 模式适应互联网社会情境、两大阶段、五个环节不仅是环环相扣的，而且任一环节都可能与其他环节连接互动、彼此影响、相辅相成，从而构成心理和行动的循环闭环。①

表示消费者的五个行为环节，即注意—兴趣—搜索—行动—分享等，该模型理论在品牌营销、线下店铺营销等得到大量应用。AISAS 模式融入新媒体时代的信息与社交模式，通过互联网搜索，将消费者的欲望更直接地转换成为可以度量、更有效的信息补缺行为。互联网搜索与社交媒体极大地扩展了用户选择空间。社交分享、知识分享的出现，同时也对品牌与产品本身提出了更高的要求。

4. AARRR 模型

AARRR 模型又称为海盗模型，其实是用户生命周期模型，用于判断用户所处的不同阶段，并采取对应的措施，是现在互联网公司经常用到的思维工具。AARRR 是 acquisition（获取用户）、activation（提高活跃度）、retention（提高留存率）、revenue（商业变现）、refer（自传播）这 5 个英文单词的首字母大写，分别是指："用户从不

---

① 王军. AISAS 模式下大众出版知识服务产品营销策略探析——以三联"中读"为例[J]. 科技与出版，2021(5)：120-124.

同渠道来到你的产品；用户在你的产品上完成了一个核心任务（并有良好体验）；用户回来不断地使用你的产品；用户在你的产品上发生了可使你获得收益的行为；用户通过你的产品，推荐引导他人来使用你的产品"。①

该模型应用在产品增长、销售、用户增长等方面和前面几个模型不同，AARRR 模型不是严格按照顺序来执行的，并且它的每个环节不是绝对必要的，环节和环节之间也没有严格区分。

1.4 广告业的重塑

数字化转型预示着一种新的文明时代的来临，其本质是基于"数据+算法"，以数据的自动流动化去解决复杂系统的不确定性问题，优化资源配置效率和精准性，构建广告传播的新动能。②数字化全面转型已经重塑了广告业生态，带来了传播方式和消费方式的深刻变革，数字资产成为广告业最重要的资源，也是推动广告业转型升级的引擎，未来 10 年广告业将依托数字经济迈入一个全新的时代。

1.4.1 广告新形态

"媒介是广告承载的中介"③，与技术进步相伴的必然是媒体的新生，随之而来的是广告传播媒介形态和营销环境的改变。继传统的四大传播媒体报纸、杂志、电视、广播之后，基于数字技术和网络技术，通过互联网、宽带局域网、无线通信网、卫星等渠道，以计算机、手机、数字电视机等终端渠道向用户传达和提供传播服务的媒体统称为"新媒体"。与传统媒体相比，新媒体乘着全球化的东风而来，具有草根精神和共享意识，以开放、无处不在和勇于表达，突破了传统媒介的局限，改变了当代人的生活方式，其传播速度快、覆盖面广、互动性强、形式多元，跨越了时空的界限，具有得天独厚的优势，是全新的广告媒体，是传播效果最理想和中小企业扩展壮大的有效途径之一。

根据艾瑞广告主调研显示，53.9%的广告主认为新冠疫情发生后，消费者活跃度明显增加的平台是直播平台，其次是短视频平台。新冠疫情的发生使线下营销场景受限，直接带来了直播营销的红利，成为广告主重点采取的营销手段（图 1-5）。与此同时，"十三五"期间，随着各种移动终端的普及，越来越多的广告主从传统渠道转向移动端投放广告，推动了移动端广告的爆发式增长(图 1-6)。④

---

① AARRR 模型最详解[EB/OL].（2022-05-30）. https://zhuanlan.zhihu.com/p/520771211.
② 刘强，刘淼. 2021：中国广告业的回顾与反思[J]. 现代广告，2021(22)：6-9.
③ 饶广祥，段彦会. 泛广告：人工智能时代的广告变革[J]. 编辑之友，2020(5)：125-131，171.
④ 参考来源：https://baijiahao.baidu.com/s?id=1671699195181606293&wfr=spider&for=pc

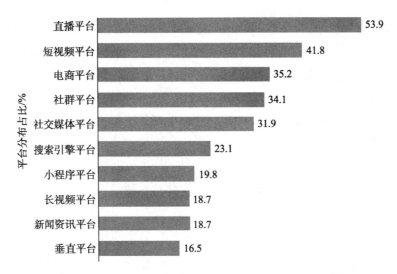

图 1-5　2020 年新冠疫情后消费者活跃度明显增加的平台
注：数据来源于 CMO 训练营平台。

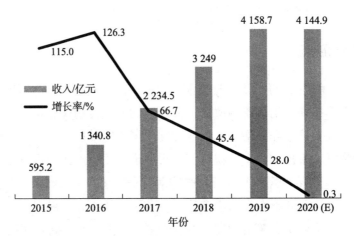

图 1-6　2015—2020 年中国移动广告市场规模及其增长率
注：数据来源于艾媒数据中心。

在我国，2012 年新浪微博推出信息流商业化产品，2013 年腾讯新闻客户端信息流广告产品上线，在这些社交媒体推出信息流广告产品之后，各类互联网公司竞相跟随，将信息流广告延伸到搜索、咨询、视频和营销服务等领域。2015 年微信朋友圈信息流广告上线，2016 年一点资讯的 UC 信息流广告上线，腾讯新闻客户端"品牌故事"信息流于 2017 年推出新浪微博超级粉丝通，开启了信息流广告的新运用空间。信息流广告以用户需求为中心，以提升用户体验为目标，打破了传播内容与广告形式之间的界限，使广告更像内容，并且通过二维码、多屏互动、VR 等移动端技术带给用户丰富的互动形式和全新的广告体验，构建了广告呈现的受众相关性，实现了广告观看的受众主动性，从而获得了大量广告主的青睐，逐渐发展成为当下主流的广告形态。

如今，各类信息流广告已占据受众的碎片时间，主要包括：微信、微博、QQ等平台的社交信息流广告，今日头条、网易新闻、腾讯新闻等平台的新闻信息流广告，抖音、快手、秒拍等平台的短视频信息流广告（表1-1）。以腾讯为例，根据其2022年第四季度及全年财报，2022年四季度腾讯营收1 449.54亿元，同比增长1%，非国际财务报告准则下，净利润297.11亿元，同比增长达到19%，是腾讯自2021年三季度以来，首度恢复两位数增长。拉动腾讯四季度业绩恢复增长的最大功臣，正是被马化腾视为"全场希望"的视频号。而在视频号信息流广告及小程序广告带动下，2022年四季度腾讯网络广告业务结束了连续5个季度的下滑，重回增长轨道，同比增长14.6%，达246.6亿元，其中社交广告收入214亿元，同比增长17%。①

表1-1 我国主要信息流广告类别及其媒体平台

公　司	类　别	媒　体　平　台
百度	社交/搜索信息流	手机百度、百度贴吧、百度浏览器
今日头条	新闻信息流	今日头条、西瓜视频、火山视频、抖音
腾讯	社交/新闻信息流	微信朋友圈、QQ空间、腾讯新闻、天天快报、QQ浏览器、腾讯视频
微博	社交信息流	微博
网易	新闻信息流	网易新闻
陌陌	社交信息流	陌陌
快手	短视频信息流	快手
一下科技	短视频信息流	秒拍、小咖秀
美图	短视频信息流	美颜相机、美拍

从纯文字广告到图文并茂，再到短视频广告的转变，深刻揭示了智能广告视频化、移动化、轻量化的发展趋势，并逐渐成为业界主导形态。2023年1月12日，中关村互动营销实验室联合普华永道、秒针营销科学院、北京师范大学新闻传播学院发布《2022中国互联网广告数据报告》。该报告指出，互联网广告市场结构性调整步入深水区，市场规模首次出现回调，行业巨头广告收入增速放缓，短视频形式占据主流。从媒体平台类型看，视频平台市场占比23.03%，是第二大类广告平台；从广告形式看，视频广告市场占比22.19%，是第三大类广告形式。在视频类别中，短视频是唯一一类在媒体平台与广告形式上都呈现增长的品类，也是2022年唯一增长的品类。②

---

① 微信官宣：发视频号，可以赚钱了[EB/OL].（2023-04-07）. https://baijiahao.baidu.com/s?id=1762514429627922148&wfr=spider&for=pc.
② 《2022中国互联网广告数据报告》正式发布[EB/OL].（2023-01-12）. http://www.ce.cn/xwzx/gnsz/gdxw/202301/12/t20230112_38343827.shtml.

1.4.2 广告新职业

传统广告阶段，可能一句反复宣传的文字就能俘获受众的心，如十几年前疯狂流传的广告语"恒源祥，羊羊羊"，以简单的语言就让恒源祥的品牌深入人心。如今简单的广告很难再脍炙人口，花样百出的广告也不一定在众多广告中胜出，因此许多致力于生产优质广告的职业应运而生，如广告优化师、广告创意设计师、数据挖掘工程师、算法工程师、数据分析师等。

（1）广告优化师。广告优化师是做优化广告投放的专业人员，熟悉互联网广告运作业务，通过优化人群、地域、广告投放时间、广告创意、图片、落地页等，降低线索转化成本。广告优化师主要做的工作包括：执行每日广告投放计划，确保所有产品线广告按时上线，精准投放广告，跟踪和优化广告；负责网络平台的广告投放，制订计划以及日常投放，提取广告数据报表，分析投放效果并优化；负责广告素材的创意，策划并跟踪优化；提供工作周报和月报，能及时认真地完成上级领导安排的工作。作为一个需要具备综合能力的新职业，需要掌握文案撰写能力、找图作图的能力、有效沟通能力、数据分析能力，同时具备营销思维，使广告传递有效的信息，知道信息如何打动用户，同时知道用图片、视频等来吸引用户关注，服务差异化的需要。广告优化师善于和客户沟通需求，善于对数据进行深入的后期加工分析和应用，而非停留在表面的统计和基础分析，更明白互联网平台的属性和功能，可以更好地利用和把控流量变化；同时，从用户角度思考，洞察用户心理，让用户接受广告营销。

（2）广告创意设计师。广告创意设计师指采用现代设计观念、程序和方法从事以平面广告设计为主的策划、创意与制作的专业人员，他们以语言、音乐和图像为载体，巧妙地向受众传递信息。出色的广告创意设计师往往能给人们带来视觉上的惊喜，以新颖的创造力、高超的艺术鉴赏能力和独特的价值观表现出强烈的感染力和号召力。广告创意设计师的工作内容主要有三项：一是研究公司、品牌或产品特性，分析竞品广告创意，将公司理念和产品信息转化为广告信息，提供创意简报和创意设计；二是根据创意稿及相关计划，准确地完成广告出片、相关资料的印刷和物料的制作，确保广告按时刊登、物料及时到位；三是对广告创意和宣传资料进行设计与修改工作。在我国，广告设计师一共设有三个等级，分别为：三级广告设计师（国家职业资格三级）、二级广告设计师（国家职业资格二级）、一级广告设计师（国家职业资格一级），各级广告设计师能够在策划公司、媒体执行公司、广告公司、企业广告宣传部门从事相关的广告设计工作。

（3）数据挖掘工程师。数据挖掘工程师是数据师的一种，也是智能广告行业必不可少的专业人士，一般是指从大量的数据中通过算法搜索隐藏其中知识的工程技术专业人员。这些知识可以使企业决策智能化、自动化，从而使企业提高工作效率，降低错误决策的可能性，以在激烈的竞争中处于不败之地。在广告领域，数据挖掘工程师需要参与广告售卖、广告库存预估、广告在线投放、参与点击率（CTR：click/impression）预估等的算法研发，具备扎实的算法基础，精通 C/C++、Java、Python 开发语言，有较强的编程能力，并具备极佳的算法与工程实现能力。其工作内容主要包括：针对具体的广告业务问题，规划、设计基于数据挖掘的解决方案；参与文本挖掘项目，包括数据准备、数据建模及后期的模型评估等工作；对现有的数据模型进行维护和更新等。

（4）算法工程师。算法工程师是利用算法处理事物的工程技术专业人员，广告算法工程师进行广告算法模型本身和算法模型任务目标的探索、设计、优化等工作。算法是一系列解决问题的清晰指令，换而言之，通过算法能够进行规范的输入并在有限时间内获得所要求的输出。如果一个算法有缺陷，或不适合某个问题，执行该算法将无助于解决这个问题。不同的算法可能需要不同的时间、空间或效率来完成同样的任务。一个算法的优劣可以用空间复杂度与时间复杂度来衡量。算法工程师是一个较为高端的职业，要求工作者必须掌握计算机相关知识，能够熟练使用仿真工具 MATLAB 等，并且掌握至少一门编程语言，其他要求与数据挖掘工程师类似。目前国内从事算法研究的工程师不少，但是高级算法工程师却很少，这是一个非常紧缺的职业。算法工程师根据研究领域来分，主要有音频/视频算法处理、图像技术方面的二维信息算法处理和通信物理层、雷达信号处理、生物医学信号处理等领域的一维信息算法处理。目前，算法工程师逐渐向人工智能方向发展，为智能广告进一步奠定了人才基础和技术基础。

（5）数据分析师。数据分析师也叫数据师，指的是在不同行业中，专门从事行业数据收集、整理、分析，并依据数据作出行业研究、评估和预测的专业人员。在智能广告领域，广告数据分析师将进行数据预处理，如对给定的用户数据集进行预处理，以减少噪声和缺失值，并使数据更加平衡，还可以进行数据分析和挖掘，如增加用户有效数据量提高模型的泛化能力，减少过拟合和欠拟合等，从而大大提高智能广告的精准受众画像能力。现代社会，数据的价值毋庸置疑，世界 500 强企业中，有 90%以上建立了数据分析部门。IBM、微软、Google 等知名公司都积极投资数据业务，建立数据部门，培养数据分析团队。各国政府和越来越多的企业意识到数据与信息已经成为企业的智力资产和资源，数据的分析和处理能力正在成为日益倚重的技术手段。[①]互联网本身具有数字化和互动性的特征，这种属性特征给数据收集、整理、研究带来了革命性的突破。以往"原子世界"中数据分析师要花较高的成本（资金、资源和时间）获取支撑研究、分析的数据，数据的丰富性、全面性、连续性和及时性都比互联网时

---

① 曹正凤. 从零进阶！数据分析的统计基础[M]. 北京：电子工业出版社，2015：序言.

代差很多。与传统的数据分析师相比,互联网时代的数据分析师面临的不是数据匮乏,而是数据过剩。因此,互联网时代的数据分析师必须学会借助技术手段进行高效的数据处理。更为重要的是,互联网时代的数据分析师要不断在数据研究的方法论方面进行创新和突破。在广告领域,广告商能否准确、及时和详细地了解受众状况和变化趋势,是广告宣传成败的关键所在。如今,数据分析师除了要分析传统的行为数据外,还要分析关系认同、情感共振方面的影响力量。场景将成为未来传播发挥影响力及变现价值的关键性节点,因此,获取场景分析数据也是数据分析师必不可少的任务之一。

1.4.3 广告新业态

受互联网技术影响,广告行业的市场边界不断移动、交叉与扩张,传统广告的市场份额被新兴的互联网企业不断蚕食,直至消失;咨询公司、技术公司、互联网巨头纷纷进入广告业,使广告的市场边界更加模糊。如 2017 年,IBM、埃森哲、德勤等咨询公司在"全球 100 大广告和营销公司榜"中进入前五。毫不夸张地说,全世界的咨询公司,一半在忙着跟 4A 广告公司抢生意,另一半忙着收购 4A 广告公司。Adobe、微软等技术巨头研发广告技术工具,与广告公司形成了业务交叉。在我国,阿里巴巴、京东等互联网巨头开发程序化创意系统等工具,表明互联网企业已经深入智能广告的核心领域。

最初,互联网公司只是一个流量入口,时至今日,它们已成为最大的广告公司,传统广告主的市场主体地位被颠覆。在广告市场份额方面,2011 年与 2015 年的互联网广告收入分别超过报纸广告和电视广告,成为最主要的广告投放形式;2018 年,互联网广告收入接近传统广告营业总额的一半;2019 年,互联网广告收入超过传统广告营业总额。传统广告公司由于对技术掌握不足,缺乏与新兴互联网公司竞争的核心能力,随着智能技术的演进,互联网公司甚至比专业的广告公司更懂得如何创意,传统广告公司将被快速淘汰,取而代之的是利用人工智能技术开展广告业务的公司。近些年,传统广告公司业务不断收缩,甚至倒闭,大型传统广告公司开始与新兴的数字营销公司合并。2014 年,日本电通广告集团与安吉斯数字营销公司合并成为电通安吉斯公司;2018 年,拥有 154 年历史的美国广告公司智威汤逊(J.Walter Thompson)与数字营销公司伟门(Wunderman)合并,组建新的智能广告公司"Wunderman Thompson"。

传统广告中,广告主、广告公司、广告媒介构成线性的代理关系,形成广告代理制。广告公司主要由综合类、媒介类广告公司组成,市场主体较为简单。智能广告时代的行业主体更为复杂多元,需求方平台(demand side platform,DSP)、数据管理平台(data management platform,DMP)、供应方平台(sell-side platform,SSP)、程序化创意等业务环节由不同的服务商提供,在广告业务中需交互协作。同时,智能广告需要不同类型市场主体如广告投放监测公司、独立数据公司、专业技术公司、专业创意公司支撑。目前在我国广告市场运营主要有四种类型的智能广告的公司,由其重构的行业体系将成为主导性的体系。

一是依托大型智能媒体的智能广告公司,如腾讯、阿里巴巴、京东等。它们拥有大型智能媒体优质的数据资源、媒体资源和客户资源,深受广告主青睐。近年来,它们自建或并购专业的智能广告公司,走专业化、集团化与集约化之路。

二是依托大型广告集团的智能广告公司,最常见的是 4A 广告公司旗下的数字营销公司。它们拥有人才资源、创意资源和客户资源,在整个行业享有较高的美誉度。另外,通过收购专业智能广告公司,大型广告营销公司可以迅速提升自身实力,打造企业的核心竞争力。比如,知名跨国广告公司电通集团(Dentsu Group Inc.)在 2023 年收购了全球顶级数字营销制作巨头太意 Tag 公司(Tag Worldwide Holdings Ltd.)。此次收购将支持电通的战略,即在营销、技术和咨询融合的基础上提供综合客户解决方案,以前所未有的方式整合集团的服务。太意的数字基础设施和服务将为创意提供快速与规模化的高质量内容,为客户体验管理(CXM)提供规模化的个性化引擎,并为媒体动态内容优化(DCO)增添动力。①

三是依托大型广告主的智能广告公司,如苹果、麦当劳、宝洁、微软等大型跨国企业在近几年组建的内部创意机构/工作室/部门/公司(in-house agency),它们拥有详细的用户数据,以及企业的相关数据等,还掌控着强大的资金优势和技术优势,可以实现目标受众精准定位。

四是独立型的智能广告公司,以 4A 广告公司为主,比如较早向数字化转型、为广告主提供数字整合营销的利欧数字。它们继承了传统广告时期的天然优势,同时也具备较强的市场适应能力,是广告市场最为活跃的主体。

四种类型的公司构成了智能广告行业主体,为实现各自利益的最大化,它们彼此之间展开激烈竞争。然而,竞争的市场语境中又包含合作意味,它们也会在数据交换、技术研发等方面展开合作,为智能广告提供数字化技术支撑,推动智能广告的和谐发展。不同主体通过竞争与合作、兼并与收购等一系列市场行为,构建了边界消失、版图重构的广告新业态。

我国已经形成 BBAT(字节跳动、百度、阿里巴巴、腾讯)四强争霸的互联网行业格局,它们拥有自身的技术体系和战略规划,掌握着中国的信息型数据、交易型数据、关系型数据等,并不断兼并后起的创新型企业。"四巨头"的侧重点各不相同:百度以搜索引擎为支撑,在探索新业务方向时,以战略投资为主,形式多为收购和控股,

---

① 电通收购太意以提高创意生产客户转型及技术能力[EB/OL].(2023-03-08). https://baijiahao.baidu.com/s?id=1759810266166146135&wfr=spider&for=pc.

这样一方面可以引进人才,另一方面可以开展新的业务;阿里巴巴侧重于构筑完善的电子商务生态链,覆盖物流、数据服务、移动支付、供应链金融等领域;腾讯更多的是采用开放平台战略,特别是对相对不熟悉的领域,而游戏领域一直是腾讯投资的重点;字节跳动是最早将人工智能应用于移动互联网场景的科技企业之一,通过"技术出海"和"兼收并购"等一系列战略举措,发展成为国内外顶级互联网跨国企业。但无论是哪一家互联网公司,它们都不约而同地将触角伸向广告领域,并以绝对的优势战胜了传统的广告公司。

从《2022中国互联网广告数据报告》可以清晰窥见当前我国广告市场垄断与竞争的行业生态环境。该报告显示,受新冠疫情的影响,2022年中国互联网广告收入为5 088亿元,同比下降6.38%,减少347亿元,这也是自2017年以来首次出现的负增长。但是,在短短5年的时间里,我国互联网广告收入总体增长较快,由2017年的2 975亿元增加至2022年的5 088亿元,年平均增长率约为14%(图1-7)。

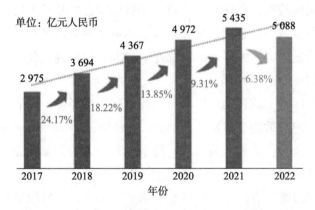

图1-7 2017—2022年中国市场互联网广告总体收入情况

资料来源:中关村互动营销实验室。

从企业看,2022年中国互联网广告收入排名前十的企业分别为:阿里巴巴、字节跳动、腾讯、百度、京东、美团、快手、小米、拼多多和微博,其中阿里巴巴和字节跳动是收入突破1 000亿元的企业(图1-8)。

2022年,在行业前十的头部企业中,除字节跳动之外,BAT广告收入均出现较大幅度的下滑,3家合计下降355亿元,各家降幅均超过9%。行业前十的企业广告收入规模合计下降247亿元,降幅为4.79%。[①]

同时,BBAT在2021年和2022年所占的总体广告收入比例均为78%,它们形成的行业垄断局面已经根深蒂固,地位难以动摇,在很长一段时间内也很难出现与其抗衡的竞争者。

---

① 《2022中国互联网广告数据报告》正式发布[EB/OL].(2023-01-12).http://www.ce.cn/xwzx/gnsz/gdxw/202301/12/t20230112_38343827.shtml.

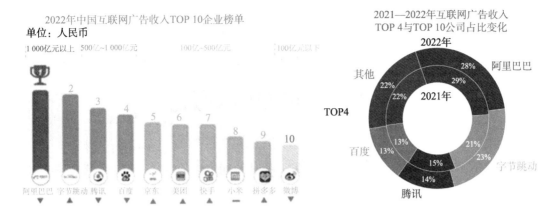

图 1-8　中国互联网企业广告收入情况及占比变化

资料来源：中关村互动营销实验室。

综上所述，广告行业"闯入"很多新兴互联网公司主体，它们为用户带来了便捷、高效的购物体验，促进了消费品的丰裕和交易的公平，然而由于利益驱使，其野蛮生长也给广告行业带来了一系列亟待治理的问题。未来，为了实现人与良序市场环境的和谐，需要加强行业治理，确立广告的伦理原则和法律边界，打造健康、高质量、可持续发展的广告业态体系。

案例

思考题

1. 如何理解智能技术？
2. 简述媒介的发展历史。
3. 简要谈谈中外广告的发展历程。
4. 列举几种常见的传统广告模型与互联网智能广告传播模型，并比较两者的异同。
5. 简要说明技术对广告的重要作用。
6. 如何评价人工智能技术对广告的重塑？

第 2 章

智能广告的基本概念

本章从国内外智能广告研究综述出发，概述智能广告的定义、核心三要素等基本概念。广告智能化的过程也是产业实践主体的价值追求过程，人工智能技术在不同广告业务环节、不同阶段，先后持续发力地嵌入广告业务流程，从而将广告从局部智能化推进到整体智能化进程；通过在不同业务环节之间互相衔接、融通，最终促进广告智能化整体升级，形成智能广告的业务链和生态体系，达成大众传播时代无数广告人追求的梦想：在正确的时间、正确的场景，对正确的人说正确的话。

2.1 国内外智能广告研究综述

历时 20 多年的发展，一方面，突飞猛进的传播技术正在实现时间、场景、人与广告的高度匹配和契合；另一方面，大数据、人工智能、生物神经科学等技术又为人性洞察提供了精准支持。国内外学者围绕"科学+艺术"对智能广告进行了大量的研究，取得了系列研究成果。

2.1.1 国外智能广告研究综述

图灵奖获得者詹姆士·格雷（James Gray）认为，科学研究经历了从几千年前的实验科学范式、数百年前的理论科学范式，再到数十年前的计算科学范式的演进，如今人类科学研究进入数据密集型科学范式，即大数据范式。尤其是伴随着大数据、移动互联网、物联网以及社交媒体的计算架构为代表的新兴信息技术的发展，以模型和假设进行仿真与模拟获得研究结论的"第三范式"遭到挑战，从海量数据中发现相关关系进而获得新知识的"数据密集型"的"第四范式"成为科学研究的新范式。[①] 而在社会科学领域，传统社会科学研究在面对错综复杂的信息技术环境上，研究工具、方法和思维理念都遇到了巨大挑战，由此诞生的计算社会科学作为一种崭新的研究范式受到重视。"计算社会科学"的概念最早由大卫·拉泽尔（David Lazer）在《科学杂志》中提出，其本质是致力于应用数据思维、数据资源和数据分析学以研究人类社会行为

---

① 邓仲华,李志芳. 科学研究范式的演化——大数据时代的科学研究第四范式[J]. 情报资料工作,2013(4): 19-23.

和社会运行规律等。①在此理念的影响下，计算传播学、计算广告学等概念相继兴起。美国未来学家、麻省理工学院教授尼古拉斯·尼葛洛庞帝（Nicholas Negroponte）在《数字化生存》一书中提出"后信息社会"，又称"数字化时代"，指出后信息时代将实现"真正的个人化"，在广告领域则表现为广告创意的生产和执行将变得丰富多样，并且能够恰如其分地对受众个体与环境进行场景化匹配。②

21世纪初，有学者对智能广告提出了较为具体的构想。2002年，文森特（Vincent Ng）等发表《网络广告智能代理》（An Intelligent Agent for Web Advertisements），指出互联网用户的快速增长吸引了广告商在互联网上发布广告。③概率选择算法并不令人满意，其他广告代理由于用户信息不足和不稳定而无法保证广告质量，他们介绍了一种新的基于用户信息的广告代理，首先利用顺序模式挖掘算法发现用户兴趣，然后利用高斯曲线变换表示用户兴趣。他们使用不同类别的关键词（keywords）来构造高斯曲线的广告轮廓，使广告代理者可以在一个有效和高效的机制中，根据用户的偏好与不同配置文件的交集来选择广告。在评估中，观察到大约70%的测试案例能够成功地作出预测，从而生成用户感兴趣的最有利类别。2004年，理查德·亚当斯（Richard Adams）就智能系统和人工智能对广告的影响发表《智能广告》（Intelligent Advertising），文章中探讨了创建智能和智能内容的不同方法，以及行为如何迅速成为新内容形式的指导原则。④

雅虎研究院资深研究员安德雷·布罗德（Andrei Broder）在2008年1月召开的第19届ACM-SIAM离散算法学术讨论会上首次提出了"计算广告"的概念，并声称提出此概念并非为了定义，只为解决问题，他认为"计算广告的核心问题是找到特定用户在特定环境和适当广告之间的'最佳匹配'。环境可以是用户在搜索引擎中输入查询、阅读网页、在便携式设备上观看电影等"。计算广告可以说是智能广告的基础形态，智能广告则是计算广告的进阶版或高级形态。2010年，高泽宇（Jerry Zeyu Gao）发表了《构建智能手机广告系统》（Building an Intelligent Mobile Advertising System），探讨了移动广告的基本概念。⑤他提出了一个移动广告系统（称为智能移动广告），包括其支持的业务流程、功能、系统架构和内置的技术解决方案。该系统支持无线服务公司和发布商（或门户网站）通过无线互联网管理多媒体移动广告并将其发送给移动用户的无线广告工作。凯文·凯利（Kevin Kelly）指出任何网络都有两个要素：节点和连

---

① LAZER D, PENTLAND A, ADAMIC L, et al. Computational social science[J]. Science, 2009, 323(5915): 721-723.
② 尼葛洛庞帝. 数字化生存[M]. 胡泳，范海燕，译. 海口：海南出版社，1997：4.
③ NG VINCENT, KWAN HO M. An intelligent agent for web advertisements[J]. International journal of foundations of computer science, 2002(4): 531-554.
④ ADAMS R. Intelligent advertising[J]. Ai & society, 2004, 18(1): 68-81.
⑤ GAO J Z, JI A. Building an intelligent mobile advertising system[J]. International journal of mobile computing and multimedia communications, 2010, 2(1): 40-67.

接。智能技术的发展使节点越来越小、越来越密，之间的连接也越来越多。①罗伯特·斯考伯（Robert Scoble）和谢尔·伊斯雷尔（Shel Israel）在《即将到来的场景时代》一书中提到的场景五力——大数据、移动设备、社交媒体、传感器和定位系统激活了受众的场景需求。②与以往相比，受众更关心媒体提供的信息和服务是否能够满足他们此情此景、此时此刻的需求。当我们在理解受众需求时，受众所处的时间、地点和实时的心理状态就成为重要变量。与 PC 时代的互联网传播相比，场景要素的重要性大大强化。

国外学者不仅对人工智能广告（AI ad）、程序化广告（programmic ad）、计算广告（computational ad）的定义进行比较，还就智能广告的概念提出了多种定义。安娜·古塞瓦（Anna Guseva）、瓦西里·S. 基列耶夫（Vasiliy S. Kireev）和斯坦尼斯拉夫·A. 菲利波夫（Stanislav A. Filippov）提出 AI 广告是对原生广告（native advertising，NA）和场景广告的再造，对消费者实时需求的高效理解，技术实现智能推荐和实时投放。③密歇根州立大学 Hairong Li 教授定义智能广告为以消费者为中心，数据驱动和算法介导的品牌传播行为。④

2.1.2　我国智能广告研究现状

国内关于"智能广告"的研究涵盖了广告学、计算机、传播学、社会学、管理学、伦理学等多个领域，在国内最大的文献数据库 CNKI 中检索以"智能广告"为主题的文献，按时间整理发现，关于智能广告的研究基本可以分为三个阶段：理论开端期、发展实践期、快速繁荣期。

1. 理论开端期：2011 年以前，我国出现了零星的关于"智能广告"的研究

按年代梳理，发现最早出现的是智能广告设备。1986 年，范军等在《今日科技》杂志发表《全自动电子智能广告机问世》，该广告设备无须人工操作，只要接通电源屏幕，就会显示画面，是当时较为先进的智能广告设备。⑤2005 年第 4 期的《广告大观（综合版）》上的《上下文广告：智能广告的前奏》一文，表示上下文广告是一对一营销的体现，广告开始向智能化方向发展。⑥

易龙较早研究智能广告，他在 2008 年和 2009 年连续发表了《智能广告初论》和

---

① 凯利. 新经济 新规则[M]. 刘仲涛，康欣叶，侯煜，译. 北京：电子工业出版社，2014：2.
② 斯考伯，伊斯雷尔. 即将到来的场景时代[M]. 赵乾坤，周宝曜，译. 北京：北京联合出版公司，2014：11.
③ GUSEVA A I, KIREEV V S, FILIPPOV S A. Highly pertinent algorithm for the market of business intelligence, context and native advertising[J]. International journal of economics and financial issues, 2016, 6(8): 225-233.
④ LI H. Special section introduction: artificial intelligence and advertising[J]. Journal of Advertising, 2019, 48(4): 1-5.
⑤ 范军，王瑜. 全自动电子智能广告机问世[J]. 今日科技，1986(10)：14.
⑥ 本刊编辑部. 上下文广告：智能广告的前奏[J]. 广告大观，2005(4)：15-16.

《论智能广告研究的价值及其框架的构建》两篇文章，提出在 Web 3.0 时代智能广告的共性：能够针对用户接触媒体的习惯作出简单的分析归纳、推理判断，进而合理地安排广告发布方式，解决传统广告无法解决的定向、精准、高效的问题，并将这些具有近乎人类思考和行动的简单推理判断能力的一系列新兴广告形态称为智能广告。智能广告的主要特征有广告受众识别的智能化、广告发布方式的智能化、广告内容生成的智能化、广告效果监测的智能化。多感官广告、自动发布广告、智能搜索引擎广告、微件广告是智能广告的四种表现形态，据此可以发现智能广告具有虚拟现实、自动发布、智能匹配等特征。智能广告并不是直接将传统广告嫁接到互联网新媒体之中，而是在形式上发生了根本性变化，从而产生独特价值。[①]在智能广告框架构建中，易龙提出从研究本体、研究对象、学科归属、相关领域这四个方面入手。[②]俞雷在《DG-IASS 广播电视智能广告监测系统》中指出，传统的人工监测广告方式已不能满足飞速发展的数字广播电视时代的要求。杭州道格信息技术有限公司推出的 IASS 智能广告监播系统，采用基于高速 DSP（数字信号处理）芯片作为计算平台，将具有全部自主知识产权的高精度语音识别算法和图像识别算法分别应用到电台节目和电视节目中的广告自动识别上，实现了电台、电视节目中播出广告和节目的自动分离、智能识别和分析统计。[③]王治中在硕士论文《智能广告播放与效果评估系统》中，通过采集广告受众的人脸图像，对人脸进行检测、跟踪与识别，判断其可能所属的消费群体，进而播放相应的广告并统计效果评估参数。[④]

2. 发展实践期：2011—2016 年，理论研究与业界实践并进，计算广告成为智能广告中重要的研究对象

在广告领域，业界科技创新居于领先的地位，我们可以结合行业实践管窥广告的发展。黄河在《易传媒：智能广告的先行者》一文中表示：易传媒依靠自己的技术平台，能够帮助广告客户"找到任何他们想找的人"。[⑤]易传媒 CEO（首席执行官）阎方军说："每台电脑的浏览器，无论是 IE，还是火狐，都会在网站上留下不同的痕迹，易传媒的技术人员就可以轻而易举地通过记录、分析这些痕迹，最终知道使用该浏览器人的一些习惯，然后对其按照地域、时间、行为、爱好等进行分类，根据广告商的需求，向他们推送不同广告，这些合作网站也可据此获得广告收益。"[⑤]这种广告形式改变了互联网传统等待用户点击的"守株待兔"式广告。同年，随视传媒 AdMan 广告管理工具升级为智能广告操作系统。作为随视传媒的核心战略，AdMan 智能广告操作

---

① 易龙. 智能广告初论[J]. 新闻界，2008(4)：170-172.
② 易龙. 论智能广告研究的价值及其框架的构建[J]. 新闻界，2009(5)：151-152.
③ 俞雷. DG-IASS 广播电视智能广告监测系统[J]. 电视技术，2008(6)：43.
④ 王治中. 智能广告播放与效果评估系统[D]. 青岛：青岛理工大学，2010.
⑤ 黄河. 易传媒：智能广告的先行者[J]. 中国高新技术企业，2011(11)：40-42.

系统通过管理网络广告定向、智能、精准投放，实现跨终端、跨媒体平台广告投放管理的无缝衔接。百度联盟正是应用 AdMan 系统打造了百度 TV。随视传媒也凭借 AdMan 的核心技术系统成为欧洲最大的媒体集团安吉斯的技术战略合作伙伴。此后，为了迎合企业社会化营销的市场需求，随视传媒更是开动了新一轮企业发展引擎。依托 AdMan 智能操作系统，以网民浏览行为分析基础，以"社会化营销精准化、数据化"为服务理念，随视传媒研发出基于微博平台的全新营销产品——"微博派"，创造了"微博平台真实销量传奇"，将企业社会化营销朝着"真实有效"的方向推进。随视传媒在"首届文化产业高成长与商业模式创新论坛暨最佳商业模式与高成长企业 50 强颁奖典礼"上，斩获"2012 首届文化产业最佳商业模式明日之星"奖，这意味着互联网营销行业前景正被投资界广泛看好，并有更广阔的发展空间。而随视传媒所倡导的"社会化营销精准化"的服务理念和新商业模式，更是被看作互联网营销发展的趋势。亿赞普的云端智能广告管理系统（Benefit For Publisher，BFP）也在 2011 年上半年正式上线，并成功争取到迅雷等首批合作伙伴。"广告投放一般要三四次到达用户，才能产生一个购买行为。亿赞普的这套系统与此同理，就是让一个用户或一个人，在投放周期看到三次，产生深度购买印象。"迅雷华北行业总监魏建民介绍，"对广告主而言，他们愿意让同一个人看到三次，而不是让三个人只看到一次。"对亿赞普而言，互联网四大门户之一的网易加入无疑让自己的这款云广告平台有了用武之地，而且庞大的网易用户数据也可以进一步充实亿赞普的大数据库。云平台的研发负责人表示，接入系统的客户越多，聚集的流量就越大，即每个用户虚拟 ID（身份标识号码）行为数据就越丰富，分析就越准确，广告匹配就越精准。统计技术服务商 CNZZ 也推出智能广告管理系统"CNZZ 广告管家"，通过使用"受访 URL 定向"功能，解决多域名广告投放问题。

2014 年，AdTime 公司将 PC 屏、移动屏和智能电视三者做相互的关联，打造多屏智能广告。张剑龙等通过分析现代广告媒体传播多样性与实时性，以 ARM（高级精简指令集计算机）和 Linux 为平台开发一款智能广告终端系统，利用 LCD（液晶显示）屏显示高分辨率图像和特效字体，使用触摸屏来完成与用户的交互输入，支持语音播放，并且借助网络实时动态地更新广告发布的内容，以此达到增强用户体验和实时更新资讯的目的。该系统已在 ARM 开发平台上测试成功，设计表明此系统结构清晰、实用，且方便移植和功能扩展。2015 年，磨盘网络推出 iMopan 全领域智能广告平台，为广告主提供 PC 到移动、品牌到效果、安卓到 iOS、线上到线下的一站式精准智能广告投放，使其在面临资本寒潮时依然取得较上年营收增长率为 300%的成绩。①

这一时期，学者们对计算广告的研究成果较为丰富，认为计算广告学理论范式丰

---

① 张剑龙，刘芳，王耀青. 基于 ARM 和 Linux 的智能广告终端系统的开发[J]. 测控技术，2014, 33(10): 116-119.

富和发展了传统广告学研究的内涵与外延。从互联网广告的演进来看，计算广告经历了从早期的合约广告、定向广告、搜索引擎广告到程序化购买广告的流变，不同于传统广告依靠人的经验和智慧驱动的思维模式，以获取多样化数据和实时计算为基础、实现精准化传播的计算主义思维成为主导性理念，以程序化购买广告为代表的计算广告是目前广告传播的新兴形态。有学者认为，"计算广告学是随着网络技术的发展而出现的广告研究新范式。社会计算理论是计算广告学的支撑框架，大数据则是其形成的现实依据"。[①]国内学者刘庆振认为，"计算广告是根据特定用户和特定情境，通过高效算法确定与之最匹配的广告并进行精准化创意、制作、投放、传播和互动的广告业态"。[②]从此定义可以看出，计算广告已经初步具备"智能"的基因，利用数据和算法实现匹配是其基本运作模式。2015年，"'互联网+'人工智能"被《国务院关于积极推进"互联网+"行动的指导意见》列为重点行动。

3. 快速繁荣期：2017年至今，随着人工智能、大数据技术、云计算、区块链、物联网等技术的发展，智能广告进入快速生长期和全面发展时代

2017年被誉为"人工智能元年"，这一年，国务院发布《新一代人工智能发展规划》（国发〔2017〕35号），政府工作报告和党的十九大报告都提出要加快人工智能的技术研发和产业应用。人工智能技术与广告发展不断融合，广告企业的发展重心开始向智能化转变，广告逐渐"智能化"。自此，有越来越多的学者发表对智能广告的见解，秦雪冰认为，"理论话语体系的形成集中在2018年、2019年，此时智能广告的整体雏形已显现，理论话语体系体现了较强的整体性、协同性与概括性"。[③]

1）关于智能广告的研究观点

邵敏等认为，智能广告是以 Web 3.0 为平台、以人工智能等技术为支撑的一种新兴广告形态，在广告用户识别、内容生成、发布方式、广告效果反馈上都形成了智能化趋势，并具有广告内容的个人定制化、广告主体的熟人推荐化、广告渠道的分散化、及时化等特点。为了维持智能广告的市场秩序，营造健康有序的新媒体环境，必须建立和完善智能广告监管规制。[④]钱广贵等认为，依托人工智能技术及其终端的智能广告可能是未来广告的生存形态。[⑤]曾静平等谈到人工智能技术的飞速发展带动广告产业进入新的智能广告时代。传统广告不断渗透、融合人工智能技术，在广告内容生成、

---

① 颜景毅. 计算广告学：基于大数据的广告传播框架建构[J]. 郑州大学学报（哲学社会科学版），2017(4)：150-154.
② 刘庆振. "互联网+"背景下计算广告技术体系的创新与应用[J]. 新闻界，2016(2)：63.
③ 秦雪冰. 技术嵌入与价值取向：智能广告的演进逻辑[J]. 湖北大学学报（哲学社会科学版），2022，49(1)：171-179.
④ 邵敏，赵韵文，林雪冬. 试论智能广告的形式、特点及监管[J]. 湖南大众传媒职业技术学院学报，2017，17(5)：29-31，76.
⑤ 钱广贵，毕衍鑫. 论广告生存形态的历史变迁与未来发展[J]. 山东社会科学，2018(3)：148-154.

广告精度搜索、广告即刻"劫持"、广告跨屏融屏展现、广告音视频场景、高速终端应用等方面"潜进",与方兴未艾的内生广告和人脸识别广告等相映互衬,极大丰富了广告的内涵与外延。①秦雪冰认为智能广告主要表现为基于自然语言理解的消费者洞察、智能推理的广告策略分析、智能学习的广告内容创作、智能推理的广告推荐、基于机器学习的广告效果深度应对与网络广告监管。②吕尚彬等提出,智能广告依托的是数据和算法,它展现出新的特点,比如,它能判断用户的真实需求,在用户需要时才出现,而不是一种骚扰;它可以脱离有形的屏幕,通过语音界面和用户互动。③姜智彬等尝试从技术变革的角度出发,探究广告业界依托智能技术所发生的变化,基于"基础—工具—目的—本性"框架提出智能广告的定义——"智能广告是以数据驱动为基础,利用人工智能技术实现广告内容的耦合生产、精准投放与互动反馈,从而个性化满足消费者生活信息需求的品牌传播活动"。④郑新刚理解的智能广告,是指依托于智能互联网,运用大数据和人工智能等技术,针对特定用户及其所处的环境,在广告的创意、制作、投放、传播和互动诸环节实现计算化、自动化、精准化和智能化。⑤顾明毅提出智能广告是基于互联网可识别消费者(确权)数据和场景算法模型,围绕消费者接触点来定制数字品牌信息的营销技术,意图促使用户参与体验和增长品牌价值。⑥段淳林等认为,智能广告是以数据驱动为基础,以用户需求为中心,利用人工智能技术实现广告内容的智能化生产、传播、互动和反馈,并在算法模型的智能决策和实时优化下,精准匹配用户生活场景、个性化满足消费者生活信息需要的品牌传播活动。⑦

2)智能广告产业发展研究

廖秉宜分析了我国智能广告产业现状即存在问题,并提出了优化路径与策略。⑧高渊强调智能广告时代行业面临着企业营销精准化、广告生产智能化、媒体组织平台化等生态系统变革,因此广告从业者职能需求也正在发生一系列的变化。未来广告从业者中,"泛广告人"将成为行业中新的岗位。⑨程星等认为,智能广告可以根据用户的搜索内容推送所需的产品,实现广告推送智能化与针对性,受到广告主的青睐。智能

---

① 曾静平,刘爽. 智能广告的潜进、阵痛与嬗变[J]. 浙江传媒学院学报,2018,25(3):9-13,140-141.
② 秦雪冰. 智能的概念及实现:人工智能技术在广告产业中的应用[J]. 广告大观(理论版),2018(1):27-31.
③ 吕尚彬,郑新刚. 计算广告的兴起背景、运作机理和演进轨迹[J]. 山东社会科学,2019(11):164-169.
④ 姜智彬,黄振石. 基于"基础-工具-目的-本性"框架的智能广告定义探析[J]. 中国广告,2019(11):80-82.
⑤ 郑新刚. 超越与重塑:智能广告的运作机制及行业影响[J]. 编辑之友,2019(5):74-80.
⑥ 顾明毅. 中国智能广告模型研究[J]. 现代传播(中国传媒大学学报),2020,42(7):125-131.
⑦ 段淳林,宋成. 用户需求、算法推荐与场景匹配:智能广告的理论逻辑与实践思考[J]. 现代传播(中国传媒大学学报),2020,42(8):119-128.
⑧ 廖秉宜. 优化与重构:中国智能广告产业发展研究[J]. 当代传播,2017(4):97-101,110.
⑨ 高渊. 智能广告时代行业从业者的职能转向[J]. 记者摇篮,2018(11):13-15.

广告产业突出表现在用户定位的准确性、效果监测的可靠性、内容推送的精准度，这样的智能化推送广告，不仅使广告主满意，也提高了消费者的接受程度，大大降低了广告转换率低的风险。同时，其提出在智能广告业竞争日趋激烈的情况下，广告的智能化在广告的产品组织、产业结构、产业生态、产业规制方面都有待优化。[①]刘莹谈到人工智能技术给广告及广告业注入新的生命活力，广告的内容形式、投放方式等发生了巨大的变化。但同时，人工智能背景下的广告业也面临过度精准定制、把关效果待提升、情感注入不足、从业人员的职业信念受影响等问题，解决这些问题成为广告行业的当务之急。[②]高婷嫱等从智能广告产业制度、产业环境、产业组织对智能广告产业发展现状进行考察，并结合智能广告产业发展的实际需要，制定了智能广告产业在新时期的优化发展策略。[③]姜智彬等认为，人工智能技术的运用，改变了传统广告的运作：社会网络技术将广告调查和广告市场调查重构成消费者智能洞察，自然语言处理技术将广告策略和广告表现重构成广告智能创作，深度学习技术将广告媒体和广告发布重构成广告智能投放，机器学习技术将广告效果和广告反馈重构成广告智能应对。人工智能对广告运作的重构，形式上是系统性重构，内涵上是颠覆性重构。人工智能从形式上解构了传统广告运作，形成消费者智能洞察、广告智能创作、广告智能投放和消费者智能应对的新型运作方式；内涵上，人工智能构建了基于消费者全景画像的大规模个性化广告创作、全覆盖精准化广告投放、主动型策略化消费者应对的新型算法模型。[④]郑新刚从智能广告构成要素的角度分析智能广告的运作机制，主要体现为外在显性要素与内在隐性要素的交融。智能广告对行业的影响主要体现在超越传统广告创意、重构广告运作流程、重塑广告产业生态系统、推动广告产业的平台化生存与融合化发展、不可避免的负面冲击等方面。[⑤]逯宝峰认为，与传统媒体和互联网相比，广告业对人工智能技术的运用能够对包括广告调查、广告策划、广告创意与表现、广告文案制作、广告媒介投放、广告效果评估等在内的广告运作流程进行优化与重构。[⑥]姜智彬认为，在技术的赋能下，中国广告产业经济范式在"十三五"期间从人力密集型转向技术密集型。[⑦]秦雪冰认为智能广告经历了萌芽阶段、广告智能投放高速发展阶段、广告智能创作飞速发展阶段、线下广告智能化探索阶段。[⑧]同时，她依据创新生态系统理

---

① 程星，李敏. 媒介融合下广告发展新态势[J]. 记者摇篮，2018(7)：27-28.
② 刘莹. 人工智能背景下广告业的问题与对策[J]. 视听，2019(7)：227-228.
③ 高婷嫱，陈世鑫. 试析中国智能广告产业发展现状及改进策略[J]. 西部广播电视，2019(13)：11-12.
④ 姜智彬，黄振石. 基于"基础-工具-目的-本性"框架的智能广告定义探析[J]. 中国广告，2019(11)：80-82.
⑤ 郑新刚. 超越与重塑：智能广告的运作机制及行业影响[J]. 编辑之友，2019(5)：74-80.
⑥ 逯宝峰. 人工智能环境下广告传播的模式创新[J]. 传媒，2019(3)：88-90.
⑦ 姜智彬. 技术赋能："十三五"时期的中国广告行业变革[J]. 编辑之友，2021(1)：44-52.
⑧ 秦雪冰. 技术嵌入与价值取向：智能广告的演进逻辑[J]. 湖北大学学报(哲学社会科学版)，2022，49(1)：171-179.

论，指出智能广告产业是一个基于产业链和价值链的虚拟网络创新生态系统，具有多样性、竞合共生、关系网络、自我革新和开放式协同等特征。系统性创新是智能广告产业创新生态系统的演化路径。①

3）智能广告相关技术分析

杨光炜等表示智能广告设计技术，是信息技术结合广告设计的产物，利用软件程序来模拟设计师手法、灵感、思维，让广告设计的整个过程变得更加智能化、数字化、信息化等。通过搭建策略设计、灵感设计、推荐设计、自助设计等应用功能及管理模块，最终实现将标志、插图、背景、文字、排版等元素分拆后，根据市场目标、策略、地域等条件，自动分析色彩、情感、经验，匹配相应元素自动合成新广告设计。②郑天娇等提出使用区块链技术解决广告数据的真实性问题。③王蓓切合广告产业信息化、数字化、智能化的需求，设计开发了一种基于物联网技术的智能广告系统：首先，在人机交互中，人体手势能够得到准确的识别，增强用户与广告互动的真实感；其次，在智能广告系统中构建基于人脸识别的广告投放优化机制，同时通过数据挖掘等手段分析用户与广告的互动信息，分析用户的消费行为和对品牌的感知度，提出广告投放优化策略，达到广告效益的最大化。最后，对人体运动自动跟踪进行了实景测试。④郭慢等指出人工智能时代的到来给人脸识别技术带来了蓬勃发展的生机，提出使用基于OpenCV的人脸识别技术来采集广告受众信息，进而设计数据分析的系统，能有针对性地解决广告投放问题，满足大多数人的广告消费需求。⑤匡文波等以SIPS（模拟接口和处理系统）模型和计划行为理论模型（TPB Model）为基础和理论依据，使广告信息对用户发出信息共鸣、情感共鸣，将用户感受到的有用性、审美性以及个人兴趣偏好和感知风险等作为研究变量，建立了一个移动智能广告传播效果分析模型，旨在分析用户接受移动智能广告的关键因素，并检验用户对移动广告的态度对其使用行为意向的预测作用。⑥谭辉煌等认为，广告智能化运作的核心逻辑是寻求内容价值与用户价值的连接与匹配，操作关键是大数据和智能推荐算法，常用的智能算法有基于内容的推荐、基于用户协同过滤的推荐和基于关系的推荐。⑦刘庆振定义智能推荐算法是通过个性化的内容与用户需求和场景进行匹配。推荐系统的核心价值与基本逻辑，是在

---

① 秦雪冰. 创新生态系统理论视角下的智能广告产业演化研究[J]. 当代传播，2022(2)：67-69.
② 杨光炜，刘嫣，张晓勇. 智能广告设计技术的应用研究[J]. 艺术科技，2017，30(5)：43.
③ 郑天娇，汤明妍，宋丹，等. 区块链技术在广告业中的应用设想[J]. 新闻研究导刊，2017，8(13)：261.
④ 王蓓. 基于物联网技术的智能广告系统设计[J]. 电子技术与软件工程，2018(20)：27-28.
⑤ 郭慢，钱松荣. 基于OpenCV的人脸识别技术在智能广告上的应用[J]. 微型电脑应用，2018，34(10)：104-106.
⑥ 匡文波，贾一丹. 移动智能广告的传播效果研究[J]. 现代视听，2018(10)：28-33.
⑦ 谭辉煌，张帆，钱涛. 媒体智能化趋势下广告运作模式的嬗变与重构[J]. 新媒体与社会，2019(1)：24-36.

智能传播时代实现用户、场景和内容之间的精准匹配。[1]郑雅羽等提出了一种基于英伟达 Jetson TX1 视觉开发平台的智能广告展示系统。在没有人为决策的情况下，该系统能够对摄像头采集的周围人物信息进行分析，通过决策自行推送最适合当前受众的广告。[2]金诗思等提出协同过滤算法实现与用户的匹配与协同。其核心内容在于：用相似度算法来获取用户的推荐信息，通过历史记录在数据中找到相似的邻居用户，而忽略详细的行为记录。[3]谢俐等基于人脸检测与分析云平台的智能广告平台，通过"三层/多层计算"架构设计和 B/S（浏览器/服务器）模式后台管理模式的构建，并利用 FTP（文件传输协议）服务器进行多广告机终端的网络化集成管理，实现了对广告屏前过往人群的年龄、性别等受众分析，并根据一定规则进行广告的智能化、针对性投放。[4]吴海洲等基于 STC12C5A60S2 搭建了 LiFi（可见光无线通信）应用环境并实现了 LiFi 智能广告系统的设计与制作，通过 OOK（开关键控）调制方式和发光二极管来实现光的调制与发射，通过 LCD 屏显示可见光接收到的数据信息，实现了通过可见光的通信，完成了智能广告系统的投放接收，实现的方式简单快速，成本低廉，便于广泛应用。[5]姜智彬提出：移动互联网技术、大数据处理技术和人工智能技术是广告行业变革的核心生产力要素。移动互联网技术拓展了社交互动型广告形态、大数据处理技术创新了平台型广告商业模式、人工智能技术驱动了广告产业变革，以 5G、区块链和物联网技术为代表的新兴技术，将在下一个 5 年布局广告产业，为中国广告行业带来新的技术红利。[6]张晓凤将户外智能广告与智慧城市连接在一起，认为户外智能广告将以场景化、技术化、人性化、绿色化和融合化为创作导向。[7]焦一丹认为，在移动互联时代，技术对广告的影响愈发强大，场景成为媒介的重要关注点，并以上海地铁广告为例，探究移动互联时代地铁广告的场景建构。[8]鲁普及通过分析场景化思维下广告设计的基本特征，剖析广告信息的传播机制，从而全面理解场景化思维下的广告设计，并为新媒体环境下的广告设计实践提供新的思维框架和方法。[9]

---

[1] 刘庆振. 智能算法语境下的媒体、传播和广告再思考[J]. 新闻知识，2018(12)：3-6.
[2] 郑雅羽，陈杰华，贾婷婷. 基于受众兴趣识别的智能广告展示系统设计[J]. 浙江工业大学学报，2018，46(5)：496-501.
[3] 金诗思，卢翰霖，李凯，等. 基于用户行为的协同过滤算法研究[J]. 电脑知识与技术，2019，15(13)：17-18，25.
[4] 谢俐，何勇，张海. 基于受众分析的智能广告平台研究[J]. 重庆电力高等专科学校学报，2019，24(6)：33-36.
[5] 吴海洲，田秀云，王慧，等. 基于 LiFi 的智能广告系统设计与实现[J]. 电子制作，2019(11)：33-34，69.
[6] 姜智彬. 技术赋能："十三五"时期的中国广告行业变革[J]. 编辑之友，2021(1)：44-52.
[7] 张晓凤. 刍议智慧城市理念下户外智能广告的创作导向[J]. 传播与版权，2018(6)：88-90.
[8] 焦一丹. 移动互联时代地铁广告的场景化传播[J]. 声屏世界，2022(13)：88-90.
[9] 鲁普及. 场景化思维下广告设计的特征及其信息传播机制[J]. 包装工程，2022，43(2)：211-215.

2.2 智能广告的发展历程

"智能广告"中的"智能",全称为"人工智能"(artificial intelligence),英文缩写AI,又称智能模拟、智能控制。在语义上,"人工"是指人造的;"智"指智慧,是人这一主体从感知、记忆、思考到决策的思维全过程;"能"指能力,是智慧产生的结果,表现为行为和语言。"智"与"能"合称"智能",是人在认识和改造自然过程中通过脑力劳动、思维过程表现出来的行为与语言;人工智能就是人为创造的智能,是探索和模拟人的感觉与思维过程的规律,利用电子计算机模拟人类智力活动的科研领域。在计算机科学与技术学科中,人工智能是研究能根据环境处理信息的"智能主体"如何最优化决策的过程,涉及的子领域包括大数据、机器学习、图像识别、神经网络。[①]

2.2.1 初期智能广告(2012年以前)

Web 服务器在网络中为其他客户机提供计算或者应用服务,Web 搜索引擎用于 FTP 服务器上的文件,意味着互联网数字技术嵌入广告业务流程,广告向智能化迈进了第一步,进入萌芽阶段。初期智能广告主要表现在广告智能投放和消费者智能洞察两方面实现了自动化技术。广告智能投放主要表现在四个方面:一是自动发布广告,根据用户信息、站点特征、页面内容和广告效果数据,通过类型、关键词或标签(tag)等自动选择广告投放的位置,自动发布广告。二是协同推荐广告,通过协同过滤技术,将一个用户感兴趣的内容推荐给兴趣相似的其他用户,当时的当当网、豆瓣已经开始使用协同推荐广告。三是自动搜索引擎广告,第一代搜索引擎是在人工条件下,通过 meta 标签[HTML(超文本标记语言)网页源代码中的一个重要 html 标签]优化进行目录分类,第二代搜索引擎是以关键词搜索为核心,关键词广告至今仍是付费搜索引擎营销中的重要方式之一,它与传统的搜索引擎登录和排名有很大的差别,本质上属于网络广告的范畴。从 2001 年下半年开始,国内外主要搜索引擎服务商陆续开始了收费登录服务。自 2003 年之后,从关键词定位扩展到网页内容定位的搜索引擎营销方式,这项服务是将通过关键词检索定位的广告显示在其他相关网站上。自动搜索引擎比前两代搜索引擎更先进,使用 Clusty(一个搜索查询网站)、bbmao(比比猫,搜索引擎公司)等自动分类、聚类功能,自动对文本中的概念进行分类、标引,并已经有推荐排序,可根据用户信息匹配广告。四是广告计费方式自动化的研发,广告产业开始研发每行动成本(cost per action, CPA)、每点击成本(cost per click 或 cost per thousand click-through, CPC)和每千人成本(cost per mille、cost per thousand 或 cost per

---

[①] RUSSELL S J, NORVIG P. Artificial intelligence: a modern approach[M]. 2nd ed. Upper Saddle River, New Jersey: Prentice Hall, 2003.

impressions，CPM）等广告计费模式，其逻辑是针对每次广告投放引起的消费者反应自动计算媒介费用。

消费者智能洞察体现在受众的识别和分析上，通过 IP 和 Cookie，结合 Netflow、DNS（域名系统）访问统计等技术追踪采集用户的性别、年龄等人口统计学信息，在此基础上对用户进行分析，为投放广告提供参考。

这一时期，传统大众广告占据市场主导地位，互联网以 PC 终端为主，少量的广告主尝试投放互联网广告。尽管有学者前瞻性地提出了智能广告的主要特征包含广告受众识别的智能化、广告发布方式的智能化、广告内容生成的智能化、广告效果监测的智能化[1]，但受限于技术条件和应用发展，这些设想并未在实践中得到印证。广告智能投放和消费者智能洞察也停留在比较初级和原始的状态。

2.2.2 发展期智能广告（2012—2019 年）

人工智能技术的相对成熟，尤其是程序化广告交易已经涉及需要借助复杂模型处理大量用户数据的采集、分析和交换等工作，在应用上就是建成了广告交易平台（ad exchange），标志着广告智能化进入快速发展阶段。

1. 2012—2013 年，程序化广告的开端期

在数字营销领域，国外广告形态发展是我国广告行业的风向标，美国经历了从 Advertising Network（在线广告联盟）到 ADX（Advertising Exchange，广告交易平台）的演变，2005 年力图通过计算机程序而非人工操作完成广告市场交易和广告主媒介购买的程序化交易技术诞生，从此美国的程序化广告兴起。2011 年，阿里妈妈推出了我国第一个广告交易平台 Tanx，2012 年，为沃尔沃投放了中国第一单实时竞价（real-time bidding，RTB）广告；大量的企业如舜飞、品友、易传媒、聚效万合等，在 2012 年相继发布 DSP 产品用于广告投放；谷歌旗下广告交易平台正式上线中国，业内普遍认同 2012 年是国内程序化广告的元年。2013 年，腾讯、新浪、优酷、百度等行业巨头纷纷入局程序化广告市场。

2. 2014—2016 年，程序化广告的爆发期

在资本的推动下，这一阶段我国涌现出超百家程序化购买平台，业内技术更成熟的公司掀起了并购潮，阿里巴巴收购易传媒，蓝色光标先后并购多盟、璧合科技、晶赞科技、精硕科技、爱点击、亿动，利欧收购聚胜万合，爱点击 iClick 并购智云众，百视通收购艾德思奇……也有数十家程序化营销相关的企业登陆资本市场，如璧合科技、力美科技、磐石股份、有米广告、Mobvista 汇量……在资本的追捧下，程序化购

---

[1] 易龙. 智能广告初论[J]. 新闻界，2008(4)：170-172.

买行业达到了高光时刻。

以程序化广告引爆智能广告发展的爆发期具有三个主要特点：一是程序化广告生态基本形成。中国广告市场初步形成程序化购买的基础架构，广告交易平台、需求方平台蓬勃发展，数据管理平台、供应方平台等市场主体诞生。随着基础架构的初步形成和技术发展，程序化购买从开始分析到投放广告只需 1/10 秒。随着移动互联网的发展，基于移动互联网的程序化购买也开始形成。2014 年，力美科技、易传媒、亿动传媒等公司的移动广告平台已经上线，多盟、百灵欧拓等公司纷纷搭建移动需求方平台。2015 年，围绕程序化购买衍生了多元和细分的市场主体如独立数据供应商、程序化购买效果监测商、移动数据提供商、创意优化服务商等。2016 年以后，程序化购买广告生态基本成熟，头部企业探索实施广告全产业链。二是程序化购买方式更加丰富。由于实时竞价广告的参与者鱼龙混杂，饱受广告主诟病，2013 年中国广告市场出现了程序化优先购买（programmatic premium buying，PPB），其不同于实时竞价广告、广告位预订，因此可以保证广告位的质量。此后，尽管实时竞价广告对中小广告主和中小网站仍然具有吸引力，但大中型广告主和大中型网站更青睐程序化优先购买。2015 年，根据出价方式和广告资源类型的不同又产生了新的非公开竞价的程序化购买方式，主要包括不确定价格和数量但限制参与对象的私有市场（private market place，PMP）、提前确定价格但不确定数量的优先购买（preferred deal，PD）、提前确定价格和广告数量的程序化直接购买（private direct buy，PDB）等。这些非公开竞价的程序化购买方式快速发展，在 2015 年占程序化购买市场的 34.8%[①]，至 2016 年，非公开竞价的程序化购买成为主流，占据程序化购买市场 70%以上[②]的市场份额。三是程序化购买的市场规模快速增长。艾瑞咨询的数据显示，2012 年程序化购买的市场规模 PC 端为 5.5 亿元；2013 年 PC 端为 15.3 亿元，移动端为 0.8 亿元；2014 年 PC 端为 48.4 亿元，移动端为 3.9 亿元。虽然增长速度迅猛，但截止到 2014 年，品牌广告主对程序化购买仍然存在质疑和不信任，主要原因有三：一是程序化购买市场较为混乱，如流量作弊等，没有形成统一的标准，也缺少监管，不同平台流量计费方式不同；二是程序化购买广告投放的不透明导致投放难以监测，由于程序化广告投放媒介位的海量性和投放对象的精准性，广告商无法像监看传统广告那样监测通过程序化购买投放的广告，市场也缺乏专业的监测机构；三是品牌主担心损害形象，实时竞价广告和程序化优先购买等公开竞价的方式不限制参与对象，单笔广告投放费用小至几毛或几块，导致广告投放者鱼龙混杂，品牌主顾虑广告投放环境的杂乱影响其品牌形象。2015 年，随着程序化购买市场主体的健全，如效果监测商、非公开竞价方式的快速发展、移动端的崛起，

---

① 传播与文化行业：程序化购买，百亿的市场，营销的潮流[EB/OL]. (2016-07-19). https://stock.stockstar.com/JC2016071900002278.shtml.

② 2016 网络广告收入占比近七成，电视广告占比四分之一：网络广告市场发展及预测[EB/OL]. (2017-05-17). http://www.360doc.com/content/17/0517/00/30515337_654558165.shtml.

程序化购买市场份额急速提升，PC 端市场规模为 115.1 亿元，移动端市场规模为 33.7 亿元[①]；2016 年以后，程序化购买广告生态基本成熟，电商、快速消费品和汽车及市场竞争激烈的行业不断将预算大幅度转向程序化购买，2016 年当年 PC 端市场规模即达到 205.3 亿元，移动端市场规模为 103.1 亿元，程序化购买广告已超过网络展示广告支出的 50%。[②]之后，程序化购买市场规模不断发展，稳定增长，成为主导性的互联网广告投放方式。

在广告智能投放高速发展阶段，与程序化购买紧密相关的数据管理平台随之快速发展，消费者智能洞察日趋成熟，成为程序化购买的重要支撑。广告智能投放的快速发展对智能广告有着突破性的影响，使智能广告由理论走向实践，但是彼时的广告创意仍然由人工完成。

3. 2016—2019 年，广告内容智能创作飞速发展期

互联网进入 4G 时代之后，从 2016 年 AlphaGo 事件开始，人工智能正式进入爆发式增长期。人工智能的分支机器学习，尤其是深度学习，发展得最为迅速，相关的技术嵌入广告内容创意环节，使广告创意开始走向智能化，推动智能广告进入内容创作飞速发展阶段。该阶段具有三个特点：一是程序化创意迅速发展。广告主要包括平面广告、文字广告和视频广告三种类型。程序化创意首先在平面广告和文字广告的自动化生成方面取得突破，继而开始向视频广告方面发力。2016 年 6 月，著名创意机构麦肯广告公司举行了一场人工智能机器人与人类创意总监的广告大赛，按照规定要求双方各出一个参赛作品放到网上进行匿名投票，最后投票结果是人类险胜机器人，成为人工智能对广告业中人类创意的一次挑战。2016 年，阿里人工智能设计师"鲁班"为"双 11"制作了 1.7 亿张海报（图 2-1），2017 年再为"双 11"设计 4 亿张海报，达到 1 秒钟生成 8 000 张的速度。2017 年发布的《中国程序化广告技术生态图》中收录了筷子科技、百度霓裳、Sizmek（独立第三方数字广告投放公司）和喝彩网（Bravo）4 家程序化创意公司，筷子科技和 Bravo 是新出现的独立公司，Sizmek 是在程序化购买基础上发展起来的程序化创意公司，百度霓裳是媒体端在需求方平台内嵌程序化创意工具的公司。2018 年，程序化创意开始在文字广告方面快速发展，京东推出广告文案智能生成系统——"莎士比亚"，基于京东的大数据（商品标签和消费者数据库）生成广告标题和内容；2018 年，阿里妈妈推出"AI 智能文案"产品，1 分钟能够生成 20 000 条广告标题，还可以根据消费者的喜好生成描述型、特价型、实效型、逗趣型、古诗词型等风格，之后秒针等公司也开始推出智能文案系统。二是格式化或结构化生成广

---

① 干货｜2016 程序化购买多维分析报告[EB/OL]. (2016-08-25). https://mp.weixin.qq.com/s/Zg_GQK9K_Omb8F56EZx93w.

② 2017 年中国程序化购买市场趋势展望[EB/OL]. (2017-07-04). https://www.jiemian.com/article/1445791.html.

告创意。目前程序化创意的主要方式是格式化或结构化地生成广告创意。在平面广告生成方面,程序化创意是对海量元素、风格进行排列组合,生成尺寸、内容、位置较为格式化的平面广告如海报、横幅广告等。在文字广告的生成方面,程序化创意是生成主谓宾、语法结构、句式结构清晰的结构化广告文案。在视频广告生成方面,程序化创意是基于文案、平面和视频合成结构化的视频。2016 年,IBM 旗下人工智能系统 Watson 为电影 *Morgan* 制作了一段时长 6 分钟的广告宣传片。2016 年,麦肯广告公司在日本任命机器人 AI-CD β 为世界上第一个人工智能创意总监,指导公司的广告创意,并且亲自创作了某口香糖的电视广告。程序化创意适用于广告元素易于拆分、元素排列组合较为固定的广告形式。因此,当下程序化创意应用较为广泛的是展示类广告如海报、电商广告设计、户外广告、信息流广告标题等。三是数据管理平台为程序化创意持续赋能。在广告内容智能创作飞速发展阶段,数据管理平台使根据消费者的特征、习惯、爱好和商品偏好来生成广告创意成为可能,数据管理平台为程序化创意提供了必要支撑。程序化创意与程序化购买有着天然的联系,一部分程序化创意功能就是由程序化购买公司研发而来。因此,在这个阶段,程序化创意与程序化购买、数据管理平台业务链完成衔接,使单一的智能广告环节价值扩张,形成协同效应,基于人工智能技术的广告业务流程初见雏形,为基于不同消费者、不同场景投放不同广告内容的智能广告运作提供了现实支撑。

图 2-1 2016 年"双 11"期间"鲁班"设计的横幅广告

2.2.3 繁荣期智能广告(2019 年之后)

随着 5G 技术的渗透、5G 网络的铺展开来,人工智能技术开始真正发挥超级动能,与营销场景全面融入,现代广告大步迈向"以用户为中心"的智能广告繁荣阶段,一个化茧成蝶、凤凰涅槃的智能广告新时代应运而生,中国特色的 5G 时代智能广告理论研究和产业实践占据着世界广告行业、世界传播行业、世界营销行业的高点。

1. 传统线下广告的智能化探索

首先，户外广告、电梯广告和户外设施广告、数字电视等传统广告媒体探索数智化升级。领先的户外媒体公司通过购买数字产品或自主研发，从三个方面开始探索：一是开展消费者智能洞察，通过户外终端设备，挖掘消费者数据，主要包括基本属性、地理位置、人脸信息、户外广告收看行为等，结合户外广告的地理环境、广告设施、周边环境、人流量数据，对消费者进行整合分析，智能洞察消费者的兴趣及需求；二是户外广告的程序化投放，根据消费者标签数据和户外行为习惯，结合消费者洞察数据，远程实时程序化投放户外广告；三是户外广告效果的智能监测，户外广告受实体特性限制，较难监测用户观看时长以及下一步行动轨迹，但智能营销服务平台通过投放后的数据分析，根据潜在顾客人群的线上兴趣表达分析，对比被广告曝光的人群和未被曝光人群的行为表现，可以反推出户外广告的效果影响。另外，有些梯媒和户外大屏已经通过对消费者的情绪识别、专注度识别、关注时长的监测和点击购买数据，智能分析检测广告效果。在电视媒体的智能化探索方面，《"坦途前行"——2022 中国智慧屏行业发展白皮书》显示，大屏用户数持续增长，据勾正科技统计，电视用户总量已经提升至 6.12 亿台。2022 年末智能电视日均日活规模较 2021 年增长 16%，日均开机时长增长 21 分钟。[①]智能电视的进一步普及为电视广告的智能化奠定了硬件基础，电视行业目前正在积极研发电视广告程序化购买系统。比如，德国知名传媒集团 RTL 的广告开发部门 Smartclip 公布了一项全新的技术——在线性电视的广告时段内，对电视广告进行程序化购买。新功能面向全欧洲范围内符合 HbbTV（Hybrid Broadcast/Broadband TV，混合广播/宽带电视）标准的可寻址电视，针对完整的广告时段或单个广告进行程序化购买与插播。该功能让广告商在家庭层面上利用特定的电视广告去定位电视观众。[②]

2. 基于新技术的线上线下场景广告兴起

互联网平台开拓直播间场景广告、视频广告成为营销主场。无人机可以带来充满想象的天幕盛景广告，满足人们的无限遐思。元宇宙广告以沉浸式体验为核心特征，使物质空间与虚拟空间的边界逐渐模糊，虚拟现实的广告效果既塑造身体又排斥身体。增强感官体验的技术带来特效作用，使人类似乎离开了身体的"牢笼"，让人期待、享受并着迷，但是，技术在广告领域的过度应用可能会助长消费社会的沉沦，最可怕的后果是：当技术延伸到掌握了人类的认知结构，进而从人的操控中分离出去，最终

---

① 勾正科技. 重磅发布!《"坦途前行"——2022 中国智慧屏行业发展白皮书》[EB/OL]. （2023-03-29）. https://baijiahao.baidu.com/s?id=1761681006736867155&wfr=spider&for=pc.

② 海外快讯|智能电视占用户 OTT 观看时长的 50%[EB/OL]. （2023-04-11）. https://zhuanlan.zhihu.com/p/621134072.

排斥了血肉之躯。

无论是全真互联网、Web 3.0 还是元宇宙，最终都将赋能于广告产业。腾讯联合埃森哲发布《全真互联白皮书》，指出全真互联促进数字经济与真实世界融合，解决实际场景问题和提升组织效能，"数实融合"场景带来新的应用场景，孕育新的产业生态，塑造新的生活方式。全真互联网十分依赖互联网的连接能力、云计算算力，甚至全真互联定义里所说的要支持多种终端和形式，也包括元宇宙概念里的 VR 设备。全真互联网更强调对现实世界的全面感知、连接和交互，强调数实融合，直接从个人、组织和社会这三个层面的现实应用场景出发解决实际问题。Web 3.0 是去中心化的互联网，它基于区块链和去中心化自治组织（DAO）等分布式技术建立，而不是集中在个人或公司拥有的服务器上，Web 3.0 更重视"人的解放"，也就是生产力的革命。元宇宙关注"虚拟世界"，如数字身份、世界等内容，是现实世界映射与交互的虚拟世界，人们用数字化身来控制，再建虚拟世界。Web 3.0 与全真互联网，都能让人们跨越物理和空间的限制去工作、生活，拓展能力和体验的边界。

3. 生成式人工智能改变广告内容生产

人工智能开展广告自动创意活动，其实是一个庞大而复杂的系统工程，生成式人工智能（artificial intelligence generated content，AIGC）的出现将是继 PGC（专业生成内容）、UGC（用户生成内容）之后的新型内容创作方式。AIGC 的爆发主要得益于深度学习算法，百度 CEO 李彦宏公开表示，未来 10 年，AIGC 将颠覆现有内容生产模式，可以实现以 1/10 的成本，以百倍、千倍的生产速度创造出新的内容。AIGC 带来的改变是方向性的，它利用人工智能模型来学习已有数据的模式和结构，从理解语言、文字、图片和视频，跃升到可以输出新的文案、视频等内容。比如：可以根据用户需求和偏好来为其定制个性化的内容；还可以根据输入条件来生成新的内容，生成的内容既可以是和用户之间的智能对话，也可以是具有独特价值和独立视角创意的广告文案、图片与视频等；还可以实现从文案、图片到图文转视频的自动化创作等。它的工作不受人类创作者数量和能力的限制，不受时间、成本、技能、灵感等因素的影响，快速、稳定地生成大量高质量的内容，从而大幅提升生产效率。在 AIGC 技术加持之下，广告内容创作将进入人机共创模式，从而使广告人、媒体和创作者进一步把宝贵的精力专注在创新和创意上。

2.3　智能广告概述

智能广告是人工智能技术从不同环节先后嵌入广告业务流程并重构广告活动的新形态广告总称。早期的智能广告主要是将技术应用在广告的形式和媒介环节，即广告的制作和创作活动、广告的传递和展示活动等；随着计算机科学与技术、人工智能技术的快速发展，智能广告已经可以为广告的创作和制作、媒介平台的传输和展示、用户的接受和反馈构建更为精准、高效的闭环。学者们不断探索人工智能与广告的密切关系，解码"广告传播+智能技术"的实践应用与学理渗透，厘清独树一帜的智能广告新理论的演变历程与发展渊源，抒发并展望智能广告的广阔前景，并尽可能打破智能技术与广告传播理论边界瓶颈，构建智能广告的学理大厦。

2.3.1　什么是智能广告

智能广告是广告学领域具有交叉学科特点的全新理论，根据国内外学者对智能广告的研究，本书对智能广告的定义是：依托互联网等信息基础设施，以大数据为驱动，以个性化信息需求为中心，利用人工智能技术实现广告内容的耦合生产、精准投放、互动反馈和效果优化，推动广告产业以创新为驱动高质量发展，进而满足人民对美好生活向往的广告形式。

2.3.2　智能广告的内涵

1. 智能广告以互联网等信息基础设施为依托

智能广告是一种技术密集型的广告形式。从受众识别、内容生产、精准投放到传播效果监测，智能广告的生态链条与业务流程都是建立在互联网技术发展的基石之上。正是互联网、人工智能、云计算等先进技术的蓬勃发展，才为智能广告的诞生和走向成熟奠定了基础。换句话说，各种各样的信息基础设施及其相关技术是推进智能广告诞生、繁荣壮大的催化剂。

2. 智能广告以大数据为驱动

互联网中的新闻网页、电商消费、社区媒体等平台产生了大量的数据，随着数据产生的速度越来越快，数据量越来越大，互联网进入大数据时代。海量数据为人工智能的发展提供了大数据基础，直接推动了人工智能发展的第二次高潮。传统广告无法处理如此庞大、纷繁复杂的海量数据，而智能广告便是在海量数据（既包括用户生产的数据，也包括各种智能化终端生产的数据的收集、分析、处理）的基础上完成广告信息的传播活动。从这层意义上来说，大数据推动着智能广告向前发展。

3. 智能广告以个性化信息需求为中心

用户在广告活动中占据重要地位，其信息需求是一切广告活动的出发点和落脚点，其信息需求的满足与否是衡量广告传播效果的关键指标，因此识别并满足不断变化的用户需求，特别是个性化信息需求，是智能广告的中心工作。除此之外，对于智能广告活动而言，除了满足用户已有的个性化信息需求，预测并及时引导用户新的信息需求也是尤为重要的。

4. 智能广告以推动广告产业创新发展、满足人民对美好生活的向往为目的

具体而言，智能广告有两个现实目的：一方面，助推我国广告产业实现高质量创新发展。比如，智能广告能够实现不同场景下用户需求与广告信息服务的精准匹配，摆脱以往广告活动对空言说的窘境，从广而告之的撒播变成了精准传播，大大提高了传播效率，广告资源的利用效率显著提升，助力广告产业从粗放型向集约型转变。另一方面，我国社会主要矛盾已经转化为人民日益增长的美好生活需要和不平衡不充分的发展之间的矛盾。智能广告描绘的"万物互联"的图景正逐步走向现实，可以帮助用户在社交、购物、娱乐、教育等领域获取其所需的个性化信息与服务，从而实现其美好生活的愿景。这两方面无疑体现了智能广告强烈的现实指向与以人为本。

2.4　智能广告的核心三要素

计算广告学提出智能广告的目标是"在特定语境下特定用户与相应的广告之间形成最佳匹配"①，实现这一目标的人工智能技术主要是依靠算法对体量庞大、类型多元的用户和场景数据进行采集、清洗、计算与挖掘，发现数据中隐藏的相关性规律，进而提高广告预测或决策的科学性、精准性、时效性。围绕着数据、算法和场景的技术演进嵌入并创新了智能广告的全流程环节，颠覆了传统广告在消费者洞察、广告创作、广告投放、广告效果反馈上靠人力劳动和经验智慧驱动的运作方式，推动了智能营销的全链路变革。

2.4.1　大数据

由于技术条件和方法的制约，传统广告投放多依靠市场调研、发放问卷的方式和观察、访谈等一些简单的定性手段，所获取的统计数据比较狭隘，对消费者需求关注有限，消费者洞察只是从心理学范畴上凭借个人经验智慧和分析得出，具有很大的主观性和盲目性。随着物质生活需求得到基本满足，用户需求逐渐呈现个性化、多样化等诸多特点，单纯地通过抽样调查进行的消费者洞察，已无法明确定位用户画像（userprofile）和掌握动态化的用户需求，大数据洞察旨在从根本上改变这一困境。

1968年，图灵奖获得者理查德·卫斯里·汉明（Richard Wesley Hamming）就提出计算的基础是数据，目的在于洞察人和事物。②消费者洞察是智能广告的起点，基于自然语言理解的消费者洞察能够对大数据带来的大量庞乱无章法的消费者信息和数据

---

① 段淳林，宋成. 用户需求、算法推荐与场景匹配：智能广告的理论逻辑与实践思考[J]. 现代传播（中国传媒大学学报），2020，42(8)：119-128.

② 计算的目的不在于数据，而在于洞察事物，计算本身就是一种认知[EB/OL].（2019-05-22）. https://www.sohu.com/a/315665077_99985608.

进行处理，全景式地对消费者的信息进行认知、理解和判断，发现消费者的新需求和隐性需求，展现真实、鲜活的消费者信息并将其应用于企业的品牌传播活动中，使品牌传播更精准、更具效率。

大数据或称巨量资料，指的是所涉及的资料量规模巨大到无法通过主流软件工具，在合理时间内达到撷取、管理、处理并整理成为帮助企业经营决策更积极目的的资讯。[①]麦肯锡全球研究所给出的大数据的定义是：一种规模大到在获取、存储、管理、分析方面大大超出传统数据库软件工具能力范围的数据集合，具有海量的数据规模、快速的数据流转、多样的数据类型和价值密度低四大特征。海量的非结构化数据给学术界、商业界以及政界带来的显著量化转变正在全球迅速蔓延开来，没有哪个领域能够躲避大数据的影响。严格来讲，所有事物及其变化都是"数据"，小到一个人的网购行为、心率、脉搏、性格倾向，大到城市交通信息经济体运行数据、宇宙星体的运行轨迹。

大数据包括结构化数据、半结构化数据、非结构化数据三个类型：①结构化数据，即可以以固定格式存储、访问和处理，能够用数据或统一的结构加以表示的数据，如数字、符号。由于此数据采用类似的格式，因此可以通过执行分析获得最大的收益，还可以利用各种先进技术从结构化数据中提取数据驱动的决策。②半结构化数据，即介于结构化数据和非无结构的数据之间的数据。半结构化数据是形式化的结构，Web应用程序数据是半结构化数据的示例。例如日志文件，事务历史记录文件、XML（可扩展标记语言格式）、HTML 文档就属于半结构化数据。③非结构化数据，即是任何以未知形式或结构出现，字段长度可变，并且每个字段的记录又可以由可重复或不可重复的子字段构成的数据，非结构化数据来自不同类别，用它可以处理结构化数据，处理非结构化数据并对其进行分析以获取数据驱动的答案是一项艰巨的任务，包含简单文本文件、图像、视频等的组合的异构数据源是非结构化数据。推荐系统常见的特征数据见表 2-1。

表 2-1 推荐系统常见的特征数据

用户行为	类型	特征	作用
评分	显式	整数量化的偏好，可能的取值是[0, n]；n 一般取值为 5 或者是 10	通过用户对物品的评分，可以精确地得到用户偏好
投票	显式	布尔量化的偏好，取值是 0 或 1	通过用户投票，可以较精确地得到用户偏好
转发	显式	布尔量化的偏好，取值是 0 或 1	通过用户转发行为，可以精确地得到用户偏好。如果是站内，同时可以推理得到被转发人的偏好（不太精确）
保存/收藏	显式	布尔量化的偏好，取值是 0 或 1	通过收藏行为，可以精确地得到用户偏好

---

① "大数据"百度百科 [EB/OL]. https://baike.baidu.com/item/%E5%A4%A7%E6%95%B0%E6%8D%AE/1356941?fr=aladdin.

续表

用户行为	类型	特征	作用
打标签	显式	一些单词,需要对单词进行分析,得到偏好	通过分析用户打的标签,可以得到用户对项目的理解,同时可以分析出用户的情感:喜欢还是讨厌
评论	显式	一段文字,需要进行文本分析,得到偏好	通过分析用户的评论,可以得到用户的情感:喜欢还是讨厌
点击浏览(查看)	隐式	一组用户的点击,用户对物品感兴趣,需要进行分析,得到偏好	用户的点击一定程度上反映了用户的注意力,所以它也可以从一定程度上反映用户的喜好
页面停留时间	隐式	一组时间信息,噪声大,需要进行去噪、分析,得到偏好	用户的页面停留时间一定程度上反映了用户的注意力和喜好,但噪声偏大,不好利用
购买	隐式	布尔量化的偏好,取值是 0 或 1	购买行为可以很明确地说明用户感兴趣

借助人工智能的数据挖掘、图像识别和自然语言理解等技术,机器智能洞察能够对文本情感进行分析、处理和归纳,将非结构化的文本数据转化为易于理解的结构化数据。如使用布尔模型、空间向量模型、概率模型以及潜在语义索引模型等智能算法分析消费者偏好;使用NLP(自然语言处理)技术和LDA(隐式迪利克雷分布)模型对网络上消费者评论等非结构化的大规模文本进行深度分析和主题挖掘,发现消费者对产品和服务的情感偏好;利用人工智能的网络爬虫技术自动采集各大网站页面内容,并进行一定的分析、过滤,将内容转化为结构化标签数据,在建立数据之间的相关关系中发现消费者潜在需求和预测未来需求,提高需求与产品的匹配效率。另外,还可以通过人工智能技术分析天气和流行趋势等大量数据,针对消费者群体在未来场景下的流行需求进行预测分析等。

2013年,舍恩伯格在《大数据时代:生活、工作与思维的大变革》中指出,大数据带来的信息风暴正在变革我们的生活、工作和思维,大数据开启了一次重大的时代转型。[①]大数据的价值被充分释放出来,利用大数据可以实现聚类分析、相关性分析和预测性分析,如对股票的预测、电影票房的预测等。云计算技术也大大提升了大数据的实用性,使得数据规模量更大、数据流转和运算速度更快、运算结果更准确、数据价值密度更高。

智能广告围绕着数据开展活动(图2-2),其基本运作逻辑是,利用大数据技术搭建起集数据分析、数据挖掘、数据安全等功能为一体的智能数据管理平台,提供精准的用户画像定位,利用人工智能技术准确分析和理解用户行为特性,建立用户需求偏好的算法模型,并不断训练优化,掌握用户的动态化、潜在性需求和预测未来需求,从而选择和调试品牌信息传递的方式与结果,向用户传递个性化的品牌信息。

---

① 段淳林,宋成. 用户需求、算法推荐与场景匹配:智能广告的理论逻辑与实践思考[J]. 现代传播(中国传媒大学学报),2020,42(8):119-128.

图 2-2　大数据相关技术与应用

2.4.2　算法

算法是指为解决一个特定问题而采取的一系列特定、有限的步骤。智能广告算法要解决的是将合适的广告内容在适合的时间、场景下推送给用户，提高广告曝光的准确性与营销效率。

智能广告的算法主要发生在智能洞察、智能匹配（智能排序推送）、智能内容生产和智能反馈等流程，首先介绍六种常用的推荐算法：一是基于人口统计学的推荐算法（demographic-based recommendation），这是一种易于实现的推荐方法，也是推荐引擎出现之初就被广泛应用的一种比较早期的算法推荐机制，它只是简单地根据系统用户的基本信息发现用户的相关程度，然后将相似用户喜爱的其他物品推荐给当前用户。对于没有明确含义的用户信息（如登录时间、地域等上下文信息），可以通过聚类等手段，给用户打上分类标签。对于特定标签的用户，又可以根据预设的规则（知识）或者模型推荐对应的物品。用户信息标签化的过程一般又被称为用户画像，用户画像就是平台通过收集与分析消费者社会属性、生活习惯、消费行为等主要信息的数据之后，完美地抽象出一个用户的商业全貌，是大数据应用技术的基本方式，是智能推荐的前提。用户画像为企业提供了足够的信息基础，能够帮助企业快速找到精准用户群体以及用户需求等更为广泛的反馈信息。二是基于内容的推荐算法（content-based recommendations），核心思想是根据过去用户浏览和喜欢的内容推荐给用户相关的内容。平台根据推荐物品或内容的元数据，发现物品的相关性，再基于用户过去的喜好记录，为用户推荐相似的物品。一般先抽取物品内在或者外在的特征值，如一部电影，涉及导演、演员、用户标签、UGC、用户评论、时长、风格等特征；然后开展相似度计算。将用户个人信息的特征（基于喜好记录或是预设兴趣标签）和物品的特征相匹配，就能得到用户对物品感兴趣的程度。基于内容的推荐算法在电影、音乐、图书等主题的社交网站上得到广泛应用，有些网站还请专业的人员对物品进行基因编码/打标签（PGC）。进行内容相似度计算时一般遵循以下步骤：①对于物品的特征提取——打标签，可以是专家标签、用户自定义标签、降维分析数据，提取隐语义标签。②对于文本信息的特征提取，即提取关键词，包括分词、语义处理和情感分析（NLP）、潜在语义分析（LSA），最后完成基于内容推荐系统的高层次结构。三是基于特征工程的推荐算法，特征作为判断条件的一组输入变量，是数据中抽取出来的对结果预测有用、可以帮助作出判断的信息，模型的输出变量，是特征产生的结果。特征的个数就是数据的观测维度，特征工程是使用专业背景知识和技巧处理数据，使特征能在机器学习算法上发挥更好的作用的过程。特征工程一般包括特征清洗（采样、清洗异常样本）、特征处理和特征选择。特征按照不同的数据类型分类，有不同的特征处理方法，主要有数值型、类别型、时间型、统计型等。对于数值型特征，用连续数值表示当前维度特征，通常会对数值型特征进行数学上的处理，主要做法是归一化和离散化。类别型数据本身没有大小关系，需要将它们编码为数字，但它们之间不能有预先设定的大小关系，因此既要做到公平，又要区分开它们，需要直接开辟多个空间，即通过编码/哑变量将类别型数据平行地展开，也就是说，经过One-Hot编码/哑变量后，该特征的空间会膨胀。时间型特征既可以看作连续值，又可以看作离散值。连续值指持续时间（网页浏览时长）、间隔时间（上一次购买/点击离现在的时间间隔）等，离散值诸如一天中哪个时间段、一周当中的星期几、一年中哪个月/哪个星期、工作日/周末等。统计型特征处理包括以下内容。加减平均：商品价格高于平均价格多少，用户在某个品类下消费超过多少；分位线：商品属于售出商品价格的分位线处；次序性：商品处于热门商品第几位；比例类：电商中商品的好/中/差评比例。四是基于UGC的推荐算法，简单算法中直接将用户打出标签的次数和物品得到的标签次数相乘，可以简单地表现出用户对物品某个特征的兴趣，解决在广告内容的关键字提取时，哪个关键字应该获得更高的权重问题。该算法倾向于给热门标签（谁都会给的标签，如"大片""搞笑"等）、热门物品（打标签人数最多）比较大的权重，如果一个热门物品同时对应着热门标签，那它就会"霸榜"，推荐的个性化、新颖度就会降低。五是基于词频-逆文档频率（term frequency-inverse document frequency，TF-IDF）的推荐算法，是一种用于资讯检索与文本挖掘的常用加权技术，用于评估一个字词对于一个文件集或一个语料库中的其中一份文件的重要程度。字词的重要性随着它在文件中出现的次数呈正比例提升，但同时会随着它在语料库中出现的频率呈反比例提升。TF-IDF的计算逻辑是：如果某个词或短语在一篇文章中出现的频率高，并且在其他文章中很少出现，则认为此词或者短语具有很好的类别区分能力，适合用来分类。TF-IDF加权的各种形式常被搜索引擎应用，作为文件与用户查询之间相关程度的度量或评级。六是基于协同过滤（collaborative filtering，CF）的推荐算法，协同过滤算法包括基于近邻的协同推荐、基于用户（user-CF）的协同过滤、基于物品（item-CF）的协同过滤、基于模型的协同过滤等。涉及奇异值分解（SVD）、潜在语义分析、支持向量机技术。

协同过滤算法与早期的基于内容（CB）算法有如下不同之处：首先，基于内容的算法主要利用的是用户评价过的物品的内容特征，而协同过滤算法则可以利用其他用户评分过的物品内容；CF可以解决CB的一些局限，如物品内容不完全或者难以获得时，依然可以通过其他用户的反馈给出推荐；CF基于用户之间对物品的评价质量，避免了CB仅依赖内容可能造成的对物品质量判断的干扰；CF推荐不受内容限制，只要其他类似用户给出了对不同物品的兴趣，CF就可以给用户推荐有某种内在联系但内容差异很大的物品。下面着重介绍基于协同过滤的推荐算法。

（1）基于近邻的协同推荐。其基本原理是：根据所有用户对物品的偏好，发现与当前用户口味和偏好相似的"邻居"用户群，并推荐近邻所偏好的物品。在一般的应用中是采用K近邻（K-Nearest Neighbor，KNN）算法，基于K个邻居的历史偏好信息，为当前用户进行推荐。基于近邻的推荐系统依据的是相同"口碑"准则，如是否应该给小明推荐《人世间》电视剧？"应该"或"不应该"。

（2）基于用户的协同过滤。基于用户的协同过滤和基于人口统计学的推荐机制两者都是计算用户的相似度，并基于相似的"邻居"用户群计算推荐，其所不同的是，如何计算用户的相似度：基于人口统计学的机制只考虑用户本身的特征，而基于用户的协同过滤机制是在用户历史偏好的数据上计算用户的相似度，其基本假设是，喜欢类似物品的用户可能有相同或者相似的口味和偏好。

（3）基于物品的协同过滤。其基本原理与基于用户的类似，只是使用所有用户对物品的偏好，发现物品和物品之间的相似度，然后根据用户的历史偏好信息，将类似的物品推荐给用户。如买尿布的用户有较大概率买啤酒，当用户购买尿布的时候就会推荐啤酒给目标消费者。基于物品和基于内容的推荐根本上都是基于物品相似度预测推荐，只是相似度计算的方法不一样，前者是从用户历史的偏好推断，而后者是基于物品本身的属性特征信息。同样是协同过滤，在基于用户和基于物品两个策略中应该如何选择呢？在电商、电影、音乐网站，用户数量远大于物品数量；在新闻网站，物品（新闻文本）数量可能大于用户数量，基于物品的协同推荐机制是亚马逊等互联网电商在基于用户的机制上改良的一种策略。因为在大部分的Web站点中，物品的个数是远远小于用户的数量的，而且物品的个数和相似度比较稳定，同时基于物品的机制比基于用户的实时性更好一些，所以基于物品成了电商购物网站推荐策略的主流。但是在某些应用场景中，如广告推送系统中，也许物品——也就是广告的个数大于用户的个数，而且广告的更新速度也很快，所以它的相似度依然不稳定，这时用基于用户可能效果更好。因此，推荐策略的选择与具体的应用场景关系巨大。

（4）基于模型的协同过滤。以上三类协同过滤的推荐机制有较为明显的优点，即不需要对物品或者用户进行严格的建模，而且不要求对物品特征的描述是机器可理解的，因此使用该方法与领域无关，计算出来的推荐是开放的，可以共用他人的经验，很好地支持用户发现潜在的兴趣偏好。但其也存在以下问题：方法的核心是基于历史数据，所以对新物品和新用户都有"冷启动"的问题；推荐的效果依赖于用户历史偏好数据的多少和准确性，在大部分的实现中，用户历史偏好是用稀疏矩阵进行存储的，而稀疏矩阵上的计算诸如可能少部分人的错误偏好会对推荐的准确度有很大的影响等问题，同时对于一些特殊品位的用户不能给予很好的推荐。为了解决以上问题，就有了基于模型的协同过滤算法，其基本理念是：用户具有一定的特征，决定着他的偏好选择；物品具有一定的特征，影响着用户是否选择它；用户之所以选择某个商品，是因为用户特征与物品特征相互匹配。基于这种思想，模型的建立相当于从行为数据中提取特征，给用户和物品同时打上"标签"；这和基于人口统计学的用户标签、基于内容方法的物品标签本质上是一样的，都是特征的提取和匹配，有显性特征时（如用户标签、物品分类标签），机器可以直接匹配进行推荐；缺乏显性特征时，可以根据已有的偏好数据，去发掘隐藏的特征，这就需要用到隐语义模型（Latent Factor Model，LFM）技术。基于模型的协同过滤推荐，就是基于样本的用户偏好信息，训练一个推荐模型，然后根据实时的用户喜好信息预测新物品的得分再计算推荐。基于近邻的推荐是在预测时直接使用已有的用户偏好数据，通过近邻数据来预测对新物品的偏好，类似于进行分类；而基于模型的方法，是要使用这些偏好数据来训练模型，找到其内在规律，再用模型做预测，类似于进行回归。训练模型时，可以基于标签内容来提取物品特征，也可以让模型去发掘物品的潜在特征，后者被称为隐语义模型。用隐语义模型来揭示隐藏的特征，这些特征能够解释为什么给出对应的预测评分，这类特征可能是无法直接用语言解释来描述的，需要使用矩阵分解对原始数据进行降维分析，分解之后的矩阵，就代表了用户和物品的隐藏特征。举例说明：有一部电影，一些用户给其打出了分数但是没有给出原因，我们分析用户打分肯定是有其内在原因的，可以挖掘出影响用户打分的隐藏因素，如导演、演员、题材、年代、类型……甚至可能还有一些不能直观理解的隐藏因子，找到隐藏因子，就可以对用户和物品进行关联（找到是什么原因使得用户喜欢/不喜欢此物品，什么会决定用户喜欢/不喜欢此物品），推测用户是否会喜欢某一部未看过的电影，根据预测结果给用户推荐他可能打高分的电影；也可以对物品之间进行关联，根据未评分电影与这些隐藏因素的关联度，给出此类未评分电影的预测评分等。隐语义模型有基于概率的隐语义分析（PLSA）、隐式迪利克雷分布模型、矩阵因子分解模型（基于奇异值分解的模型）等。

任何一种推荐算法都有一定的优缺点，在实际应用中，个性化智能推荐系统会采用"混合算法"，即根据不同的场景和时间阶段使用不同的算法配合，以达到广告效果的最优化。

人工智能的核心是算法，智能广告算法遍布在收集和读取海量数据，建立用户画像标签系统，广告制作，在内容、用户和场景之间建立关联，通过个性化推荐传播实现多维场景的适配等多维广告应用当中。智能广告将互联网所具备的"个人传播""柔性定制"等天然基因优势与广告主所需要的"广而告之""准而告之"的效果追求完美统合，解决了"个性化精准分发"与"大规模批量生产"之间的矛盾。可以说，算法模型的智能决策和实时优化，精准匹配了用户的生活场景、个性化满足消费者的生活信息需要，实现了效率和效果的统一。

2.4.3 场景

"场景"一词，来源于影视，是指在一定时间与空间内发生的一定行动或因人物关系所构成的画面，是通过人物行动来表现剧情的一个个特定过程。[①]随着时代的进步，场景的意涵发生了转变，被定义为人与周围景物的关系总和。在语义上，"场"指地方、场地、场所，具有一定的物理属性，即空间属性和时间属性；"景"指景致、现象、情景，具有心理属性，是触发消费者潜在需求的心理空间环境；"场景"是"场"与"景"的叠加融合。智能广告的场景即智能广告与受众之间形成的时空关系和带来的心理感受。在传播学领域，人们相信随着人工智能技术的发展，场景将作为未来社会交往的一个个单元，从人类生活的方方面面助推社会变革，新的场景将可以重塑传播秩序。[②]围绕场景，斯考伯和伊斯雷尔在《即将到来的场景时代：移动、传感、数据和未来隐私》中提出了场景时代的五种技术趋势是可穿戴设备、大数据、传感器、社交媒体、定位系统，即"场景五力"，并预言未来25年互联网将进入场景化时代。[③]

现在是一个广告无处不在的社会，你可以在读报纸杂志、听广播、看电视、逛街和逛店、坐电梯、等公交、参加品牌线下活动等场景中感受传统广告，也可以在上网、玩手机、看智能电视、线上购物、玩电游、发微信和微博、参加品牌线上促销活动等场景中遇见智能广告。事实上，广告可能是当今营销中最碎片化的学科，具有多种媒体和形式。[④]广告根据媒体（如电视广告、报纸广告、互联网数字媒体等）和载具设备（智能电话、电视、电子阅读器、笔记本电脑、手机等）的不同变换着场景。按照媒体类型，广告场景可以分为互联网络媒体场景、电视电台纸媒场景、交通出行媒体场

---

① 吴声. 场景革命：重构人与商业的连接[M]. 北京：机械工业出版社，2015：28.
② 李康跃，果凤春. AR赋能：智能传播时代的场景建构[J]. 新闻世界，2021(1)：38-42. DOI: 10.19497/j.cnki. 1005-5932.2021.01.013.
③ 斯考伯，伊斯雷尔. 即将到来的场景时代：移动、传感、数据和未来隐私[M]. 赵乾坤，周宝曜，译. 北京：北京联合出版公司，2014.
④ WIND J, HAYS C F. Beyond advertising: creating value through all customer touchpoints[M]. Hoboken, NJ: John Wiley&Sons, 2016: 30.

景、家庭社区媒体场景、商业媒体场景、公共媒体场景、新兴其他媒体场景等。表2-2所示为广告媒体场景及其广告类型描述。

表2-2 广告媒体场景及其广告类型描述

广告类别	子类描述
互联网络媒体场景	搜索类、微信、微博、视频类、移动网络类、自媒体、带货主播、其他等
电视电台纸媒场景	电视、电台广播、报纸书籍等
交通出行媒体场景	地铁轻轨、火车高铁、公交/大巴、公交站亭、高速公路、飞机/机场、室外停车/充电场、加油站、城市道路、汽车站、出租车、卡车、货车、自行车、桥梁码头、轮渡游船、空中物体等
家庭社区媒体场景	梯内媒体、梯外媒体、大堂入口、门禁、小区走道、道闸入口、室内车库等
商业媒体场景	影院、商超卖场、银行金融、酒店旅馆、美容会所、酒吧KTV、餐饮饭馆、便利零售、健身房、工业/科技园区、批发市场、会展中心、物流园区、高尔夫球场等
公共媒体场景	政府机关、街边设施、楼体楼顶、市民广场、文体场馆、围挡栅栏、天桥、地下通道、学校、医疗场所、公园、景区、铁塔基站、农村公路、乡镇墙体、村民聚集区、出境口岸、海外地标等
新兴其他媒体场景	包装物媒体、票卡券媒体、元宇宙媒体、全真互联网媒体、新兴媒体等
快闪资源场景	商场、住宅、写字楼、超市、影院、园区、广场、地铁、学校、餐厅、大企业、交通枢纽、步行街、景区、地铁商业街、众创空间、专业市场等

互联网络媒体场景根据载具设备、广告点位、广告形式等差异，还可分为社交媒体的信息流广告场景、视频类广告场景、搜索类广告场景、网络联盟广告场景、计算广告场景以及多感官型广告场景等。其中，视频类广告场景又可以细分为开屏广告场景、贴片广告场景、悬浮窗广告场景、植入式广告场景、实物展示广告场景、直播广告场景、独立广告场景、参与式广告场景、互动式广告场景、标识广告场景、文字链广告场景等。表2-3展示了一些常见的互联网广告场景类型及其描述。

表2-3 常见的互联网广告场景类型及其描述

广告场景类别	定义描述
品牌图形广告场景	主要包括按钮广告、鼠标感应弹出框、浮动标识/流媒体广告、画中画、摩天柱广告、通栏广告、全屏广告、对联广告、视窗广告、导航条广告、焦点图广告、弹出窗口和背投广告等场景形式
户外广告场景	指所有OOH（out of home），即家庭场景以外的媒体广告，主要包括楼宇电梯、交通枢纽（高铁、地铁、机场、公交等）、影院等场所的户外广告场景
富媒体广告场景	主要包括插播式富媒体广告、扩展式富媒体广告和视频类富媒体广告等场景形式
视频贴片广告场景	其指在网络视频播放前、播放暂停或者播放完后插播的图片、视频、Flash等广告场景
实物展示广告场景	其主要指窗口通过视频对商品进行全方位展示的场景，该广告主要用于电商平台，如购物界面卖家秀

续表

广告场景类别	定 义 描 述
直播广告场景	其指通过网络直播的方式进行广告推送的场景。此类广告场景是现在发展最为迅速的场景形式，随着社交软件、电商平台、短视频平台的迅速发展，受到越来越多卖家的关注
独立广告场景	其指视频超过 1 分钟、有较强故事情节的广告场景
参与式广告场景	其指需要大家输入个人相关信息才能继续播放的广告场景。参与式广告在广大青年受众中影响较大，很多青年甚至成为广告的制作者与传播者
互动式广告场景	其指通过视频平台，发布相关话题，大家自己拍摄相关视频参与该话题的广告场景
标识广告场景	其主要指视频开始正式播放时显示制作方徽标（Logo）等的简短视频场景
悬浮窗广告场景	其指页面单独弹出的动态视频的小窗口广告场景。在各类 App 里呈现模块化，单独组版进行广告推送，并标注"广告"等字样，让受众进行个人选择。悬浮窗广告优点是受众可以根据自己需求，选择"观看"还是"跳过"
植入式广告场景	其指软广告场景，广告主并不直接介绍商品、服务，而是通过主持人或者演员看似无意间说出来的商品或赞助商，或者视频中无意间出现商品或者赞助商的标志
信息流广告场景	信息流广告从 2016 年开始独立核算，主要包括社交、新闻资讯、视频网站、工具服务及短视频中的信息流广告场景等
搜索引擎广告场景	其包括搜索引擎企业的所有广告场景，如搜索关键词广告场景、联盟广告场景、信息流广告场景及导航广告场景等
文字链广告场景	文字链广告场景是以一排文字作为一个广告，点击进入相应的广告页面，主要投放文件格式为纯文字的广告形式
分类广告场景	分类广告场景指将各类短小的广告信息按照一定方法进行分门别类，以便用户快速检索，一般集合放置于页面固定位置
其他形式网络广告场景	其他形式网络广告主要指数字杂志类、游戏嵌入、IM（即时通信）、下载软件、互动营销类等广告场景
导航广告场景	导航网站是集合较多网址，并按照一定条件进行分类的一种网址站，广告主通过购买导航网站上面的位置来吸引用户点击

多数受众对以上广告场景并不陌生，上述对场景的分类列举是为了全景式地展示智能广告运作的各类型场景，分类标准并不十分规范，场景之间存在交叉。比如，搜索类广告场景，既有 PC 端的互联网广告场景，也可能出现在移动端互联网广告场景中，同时因其有竞价模型，还可以细分划归到竞价类广告场景中。

智能广告场景发生、发展于互联网时代，时至今日，随着 Web 3.0 的崛起，以及 VR/AR/MR（混合现实）技术、视觉仿真技术、全息影像技术、元宇宙技术、区块链技术的发展，广告传播场景实现了由传统实体广告场景到互联网数字广告场景，再到实体广告与数字广告融合的新场景的多样场景并存局面；广告传播实现了由单向互动到双向互动、由粗放式传播向精准化传播的升级迭代。随着人工智能、大数据、区块链等数字技术的逐步完善，各类广告传播媒介场景实现了从"分立"到"融合"的转变，实现了从"网络化+数字化"至"智能化+场景化"的飞跃。如各类新兴的媒体加快广告智能化进度，场景由原来的单屏传播终端，到如今的多屏移动终端，如手机、车载移动电视、电子书等各类数字多屏终端，并且各终端广告内容场景会实时更新，根据后台实时数据显示，对广告进行智能化精准投放。准确定位品牌潜在消费者的大量新型广告场景，大大提升了广告的宣传广度与力度。在新时代，智能广告的场景形式呈现百花齐放态势，比如，信息流广告场景的原生性，让受众更愿意接受广告服务；多感官广告场景使传统户外广告获得了新生，更多从人体感官视、听、味、嗅、触感入手，多层次刺激消费者的感官机能，实现对真实世界和数字世界的广告的全面感知、连接和交互，虚实交合的场景让人感觉新鲜有趣，甚至达到"真实"场景不能达到的超级效果。

随着技术的发展，智能互动水平必然会成为广告场景的核心竞争力。智能互动是利用人工智能技术智能化识别特定时空场景下用户实时状态、优化互动形式、提升品牌交互体验的新型互动方式。文化研究学者亨利·詹金斯（Henry Jenkins）认为，不断发展的媒介技术使普通大众参与到媒介内容的存储、评论、挪用、重新解释与二次传播等行为中，从而形成"参与式文化"。[1]智能广告通过人工智能技术快速识别用户所在场景及其行动，包括对社交属性、消费属性、渠道偏好、触点习惯、频次及幅度等线下场景的理解，也包括对内容消费场景（如浏览、点赞和关注等）、主动探索场景（如搜索、发现和位置等）和深入互动场景（如评论、转发、购买等）等线上场景的追踪，利用大数据平台中的用户场景算法模型吸引消费者参与实时互动，并可以通过数据和算法，根据用户属性和行为偏好等进行互动定制，如视频互动广告、人脸互动广告、场景互动广告等。谷歌公司就利用图像识别和模式识别以及图像处理算法，让AI识别用户手势或动作，在与用户进行深度互动、宛如身临其境的场景中植入品牌的元素；国内专业从事智能语音和人工智能研究的技术公司科大讯飞运用语音识别、语音合成、语义理解等技术打造"能听会说、会思考"的智能语音交互场景广告，通常用户观看视频节目前会出现几十秒的广告，但如果用户能够正确回答视频中有关品牌的问题就能够跳过广告，从而增强用户和品牌的互动与传播效果。

能够打动人心的场景将为智能广告带来意想不到的增值效应，从场景匹配的维度看，智能广告的运作逻辑在于，根据线上线下一体化的数据整合，清晰锁定目标消费者画像和所在的动态化场景，再利用智能算法优化推荐和实时的渠道数据反馈，实现智能化的场景应对和动态调整，让广告自然渗透进用户生活的全场景，实现用户与场景的深度适配，并与用户互动，建立深层次的情感沟通关系。

---

[1] 詹金斯. 文本盗猎者：电视粉丝与参与式文化[M]. 北京：北京大学出版社，2016.

案例

思考题

1. 简述智能广告发展的三个阶段。
2. 谈谈智能广告的定义。
3. 简要说明数据对智能广告的基础性作用。
4. 如何评价算法对智能广告的颠覆性影响？
5. 阐述场景在智能广告中的运用。

第 3 章

智能广告的特点、功能和未来

本章概述智能广告的特点、功能，回顾历程并展望未来发展趋势。智能广告集成了计算机科学与技术、人工智能、传播学、营销学、心理学、经济学、社会学等多学科交叉融合技术，具有的自动化、精准化、互动化特点，已经成为一个信息传播的超级发布者、超级互动器、超级营销者、超级服务员，承载品牌文化和价值观念朝着满足人民对美好生活的需要前行。

3.1 智能广告的特点

黄合水等提出广告的本质是"观念或广告主商品信息的传播"。[①]信息是人类社会的一种基本构成元素，信息无所不在，无时无刻不在产生、交换和传播。传统广告是适应生产者导向的营销模式，呈现出发散式、广播式、无目的式信息流动，智能广告则是面向用户和场景优先传播模式下的一种定向式、按需式、有目的式的规模化信息流动方式。广告智能化建立在多感官融合化和人工智能化的基础之上，投前、投中、投后广告的各环节都在逐步实现智能化。

3.1.1 自动化

智能广告的执行和操作过程具有自动化特点，不管是处理最简单的一个运算，还是集成处理一个复杂程序，初级人工智能就是用机器代替人类体力活动和脑力活动的过程，只不过广告领域的人工智能更多是软件运算上的自动化处理，而非传统工业场景中的机械自动化处理过程罢了。一台用于广告业务的服务器能同时自动响应成千上万的客户端请求，还能根据该请求或者受众的场景信息，实现个性化按需的实时自动匹配，大规模、自动化运算稳定的质量、可控的产出和较低的边际成本，从根本上改变了广告运作的模式，促进广告走上了规模化、智能化运作之路，使广告传播超越一对一关系，实现了一对多、多对多的"广泛匹配"；使广告内容制作超越了小规模、单创意的生产方式，实现了自动创意、人人为媒。

---

① 黄合水，方菲. 广告的演变及其本质——基于1622条教科书广告定义的语义网络分析[J]. 新闻与传播研究，2019，26（12）：84-96，128.

在智能广告中，广告调查由数据管理平台来完成，广告创意由程序化创意生成，媒介投放通过程序化购买系统操作，广告效果反馈由需求方平台来获得并优化。可见，在智能广告中，自动化工具渗透进广告全生命周期，替代原本由人工完成的广告业务。

1. 交易投放的自动化

程序化购买是基于自动化系统（技术）和数据进行的广告投放。广告投放的自动化，就是指广告的程序化购买或程序化交易（programmatic trade），体现了智能广告的主要特征。传统的广告投放要借助媒体平台进行，最常见的就是电视和广播，这种营销方式的广告到达率十分有限，黄金时间段的广告费用又非常高，有时候即便付出了天价的广告费也难以使广告直接到达核心消费者群体。移动互联网技术为广告提高服务价值拓宽了道路，在大数据基础上的自动化智能广告投放，通过设置诸如手机短信、邮件推送、网页推荐、直邮广告等多样化灵活渠道，突破了时空的局限，使传播渠道随时随地满足客户的广告需求，使广告主和受众直接实现点对点的传播。

广告程序化购买通常依赖需求方平台和广告交易平台，借助实时竞价和非实时竞价两种交易方式来实现。目前互联网上的广告，流量非常好的广告位一般会采用合约的方式出售，其他剩余流量的广告位基本都是采用实时竞价的方式进行交易。采用实时竞价方式交易的广告有多种，目前主流的有搜索类广告、信息流广告、电商类广告、计算广告等，其在广告交易平台上表现得尤为突出。

程序化购买的几个关键环节包括需求方平台、供应方平台、广告交易平台。其中，需求方平台的关键技术是：定制化用户标签，即根据广告主的具体规格和效果要求，通过构建整体标签精准定向受众群体；点击率预测，即通过 DSP 点击率模型对 ADX 平台反馈的广告展位进行千次展示期望收入（expected cost per mille，eCPM）预测，为广告主的出价提供帮助，这一技术主要是针对以 CPM 方式结算的合约广告；点击价值评估，通过到达率、转换率、转换单价三种参数对每次广告点击的价值进行预估，为以 CPC 方式结算的广告提供决策依据；出价策略即对营销当前广告市场的整体情况进行大致的评估，做到广告投放利润最大化。

广告交易平台主要技术是 Cookie 映射，当广告主目标人群和原有的受众标签不同时就需要通过 Cookie 映射的方式,将需求方平台中的受众标签导入 ADX 中。当然 ADX 不仅对 DSP 的用户标签进行 Cookie 映射，对于数据管理平台的数据、媒介自有数据都会进行标签化的处理。

供应方平台主要包括动态分配决策，即根据反馈回的受众标签对广告库进行筛选，得到最合适的 eCMP（千次展示收益）价格和广告候选，然后通过 RTB 接口向 ADX 询问更高的报价，对比选择最高的报价进行广告投放。通过记录 Cookies 来解析用户的行为，从而实现精准投放广告的目的。

4G 时代的程序化交易技术重点放在广告市场的自动化交易上,其号称的用户定向与流量拆分旨在加强程序化交易对广告主的吸引。受用户识别的限制，其用户与流量价值的评估，以及在此基础上所进行的用户售卖与流量资源配置的智能化水平还是非常有限的。5G时代，用户的精准识别以及在此基础上精准投放技术的植入，可以使程序化交易从自动化走向真正的智能化，真正实现自动化市场交易中用户与流量资源的高度个性化的精准配置。目前，中国正在加快研发第六代移动通信技术，即6G。它的传输能力比5G提升100倍（图3-1），网络延迟也可能从毫秒降到微秒级。在6G技术的帮助下，智能广告的程序化交易将会变得更加迅速，智能化投放水平也将进一步提升。

图 3-1　5G 和 6G 的下载速度对比

2. 设计制作的自动化

智能广告的千人千面特点，需要在短时间内设计和制作出大量的广告海报，如果按照传统手法，则会需要消耗大量的专业设计人才。基于人工智能的自动化技术可以代替传统人力，根据消费者需求、产品的不同卖点，完成很多具有逻辑的简单重复劳动，大大降低人力成本。早在2016年，为了应付每年的淘宝"双11"购物节的海量网页通栏广告的设计需求，阿里巴巴集团下属的智能设计实验室推出了智能辅助设计平台——"鲁班"设计系统。"鲁班"在"双11"购物节期间就设计了1.7亿张海报并推送给用户，而这些海报如果人工制作，需要100位设计师不间断工作300年才能完成。2017年，阿里巴巴智能设计实验室将该设计辅助平台升级为"鹿班"智能设计与创意系统。该系统在购物节期间为商家制作了4亿张海报，成为阿里巴巴设计部门所青睐的功臣。谷歌的科技团队研发的人工智能程序AlphaGd也是平面广告设计自动化生产的典型代表。美国服饰购物网站Stitch Fix在2017年就已经售卖了由人工智能设计的服装，现在全球的电商时装企业都有积极使用人工智能的趋势。

无论是"鲁班""鹿班"，还是其他的智能设计师系统，其原理都是设计师根据自身的经验知识总结出设计手法和风格，再将这些手法归纳成为人工智能算法能够处理的模式——有规律（可以建立模型）和受限制（参数化）并且可量化的设计运算模型，模型可以对广告画面的色彩、文案、模特、商品、标题、Logo、点缀元素和版式风格进行识别、替换与组合。该设计平台可以让机器通过自我学习、判断与升级来"举一反三"，演绎更多设计风格，甚至可以达到高级设计师的制作水准。该系统不仅让机器学习设计和美学，同时也积累数百万级别的商业化经验。广告设计系统通过智能化提升了工作效率，颠覆了传统的方式，实现了商业价值的最大化。

3. 内容创意的自动化

人工智能时代，广告创意生产的提高手段由经验积累转变为机器学习，广告创意生产的方式由人脑思维转变为智能算法与人脑思维相结合，甚至是以智能算法为主。机器学习根据特定算法进行归纳总结，作出预测和决定。作为机器学习前沿领域的深度学习，其运作机制主要是通过模拟人脑神经系统来处理和分析数据，这种技术意味着智能系统不需要人类的指令，可以通过自行学习来思考和判断，协助生成广告内容、分辨内容的优劣。如在线旅行社 Expedia 旗下网络中拥有 30 万家酒店的 1 000 万张照片①，为了向游客展示最吸引人的照片提高酒店被选中的概率，数据科学团队采用了亚马逊开发的一套系统来自动对照片进行排序，其基本方法是先以 10 万张照片为数据模型进行训练，使系统从中找出最受欢迎的前 10 张照片，并根据旅行者的类型进行匹配展示，完成训练之后，让系统对所有照片进行分类与评定，据 Expedia 估计，它能够在一天内评定 1 000 万张照片。

智能广告内容生产包含广告文案的自动创意，如自动生成智能文案，也包括图形、符号和视频生成上的自动化，如广告图片、视频的自动生成。人工智能已经能够创作歌曲、诗歌、绘画等艺术作品，如一家纽约的初创公司 Amper Music 创造了一种辅助编曲工具，在该平台上，用户只需选择一种自己想要表达的情感以及歌曲期望播放时长，然后单击"Render"（渲染）按键，人工智能就能在短短几秒钟按照自己所选择的歌曲类型编写一首歌，这项技术可以应用在广告音乐的内容创意当中。五彩传媒公司推出了自主研发的人工智能系统五彩大脑，它收集获奖广告，并在网上获取其他优秀的广告创意，对其进行标签化和结构化处理，再根据客户需要的品牌和产品标签，可以 1 秒内生成数个广告创意。2022 年 6 月，倒映有声与昆仑万维、Star X Music X Lab 音乐实验室、出海娱乐社交产品 StarMaker，联手推动魔鬼猫数字分身以动漫数字 IP（知识产权）艺人的身份发行和演唱歌曲。值得关注的是，这首名为《橘子果酱 Orange marmalade》的 J-POP（日本流行）风格歌曲是由 AI 完成作曲的，在海外音乐平台 Spotify 和 SoundClould，以及国内主流音乐平台均可以听到，并赢得众多歌迷称赞（图 3-2）。②

2022 年 11 月上线发布的 ChatGPT 彻底改变了我们对人工智能的认知，由人工智能撰写的文案内容风格越来越多样化，不仅能够回应用户需求，而且能够创造性提问。总之，人工智能在歌曲、诗歌、绘画等艺术作品的创作过程中大放异彩，其在智能广告中的使用也让智能广告更具创意、更打动用户。

---

① 还在纠结选哪家酒店？让 Expedia 的 AI 系统来帮你[EB/OL].(2017-09-11). https://mp.weixin.qq.com/s/ABGwGnavkNxxP7S2zrLhdw.

② 倒映有声. 倒映有声联手昆仑万维和 StarXMusicXLab 共推数字 IP 出海演唱 AI 作曲[EB/OL].（2022-06-24）. https://baijiahao.baidu.com/s?id=1736510973771723317&wfr=spider&for=pc.

图 3-2　魔鬼猫数字分身发行英文单曲

4. 人机协同创意自动化

广告创意涵盖了信息、文案、Logo、背景、活动等多种创意元素，广告自动创意智能算法能将这些元素随着场景的变化，进行自动化生成和快速重组，并根据数字化平台广告位特点，自动与之进行色彩搭配、尺寸与位置匹配等，高效精准地传达给受众。当然，由于人工智能自动创意的局限性，目前普遍将创意元素的分解与重组的工作交给智能算法，而对创新思维与艺术审美要求较高的任务则由人脑来完成，完成人机协同创意自动化。

近年来，广告创意的评判标准悄然发生变化，以前投资回报率标准主要体现为主观性地介入：创意体现出来的相关性、原创性和冲击力，通常由行业专家和广告受众自身的主观感知来评判；在智能化环境下，评判创意优劣的标准开始转化为更为客观的量化数据高低，如广告点击情况、用户交互行为、最终转化效果等。人机协同创意评判是主观性评价和客观性数据的综合评判。人机协同自动化创意，机器可以依据人工智能系统结合广告场景进行一些机械化的工作，从而替代原本由人进行的环节和活动，如通过语音识别技术、图像识别技术和智能客户技术等对广告位、用户需求、广告内容等进行智能识别、智能生产、智能匹配和智能推送等；还可以将广告内容转化为直观、更具感官和美学体验的广告设计，同时针对一些广告特殊场景和重要场景，人类设计师可以提供情感创意、独特创意加持，以增加广告的情感因素、增强灵性体验，做到情感融入、以情动人、别出心裁、妙不可言的创意。在人机协同智能化时代，广告需要面对人和机器之间的沟通、机器和机器之间的沟通。随着智能事物越来越流行，它们将实现彼此通信并协同起来完成任务。未来的人机协作时代，人和机器所擅长的领域具有很大的差异，人可以设计、制造机器，同时人也可能向机器学习。

总之，随着人工智能技术在广告领域的广泛应用，数字广告企业已经不再满足于单纯从事简单的广告信息自动化输出，通过对海量的消费者及其消费行为进行自主学习，用户数据不断快速裂变，智能广告正在进一步向引流变现的方向推进，促进广告传播、信息裂变、产品销售、移动支付和物流配送的自动一体化流程。

3.1.2　精准化

著名广告大师沃纳梅克提出：我知道我的广告费有一半浪费了，但遗憾的是，我不知道是哪一半被浪费了。从广告史的角度来讲,广告理论始终是从"广而告之"向"窄而告之""准而告之"发展的,因为只有"窄"和"准"才会更精确,减少无谓的浪费。在互联网和移动互联网发展的20多年中,比传统广告更精准的互联网广告企业如 Facebook 和 Google 等科技巨头成为全球最大的广告商,在我国则是 BAT 等互联网公司成为最大的广告企业。

广告的精准化一般指精准推送,是指人工智能技术根据对用户行为的预测,兼顾广告主报价,在计算机实时竞价后,实现精准的广告投放,并可以通过持续接收反馈信息和自我优化进一步提高精准度。更广义的精准化涵盖更多广告运作流程,指广告运作各环节算法与目标之间达到最佳匹配,如受众识别算法与受众特征实现最佳匹配、推荐算法与消费者实际需求的最佳匹配、交易算法与交易目标效果的最佳匹配、优化和反馈算法与优化和反馈目标达到最佳匹配等。

现代社会影响用户个性化信息需求的因素有社会、职场、学校、家庭、朋友、网络等,在生产力水平提高、信息技术进步以及潮流、娱乐等众多因素的共同作用下,实现广告精准化生成和传播,算法需要兼顾各方面影响因子,统筹社会整体价值观和个体价值诉求。在消费者个性化行为、特点洞察和满足方面,机器学习技术正在取得突破。基于不同的学习方式,机器学习分为有监督的机器学习、无监督的机器学习以及强化学习三种类型。有监督的学习,是指利用决策树、随机森林以及支持向量机等方法,观察和分析用户的行为属性,对用户的消费作出可能性预判;无监督的机器学习能够发现更多群体类别,利用神经网络技术学习用户的行为模式,将数据模型化,将模型人格化;强化学习能不断掌握用户的个性特征。在准确预判消费者个性化需求的基础上,智能广告能够推送基于消费者个性化的定制内容,从而促进品牌与消费者之间的价值共创,如淘宝的"猜你喜欢"、搜索引擎 App 中的本地热点新闻等。

1. 受众洞察的精准化

智能广告的精准受众洞察依靠数据管理平台进行,平台利用大数据技术分析整合消费者数据,掌握人口统计信息、行为信息和偏好信息,据此预测消费者网络生活方式的偏好与需求,以便有针对性地生成和投放广告。大数据洞察以消费者为中心,分析消费者的基本属性信息,包括性别、年龄、收入和地理位置信息等,并对消费者的购买记录、购买时段、购买的产品、停留时间数据进行动态追踪和分析,建立基于大众消费群体的消费数据库,对收集到的海量、潜在有用的数据进行分析和深入挖掘。广告的精准投放主要取决于受众识别和网络用户画像的准确程度(图3-3)。用户画像是大数据技术的重要应用之一,其目标是多维度构建针对用户的描述性标签属性。用户画像作为实现智能信息推荐的关键性技术范式与工具,因其在用户细分与定向,挖掘并判断用户需求、喜好、消费行为等方面的独特优势,在广告传播的精准性方面发挥重要作用。用户画像的准确与否主要取决于数据管理平台中数据的完整程度。DMP

是各种平台的痕迹和数据的大数据存储平台，比如，阿里巴巴等电商平台拥有浏览和交易行为数据，腾讯拥有社交数据，百度拥有需求和意向行为数据，快递公司与物流公司拥有用户住址等线下数据，电信运营商则拥有电子设备搜索数据和地理位置数据，等等。将这些线上、线下数据打通整合，在利用大数据基础上的 DMP 构建完整的用户画像系统。用户画像包含定量和定性两种方式，是对现实世界中用户的数学建模，即用户信息标签化，每个标签都是我们描述、认知用户的一个维度，企业通过收集和分析用户的人口与社会属性、时空场景、生活形态、媒介习惯、兴趣爱好、消费意向与行为等主要信息的数据之后，完美地抽象出一个用户的信息全貌。通过数据的关联分析、交叉分析、竞争网络分析、语义分析、趋势分析、建立算法模型等方式，立体化、多角度地解读并预测用户对广告的需求、态度和行为，挖掘用户与广告及信息之间的直接或潜在关联，为广告的精准传播及个性化推送提供科学、全面的信息基础。通过数据分析及时把握消费者的行为轨迹，从而建立一套全新的消费引导模式，将合适的广告在对的时间准确传达给对的人。DMP 的数据来源可以分为第一方数据、第二方数据、第三方数据，分别指代广告主、广告平台、不直接参与广告的其他数据提供方；对数据收集的技术包含移动终端、互联网、物联网等渠道；对数据的处理技术包括大数据、人工智能等多种技术。多样化的数据信息可以为广告主提供即时的受众定向服务，并通过常规化、个性化定制标签对用户数据进行加工，利用程序化渠道更好地完成广告展示。

图 3-3　常见的用户画像

2. 广告投放的精准化

在传统的广告业务流程中，广告投放指的是广告制作完成后，购买媒介版面并进行投放的过程。

智能广告精准投放可以对照数字化的消费者生活方式衡量体系，准确识别消费者的生活场景，运用程序化投放工具优化广告投放媒体组合，针对不同的消费者，根据不同的时间和不同广告位，对个性化广告内容进行直达用户的广告投放。[①]人工智能技术可以整合消费者的购买行为、网络足迹、App数据、地理信息等大数据，采用人工神经网络、模式识别和深度学习方法，研发消费者行为渠道指标系统。通过跟踪消费者主动行为模式的智能推理运算，测量媒介投放效果。通过研究内容语义型媒介、消费者使用型媒介和购买转化型媒介的不同组合，对广告投放触点进行算法模拟，依据实时动态的消费者反馈数据，更新并重构广告投放媒介的关键指标体系，生成新的消费者参与互动的广告智能投放策略。

近年来，欧美许多国家的书店和百货商场已经将追踪定位广告与现场营销无缝对接。顾客只要走进书店或百货商场（公司），所需要的新商品、新服务、新折扣等信息就会通过智能终端得以显示。2018年，腾讯公司专门成立了智慧零售战略合作部，通过流量、体验、数据助力零售商家，实现线上线下一体化服务，借助线上商城、内容、社群、礼品卡、支付等功能为零售商家带来海量流量，帮助商家精准转化流量，实现全渠道获客。从顾客进店开始，通过智能识别、个性化推荐、场内服务、交易体验优化，到顾客出店后的售后服务，全链路优化用户体验。最后利用腾讯大数据分析处理能力，将零售商家会员、门店、用户画像、客流、店铺管理等方面全面数字化，助力商家提升运营效率。现在互联网上的大多数广告是编程式广告，这种实时、带有算法的广告带来巨大的在线市场，使广告商可以根据越来越多的数据定位广告；同时也使广告商可以预先确定它们的广告标准，例如，只在特定的时间点向特定人群展示它们的广告。

3. 广告交易的精准化

精准交易发生在广告需求方与广告平台之间，平台交易数据可以让交易过程和交易效果有迹可循，有量化和考核标准，使媒介营销效果可以精准地量化评价。精准效果优化则可以根据每个消费者的浏览、点击和转化情况进行效果智能评估与应对。

与传统广告相比，精准是智能广告的灵魂，使广告真正做到了与消费者需求的匹配，更符合人性发展的要求；同时满足降低成本、提高效率的商业需要。当然，智能广告要达到较高程度的精准化，关键在于挖掘出消费者隐性的真实需求，甚至做到"知其不知、想其未想、做其未做"，但由于数据资产主要掌握在头部网络平台的手中，客观上已经形成了垄断态势，如何在保障用户隐私的前提下低成本、更有效地利用这些数据资产为广告业服务，也是推进广告精准化道路上需要解决的问题。

[①] 秦雪冰. 技术嵌入与价值取向：智能广告的演进逻辑[J]. 湖北大学学报（哲学社会科学版），2022，49(1)：171-179.

3.1.3 互动化

莫里斯·梅洛-庞蒂（Maurice Merleau-Ponty）的现象学将"知觉"和"身体"概念上升到存在本体论地位，提出"能动、知觉和情感性的在世存在的"身体，是第一人称"主动"的身体。[①]加强个体具身体验已然成为技术追求的目标，技术的具身化是技术的内化过程，从身体外部转向身体内部，即技术与身体的融合。技术并不只是中介和工具，技术对身体具有建构作用，能够改造人类的知觉，从而不断拓展身体的边界。[②]认知科学家相信人类的感知系统是能够重构的，身体的神经系统是能够重塑的，技术能够生成一种新的知觉经验。

1. 广告投放的互动化

传统广告时代，受技术和条件的限制，对消费者缺少全面的感知和理解，消费者作为被动接受广告的受众存在，单向性地通过广告向其灌输商品或服务信息，甚至采用强制性阅读、观看的粗暴方式迫使消费者接触广告，广告形式也是轰炸式、洗脑式的，如反复重播的电梯广告。互动化使智能广告从消费者需求出发，将合适的广告投放给合适的消费者，体现广告的人文色彩，并使整个运作过程更加人性化。诺亚（Noar）在研究医疗广告用语时发现，沟通和互动过程中提升语言与用户个体的相关性，更容易说服消费者接受医疗广告。可见，进行强相关互动，既可以削弱广告的违和感，还可以增进用户好感，推动客户转化率（conversion rate，CVR）的提升，是服务用户、加强沟通交流商业营销理念的观念产物。

2. 广告内容的互动化

传统广告借助单向的大众传播媒介实现跨越时空的散播，因此在广告运作过程中，在进行媒介投放之前生成有固定内容的广告，而固定意味着内容生成在前、受众接收信息在后，二者始终无法处于同一个时空中，也就是说内容对受众的身体是封闭的，人们只是观察者而不能参与到广告内容的生成和表达中。富于互动特征的智能广告对广告内容制作最大的改变，就是把受众从内容的接收者转换成了内容本身，即受众拥有内容生成的主导权。广告内容随受众的身体生成，广告内容对受众的身体不再是封闭的，它以一种完全不设限的形式与受众互动。当受众进入广告场景中，广告的内容便随着受众的身体铺展开来，文字、声音等广告内容伴随着身体以及感官产生，因而广告内容便因受众身体的参与而具有流动性。

多项人工智能技术的集成促进广告实现更高层次的智能互动，如智能语音识别、

---

① 梅洛-庞蒂. 知觉现象学[M]. 姜志辉，译. 北京：商务印书馆，2021：24.
② 李珍. 真实的自我与虚拟的身体——元宇宙中虚拟化身具身性研究[J]. 自然辩证法通讯，2023，45(2)：19-27.

合成和语意理解技术等促进实现语音互动广告，人脸识别技术和高速摄像头技术促进实现智能互动广告，声纹识别、虹膜识别技术促进实现跨屏互动营销等，使受众更好地获得需要的信息和知识，得到更好体验的广告传播成为可能。广告主越来越重视在潜移默化的互动中实现广告投放和品牌传播效果，不断通过内容增强广告实现"润物细无声"的柔性双向互动。互动化充分彰显了以用户为中心的思维，已经成为智能广告的标志性特征和发展方向。重视和加强受众与广告之间的"人—机"互动双向交流沟通功能的搜索类广告、社交媒体广告、游戏广告等，通过感官元素与互动体验结合起来激发受众参与的多感官类广告，对广告形态柔性化运营并将广告与内容界限消弭的原生广告等，不仅完胜传统广告，更是成为受众接受度最高的广告新形态。

大卫·奥格威（David Ogilvy）在《奥格威谈广告》中认为真正决定受众是否购买的是广告的内容。[①]内容是广告主诉求和目的最直接、最重要的表达，没有内容就不存在广告，可以说广告的内容是打动受众的敲门砖。广告软文与沟通、体验、娱乐、文化消费等活动融为一体的原生广告，都是贴合消费者心理进行的更具互动性和体验感的广告创新形态，使消费者主动阅听广告的情况越来越普遍，甚至形成了一个处处有广告、同时处处都不是广告的社会景象。正如法国广告评论家罗贝尔·格兰所言："我们呼吸的空气是由氧气、氮气和广告组成的。"搜索类广告、社交媒体广告、游戏广告等通过人机互动交流，满足受众特定需求，让广告更像服务。多感官类广告则在广告的展示方式上下功夫，提升人类感官互动体验。广告主相信，无论如何变化，广告内容皆需通过文字、声音、图片、视频等最基本的方式呈现，有所不同的只是对以上几种表达方式的艺术化创造和创新性组合，关键是能触动人类的五种感官。

3. 广告场景的互动化

下面以强化感官体验，或者是对多种感官进行连接，实现从感官到情感交互的虚拟现实广告、元宇宙广告等多感官类广告为例，解释此类广告场景能够有效提升广告内容的互动性与沉浸感，在不同类型屏幕上的应用将给用户带来更直观、更沉浸、更全面、更真实、更有趣、更生动的内容体验。如比利时啤酒厂麦氏啤酒（Martens Beer）就在酒瓶上使用了增强现实技术（图3-4、图3-5），它在瓶子上印刷了电视节目中的人物，消费者通过手机扫码会实现与节目人物的对话，这种营销手法和技术的独一无二性已经改变了食品饮料的包装方式，使酒瓶成为消费者的收藏对象。

互动广告在客户生活的场景中还能主动出击，引发消费者的关注和参与。瑞士苏黎世中央车站立着一块互动广告牌，广告牌中一位面目慈祥的老大爷以视频直播的方式与路过的行人打招呼并互动，向他们发出到格劳宾登度假区旅游的邀约。如果对方感兴趣就进行详细介绍，如果对方同意则直接打印出票，这种个性化的互动广告摒除

[①] 奥格威. 奥格威谈广告[M]. 曾晶，译. 北京：机械工业出版社，2013: 83.

图 3-4　麦氏啤酒增强现实广告　　　　图 3-5　麦氏啤酒增强现实广告

了传统广告信息的干扰因素，重视消费体验的情感化，在互动交流过程中让消费者掌握了主动权，完成了消费者身份的自我认同。还比如，三星 VR 创意广告《枕边故事》，Galaxy 手机通过佩戴运作的 Gear VR 设备，进入虚拟场景中搭配故事角色卡纸做角色扮演，佩戴者可以根据个人喜好选择变换扮演的角色和故事的内容。技术通过对人类身体感官的延伸，直接嵌入人的身体中，与人融为一体，使广告受众从掌握工具的自然人变成技术嵌入身体的赛博人。

3.2　智能广告的功能

互联网传播具有时空自由的非线性传播属性，是更加方便、低廉、丰富的媒介，依托互联网和人工智能技术的智能广告应用为传播产业带来了具有普泛性意义的作用：广告主单位广告的投入成本大幅下降，为广告公司节省了大量的人力成本和时间成本，为用户寻找商品信息节省了大量的时间等；同时广告传播实现了几何级的倍增效应，提升了广告智能化的核心价值：效率、效果与效能。在人人都可以成为广告人的时代，智能广告对社会价值观念也将产生深远的影响。

3.2.1　降低传播成本

虽然传统广告公司是轻资产公司，但却有着极高的运营成本，广告调查需要涵盖有代表性的样本，通过问卷、访谈等方式完成；策划与创意需要创意脑洞，需要大量时间开展头脑风暴，不断地否定与再创意；广告设计与制作需要设计师不断地设计、修改；媒介投放需要与媒体进行谈判、议价、确定排期、签订合同；广告效果反馈需要在广告投放后不断跟踪调查。因此，每完成一个传统广告都需要耗费大量的时间，需要大量人力参与。

智能广告通过数据管理平台、大数据技术和人工智能技术重构业务流程，对传播成本的降低最主要体现在以下几个方面。

一是有效降低广告主单笔广告的投放成本。在广告投放费用方面，传统广告根据媒介指标收取广告费，智能广告根据消费者广告反应指标收取广告费。与传统广告动辄几千上万的投放成本相反，实时竞价广告和程序化优先购买等公开竞价的方式不限制参与对象，单笔广告投放费用小至几毛或几元人民币，大幅降低了单位广告的投放成本，有利于中小企业利用智能广告工具获得生存机会。

二是节省了广告公司的人工成本和时间成本。传统广告公司最大的支出是人工成本：一方面，广告公司优质的创意人员难觅；另一方面，人力资本的流失直接导致广告业务的流失。在智能广告中，机器替代了大量、重复、简单的人工劳动，机器工具具有稳定的质量、可控的产出和较低的边际成本，以工具智能来替代人的智力劳动，体现出人工智能技术应用于广告业务环节的重要价值。比如，在创意环节，机器创意为广告公司节省了大量的人工成本和时间成本，降低了对广告人员的创意能力、文案能力等智力资本的依赖。比如，在受众识别、精准推送和互动环节，智能广告可以做到瞬间完成以上工作。

三是有效降低了针对用户的营销成本。传统广告传播效果缺少精准性，难以及时追踪用户的需求、响应用户需要。在智能广告中，通过构建基于广告营销场景的"即时响应"模式，用户从被动接收信息转变为主动寻找信息和传播信息，从而使获得信息到采取购买行为的反应时间大大地缩短了，即使没有实现购买，也可以提高广告的"曝光率"、加大"用户流量"传播，从而提高广告营销转化率、降低营销成本。

此处详细解释智能广告如何有效降低单笔广告的投放成本。在网络广告的运作中，广告主与广告网络（ad network，ADN）签订广告定价合约，将网络广告外包给广告网络投放；广告网络则与网络媒体签订定价合约，网络广告由网络媒体在自己的网站或网页上展示，广告网络为广告的每一次展示、网络用户的每一次点击或者销售付给网络媒体佣金。广告网络一般分为两大类：一类是品牌广告网络，以实现品牌推广为目的，主要整合门户网站、垂直网站广告资源，帮助广告主实现跨媒体资源组合投放；另一类是效果广告网络，以产品、服务销售和业务推广为目的，以整合中小网站为主并使其成为联盟会员，主要为效果营销广告主服务。效果广告网络主要有自建广告网络、搜索广告网络和第三方广告网络。

广告主广告投放成本受两类不同的基本定价模型影响，即 CPM 定价模型和 CPA 定价模型，CPA 定价模型又衍生出 CPC 定价模型、CPS（cost per sale，每次销售成本）定价模型、CPR（cost per response，每回应成本）定价模型和 CPL（cost per lead，每线索成本）定价模型。在所有的这些定价模型中，以 CPM、CPC、CPA 三种定价模型最为流行。这些定价模型详见表 3-1。CPM 以品牌广告为主，出现在垂直媒体和部分门户优质流量中，用于品牌传播，一般价格较高。CPC、CPA 主要出现在中小长尾媒体，门户剩余流量中，价格较低，适合中小企业以及追求效果的广告需求。

表 3-1　定价模型及解释

模型	解　释
CPC	以网络广告的点击次数计价收费，一个 IP 地址在 24 小时内只能计算一次，一般以千次点击次数计算
CPM	按照广告展示次数计费，一般以千次展示单位计算
CPT	按照时间计价的收费模式，一般有按月、天、小时收费。许多门户网站以 CPT（cost per time，按时长付费）计价收费
CPA	按照网络广告实际效果计价收费的模式，如已经注册、购买产品或服务，是未来网络广告收费的发展方向
CPS	按照用户最终购买产品或者消费服务的数量进行计费
CPR	按照网络用户对广告有效回应的计价收费模式，如用户正确回答问题或者拨打指定电话
CPL	按照广告点击后，网络用户实际链接到广告主网页的数量计价收费模式

互联网时代的广告计价方式远远多于传统广告，广告主的选择更多，单次广告的投放成本大大降低，拉低了广告投放的门槛，原来无法消费广告业务的中小企业，在多种互联网广告中，利用平台中剩余的流量，总可以找到适合自己的一种广告形式进行投放。相比电视、报纸、广播等传统广告投放渠道，它们虽然拥有覆盖率高、权威性强等特点，但其高昂的投放成本也足以使许多中小商家望而却步。随着微信、微博、今日头条、抖音等新媒体平台的蓬勃发展，其广告投放的平台化、智能化程度较高，许多中小商家可以自助使用广告投放平台，以最小的成本投放最具针对性的广告。

3.2.2　提高广告投放和生产效能

传统的广告内容生产是根据对消费者群体画像的估计，通过人脑提出广告创意，人工写作广告文案，写作质量和数量受写作人员能力与速度的制约；美工人员利用设计工具绘制广告；摄影师运用拍摄工具拍摄视频广告等。传统的广告投放是在广告制作完成后，购买媒介版面并进行投放，整个过程由传统的媒介人员与媒体广告部人员进行洽谈，需要较长的时间和较大的成本。智能广告使用广告技术平台进行生产、投放，将广告创意生产和投放推向了自动化与机器化，设置好程序后无须人工介入即可自动进行媒介广告创意、广告位购买和广告投放，花费的时间是瞬时化的，以毫秒来计算。

智能技术在广告领域的应用首先出现在广告投放领域。2011 年，阿里妈妈推出了第一个广告交易平台 Tanx，广告市场上出现了第一个需求方平台，为沃尔沃投放了中国第一单实时竞价广告。此后，业界开始使用程序化购买（或程序化交易）的概念来指涉这一广告投放行为。广告技术平台不断发展并完善，目前，广告技术平台包括将媒体和广告主连接在一起的广告交易平台、服务于广告主投放和管理广告效果的需求方平台、服务于媒体投放和管理广告位的供应方平台、分析目标消费者的数据管理平台，随着移动互联网的发展，基于移动客户端的程序化购买也已经成熟应用。线上线下的数据公司和拥有移动端、OTT、智能设备等线下程序化展示终端的企业、拥有线上互联网媒介资源的媒介可以将自己的媒介资源经由 SSP 售卖给 ADX 或者直接投入 ADX，ADX 则将广告位的曝光位置、属性、报价等信息提供给 DSP。消费者实时的位置、行为、媒介使用等信息通过第三方或平台自带的 DMP 系统流入更大的 DMP 系统当中，然后 DMP 中对历史数据和即时数据进行整合分析。广告主可以根据自己的广告诉求结合消费者情境针对目标消费者人群制定个性化的投放策略，通过实时竞价的方式购买融合场景中的线上、线下广告位，通过 ADX 将广告创意以及广告设计投放至 SSP，进而在购买的广告位上进行展示。用户的实时数据同样会反馈到 DMP 系统当中，经过对数据的结构化处理将有价值的信息传送至 DSP 和广告主，广告主可以根据这些信息及时调整广告投放策略。

2016 年，我国广告市场出现了程序化创意平台（Programmatic Creative Platform），程序化创意平台针对精准的消费者画像，通过自然语言处理和深度学习等技术，在数据和算法的驱动下，根据已有的图形、文字、视频等创意元素自动进行内容生产，并且可以根据用户对广告的效果反馈，选择优质的元素进行重新组合，在投放过程中不断更新广告内容，短时间内制作出千人千面的个性化广告，提升广告传播效果。阿里巴巴基于淘宝、天猫的海量内容和自然算法语言，曾在戛纳创意节发布了 AI 文案产品，能够融合产品环境自然生成每秒速度达两万条的广告文案，形成高度模拟人工写作文案、实时样本在线学习、自由定义数字三大核心能力，从广告文案写作到广告媒体传播已经全部转换成自动化的生成机制。京东研发的"莎士比亚"系统 1 秒钟能生成上千条广告标题和与之匹配的广告正文。纽约创业公司派萨多（Persado）研发的人工智能写作系统，能生成 16 种风格的电子邮件标题和 100~600 字的广告正文。日本广告公司电通安吉斯、以色列公司 Articoolo、英国公司 Phrasee 都研发了广告文案智能生成技术。

广告智能生产和投放是广告发展史上的重大变革，在创作主体上，实现了从依靠人工向机器的转变；在创作方法上，实现了从依靠个别人员的经验到使用大数据的转变；在创作效率上，实现了从费时费力到爆发式完成的提升。利欧集团首席技术官曾经表示："现在一个文案写手一天要写四百条到五百条文案（信息流广告标题），智能文案生成系统一天可以生成两万条到三万条文案，尽管需要人工调整，工作量已经可以减少 70% 以上，如果只是排除违法词和敏感词可以减少 95% 以上。"

3.2.3　提升广告转化效果

传统广告效果体现为知名度、美誉度、忠诚度、销售额等指标，较为模糊、笼统、滞后。基于大数据技术应用的智能广告提高了广告的精准度、提升了广告转化效果。

1. 掌握用户需求，精确服务受众

传统人力无法做到对每个用户的消费行为、购买偏好等进行逐一分析，但大数据技术可以在采集用户信息的基础上做到这一点，从而利用广告传播抓住核心消费群体、刺激潜在消费群体，提升广告投放效果。例如，作为中国互联网龙头企业的腾讯于 2012 年就推出了社交精准广告系统，后续推出的公众号广告、朋友圈广告、小程序广告等都获得了巨大的广告收益，这也证明了精准化、个性化的广告投放是广告传播的大势所趋。2013 年，中国广告市场出现了数据管理平台，这个平台将分散于多方（广告主、广告公司、广告媒介、第三方数据公司）的消费者数据整合到统一的技术平台上，以标签化的方式对数据进行细分和标准化处理，用以提升广告或营销效果。消费者洞察通过数据管理平台对消费者进行分析并标签化形成消费者数据；广告智能创作根据消费者洞察数据结合产品卖点数据，生成个性化的广告创意；广告智能投放将消费者行为数据结合媒介广告位数据，将广告直接投放至消费者。在广告费用上，广告效果计费方式替代了以媒介指标计费的模式，收费方式按照每行动成本、每点击成本和每千人成本等方式来进行。广告计费方式的变化使媒介指标转变为每个消费者每一次的广告反应指标，广告费用更为精准；广告效果体现为展示量、阅读量、点击率、下载率、购买率等数据化指标，广告效果清晰可见。数据化贯穿广告业务环节全过程，使广告过程更科学、更精准、更可靠。

2. 智能体验场景，促进广告转化

智能广告还可以为用户打造虚拟场景，增强用户的体验感。例如，贝壳网就推出了"VR看房"的广告功能，利用人工智能对房屋进行扫描测量，辅以 VR 技术进行实景还原，使用户不用到达现场，也能够大致感受房屋环境。许多购物网站现在推出的在线试衣、在线试鞋等功能也是如此（图 3-6），其目的都是最大限度地增强用户体验感，从而促进购买，提升广告的传播效果。2021 年，云米冰箱安装了电视屏幕，把智能家居与广告智能媒体整合起来，能追剧、能买菜，当然也能播出广告，开启全新的人机交互的广告传播模式。

移动互联网的发展突破了传统的媒介边界，从线上逐渐渗透到线下的各个领域，尤其是在物联网技术的发展下，装有传感器的一切"物体"，都可能成为信

图 3-6　试衣镜墨镜

息的生产者与传递者，有些物体还可能成为信息的呈现终端。智能广告不仅能够在线上对消费者进行展示与互动，通过超链接的方式导流消费者流量，还可以通过线下的数字化广告终端与消费者线下的行为发生互动，直接引发购买行为、体验行为和品牌形象的建构。例如，在户外的楼宇电梯场景中，广告可以根据电子屏幕的设备属性，通过扫描二维码或直接在终端上进行操作的参与方式，与目标受众的移动端行为等其他融合场景下的投放要素一起和消费者产生互动。广告在电梯等狭小的空间场景中将产生更强烈的营销效果，直接带来广告的转化。

3. 广告效果可量化、即时化

广告效果是广告投放之后的市场效益，传统的广告效果评价指标包括产品销售额的提升、品牌知名度的提高、消费者忠诚度的提升等，在传统媒介环境和技术环境下，广告效果反馈具有较大延迟且非常模糊，广告效果评价指标较为笼统和抽象。随着人工智能技术在广告业务流程中的应用，广告效果反馈呈现即时化的特点，不但可以当天投放、当天反馈，还可以即时投放、即时反馈。广告效果评价指标主要包括广告展示量、点击率、转化率等数据，它使根据广告效果反馈情况对广告进行调整成为可能，由此产生了"效果优化"这一概念。业界未对效果优化进行明确的界定，但对效果优化的内容达成共识，主要包括曝光优化（媒体优化、广告位优化、出价优化、频次优化）、点击优化（创意优化、定向优化）、转化优化（落地页优化）等。智能广告借助机器学习技术，根据不同的效果反馈主动作出相应的实时应对，可以持续、及时优化广告效果。

3.2.4 引导价值观念

在移动互联时代，以算法为代表的人工智能技术广泛应用于广告传播的信息生产、审核、分发和推送等各个环节，极大地提升了网络广告信息的分发效率，人们处在一个被广告信息包围的环境之中，广告传播的社会影响力和辐射力呈几何级增长。尽管智能广告相较传统广告而言，其对传播风险的预见性和控制力更强，但是算法技术基于商业驱动以受众需求为导向，依赖于深度学习的机器算法尚未具备内容审核能力，其在广告内容生产和推送环节极易助推金钱至上的拜金主义和商品拜物教等社会不良风气，造成社会价值和伦理的扭曲传播，并使未成年人和老年人等自制力较弱群体成为受损最大的消费者。

由于算法设计、目的、标准以及数据选取和使用均带有设计者、开发者的主观选择，算法制定者和决策者的价值取向决定了哪些内容被挑选、哪些被删除或屏蔽，因此，人工智能技术不具备完全的客观中立性，其背后代表了设计者的价值观。在智能广告中，可以通过加强对算法技术应用的伦理导向性设计和机器道德水平训练等方式，驾驭算法而不是为算法所驾驭，让人工智能模型的产出和人类的常识、认知、需求、价值观保持一致，积极发扬科技向善的力量，最大化提升社会文明程度、促进社会文明进步。

当今世界处于百年未有之大变局，作为具有价值引导功能的智能广告不能囿于商业利益，要坚持"道器合一"，契合国家战略需求，服务经济社会高质量发展，想国家之所想、急国家之所急、应国家之所需，要在把握世界宏观环境新趋势和中国经济新常态下，立足中国式现代化建设，弘扬社会主义核心价值观，把服务用户对美好生活的需求放在第一位，把广告具有的维系文化、国家甚至世界的战略功能"聚"在一起；技术之器要在不断加强对市场、用户的洞察和感知的基础上，拓展有价值的数据连接；对待数据、流量要尊重其后面的人，把数据还原成真正的人，对用户洞察作出决策、理解和分析，通过科学化深度洞察用户的心理和需求，用价值服务促进用户建立更高的忠诚度；用永远在线、场景化的技术改变社会、服务个体更美好的生活需要。价值观思维、数据思维和人性化思维要整合在一起才能建立未来智能广告的价值生态。也就是说，在今天和未来，好的智能广告首先考验的是广告主的价值观，其次是对资源的整合能力，价值理性比工具理性更重要。真正做长期正向的广告闭环需要思考长周期的品牌价值，关注用户价值创造、长周期反复的交易过程，在广告供给和需求之间实现技术效率与用户体验最佳均衡的匹配，建立健康的闭环，使广告主与用户由消费关系变为利益共生关系，使广告不但不会对用户产生过度骚扰，还能够真正地为用户创造溢价，使企业和品牌获得自身的价值。

3.3 智能广告的现在和未来

自 1956 年约翰·麦卡锡（John McCarthy）和纳西尼尔·罗彻斯特（Nathaniel Rochester）在达特茅斯会议上首次使用人工智能的概念后，科学家们就开启探索人工智能领域的脚步。人工智能所涉及的各项技术的发展是不均衡的，在技术发展之初，计算机具有比较优势的是运算能力和存储能力，运用于广告业就是开启了计算智能广告的大幕；随后在以视觉、听觉、触觉等感知能力为特征的感知智能广告、以抽象理解能力为特征的认知智能广告方面都逐渐获得了突破。

3.3.1 计算智能广告

计算智能又称运算智能，主要强调快速计算、记忆和存储能力。不同于早期单一的搜索引擎计算广告，计算智能广告突破了传统广告依靠人的经验和智慧驱动的思维模式，以获取多样化数据和实时计算为基础实现精准化传播的计算主义思维成为主导性理念。概言之，计算智能广告就是利用大数据、云计算、算法推荐等，进行有针对性的实时计算，实现广告信息与用户偏好自动匹配的广告。以程序化购买广告为代表的计算智能广告是广告传播的高级形态，持续高速发展的程序化购买广告已经成为数字广告市场的主体。根据 eMarketer 的数据，2017—2021 年全球程序化广告支出由 682 亿美元增长至 1 550 亿美元，年复合增长率高达 22.78%，市场规模大，成长速度快。[①]在智能广告发展过程中，程序化购买广告突出地体现了计算智能的特点，后期在广告内容自动创意、精准匹配和智能推送反馈等运作环节，计算智能仍然起着关键性作用。

计算的基础是数据，海量、精确的大数据，是计算智能广告不断深入发展的前提条件。移动互联网时代，"传播成为一种数据驱动下的信息流动过程，数据联结着传播的各个要素和环节"。[②]对数据的采集、应用、挖掘和分析贯穿计算智能广告的整体运作流程，从场景画像到受众定位再到程序化投放和效果评估，都是面向用户和场景优先的数据收集与利用工作。现在，获取数据的手段不断升级发展，从 PC 端的线上信息到移动端的线上、线下信息，再到穿戴设备端的用户个人信息，随着数据获取手段的多样化，数据渠道变得更加全面，尤其是社交平台的广泛应用，提供了海量的个人信息，可以通过 IP 或利用平台中的 Cookie，结合 NetFlow、DNS 访问统计等技术追踪采集用户数据，使得基于时间、地理、性别、年龄等人口统计方面的数据更为丰富。另外，为了得到具有针对性的数据，还可以利用平台开展客户满意度调查，比如，通过 A/B 测试和其他形式的数据分析方法去获取有效信息。总之，计算智能能够让广告主制订更为精准的营销目标和策略计划，进行更加精细准确的用户画像和场景画像，做到精准化场景营销。

在计算智能广告中，数据是基础，算法是核心，算力是保障。大数据运算的价值不在于某一单位数据的价值，而在于通过对海量信息的深入学习和人工智能，寻找数据背后所呈现出来的关联价值，通过定制算法来充分地利用大数据。计算智能广告通过智能算法理解用户所处的场景，判断用户潜在的需求，寻找用户场景与营销目标之间的连接点；通过智能算法进行智能化创意，通过深度学习算法不断优化投放策略和创意制作，以符合场景特征和用户偏好的方式将广告信息有效地传递给消费者，达到品效合一的广告目标。同时，随着算法的不断优化升级以及数据的不断积累，计算智能广告的算法匹配会使广告推送更具个性化和精准化。

区别于传统的广告投放模式，以数据和算法为双向支撑的计算智能广告可以利用大数据和云计算技术在短时间内对大范围的人群进行精准化营销。获取用户的即时信息后依托数据管理系统可以为广告主提供准确的消费者人群画像、品牌推广策略等，

---

① 同花顺财经.受益互联网出海 汇量科技业绩重回高增长[EB/OL].（2022-06-28）. http://stock.10jqka.com.cn/20220628/ c640113710.shtml.

② 李继东，胡正荣.从控制到联结：人类传播范式的转变[EB/OL].（2015-04-01）. http://sscp.cssn.cn/xkpd/xwcbx_20157/201504/t20150401_1569838.html.

根据不同的消费者画像，结合消费者所处的即时场景进行个性化的"千人千面"个性化的营销方式。现阶段，普通计算机的运算速度大约每秒 50 亿次，超级计算机的运算速度可以达到每秒数亿亿次，应用到智能广告领域，其运算量远超传统广告。因此，强大的算力为计算智能广告基于大数据的高效计算提供了坚实的保障。

3.3.2 感知智能广告

感知智能是指机器具备了视觉、听觉、触觉等感知能力，将多元数据结构化，用人类熟悉的方式去沟通和互动，体现出计算机识别、理解和表达人的情感的能力，帮助使用者获得高效而又亲切的感觉。人脸识别、语音识别、指纹识别、虹膜识别等均是感知智能技术的应用。在感知智能广告阶段，网络广告传播已经从文字、语音、图像等单模态形式，向多模态智能发展，网络广告信息采集基于可量化的视听信息，延伸到味觉、嗅觉、触觉等多重信息的多模态的整合分析，并吸纳人的表情和形体、姿态、语言等信息，通过情感计算，实现计算智能与感知智能的深度融合。人类都是被动感知的，但是机器可以主动感知，所以机器在感知世界方面，比人类还有优势。感知智能广告可以通过技术读懂用户心境和时空场景，不再是"闯入式传播"。随着移动设备、定位系统、传感器技术、VR 技术、智能技术、物联网技术的发展和应用，叠加感知智能的图像分类技术、智能语音技术、人机交互技术等的持续探索实践，伴随用户活动和场景变化推送更加贴心的广告，同时全信息化推送模式、沉浸式参与互动的多感官广告为用户带来了全新体验。

相比传统的计算静态影像信息数据化推荐，感知智能广告借助各类感知智能技术，以动静结合的影像方式，从 VR、AR 视频广告、裸眼 3D 智能视频广告、5G 场景广告到元宇宙广告等，一次次刷新多感官广告新纪元，开全信息化广告的先河。当然，这些广告形态的出现也得益于多屏技术、跨屏技术以及移动设备的发展普及。感知智能广告全信息化的视觉叙事，无论是在信息编码方面还是在信息荷载量方面，都要远远领先于传统的视频广告单一的镜头语言方式，通过全景式展示，为受众提供更多的解读角度，打破以往视频广告的视觉局限：一来丰富的信息源和切实的感知力提供了更加真实可信的视觉空间和影像氛围，二来也让用户的品牌判断有了丰富多元的信息支持。强烈的视觉感官冲击，多元智能化内容分发模式，将广告所承载的商业内容巧妙地展示在受众面前，不仅充分表达了品牌的广告意图，而且进一步强化了产品信息，扩展了品牌的广告效应。

实验心理学家赤瑞特拉（Treicher）认为，人类感官获取信息有 83%来自视觉。[1]因此，图像、语音和文字的感知技术构成了感官智能广告的主要数字化应用。2015 年，YouTube 联合谷歌推出了全景视频广告，借助 VR 眼镜，观众收获了前所未有的沉浸

---

[1] 张蓓. 网络媒体与视觉修辞中的原型激活[J]. 编辑之友，2017，251（7）：37-43.

式体验感，低廉的学习成本和独特的互动体验给消费者留下了深刻印象。不同于机械的计算智能广告传送模式，感知智能广告的多平台传播让消费者在空间上彻底得到解放，甚至在信息选择和传播方面实现了高度的自主化，消费者可以自由选择观看广告的空间、时间以及内容，以沉浸参与方式去获取个性化视角，解读广告的信息意象。作为品牌方，感知智能广告突破以往线性化的影像表达，在视觉陈述上实现全向自由，极大延伸创作空间，以 2015 年三星公司的 *Surfing in Tahiti* 广告为例，观众在 VR 眼镜的浏览中产生了短暂的知觉隔离，跟随广告主人公在虚拟空间中体验了一次特别的冲浪。在极具临场感的三维空间中，广告大量运用成熟的视听规律，使用户对试听细节的捕获远超传统广告，加强了消费者的现场视听感受，从而增强了品牌感染力和信服力。

3.3.3 认知智能广告

认知智能是从类脑的研究和认知科学当中汲取灵感，并且结合跨领域的知识图谱、因果推理、持续学习等，为机器赋予类似人类的思维逻辑和认识能力，特别是理解、归纳和应用知识的能力。认知智能表现为机器跨越模态理解数据，能在视觉、听觉甚至触觉等感知能力的基础上，获得包括分析、思考、理解、推理、处理等拟人化能力，实现近乎人脑认知的表达。认知智能归根结底是建立在数据、算法和算力的快速发展之上的。2012 年至 2018 年，6 年间 AI 算力需求增长约 30 倍，AI 所需算力预测每 100 天翻一倍，5 年之后 AI 所需算力超 100 万倍。同时，人工智能生成内容技术的训练过程，更是变量调整和参数优化的过程。以 Transformer 为架构的大型语言模型机器学习系统，采用的神经网络学习能力和模型的参数规模呈正相关关系。GPT-2 大约有 15 亿个参数，而 GPT-3 就有 1 750 亿个参数，GPT-4 的参数达到 1.8 万亿，与人类大脑神经触点规模处于同等水平。

2022 年 11 月 30 日，OpenAI 推出的 ChatGPT 在一夜之间刷屏社交媒体，ChatGPT 本质上是利用人工智能来生成内容的模型，这是继专业生成内容、职业生成内容（OGC）和"用户生成内容"之后，人工智能生成内容最新进展的代表。ChatGPT 可以生成文字、语音、代码、图像、视频，完成脚本编写、文案撰写、翻译等"三十六变"。不难发现，ChatGPT 这款对话机器人主要依靠深度学习几乎人类所有的知识和信息，建立起复杂和庞大的神经网络，从而拥有堪比人脑的智慧。当然 ChatGPT 的成功也要归功于芯片技术、硬件支撑、软件服务的协同创新，从而实现量级的发展。[①]360 集团创始人周鸿祎认为，ChatGPT 是通用人工智能发展的奇点和强人工智能即将到来

---

① 读书 | 了解 ChatGPT 的前世、今生和未来[EB/OL]. （2023-03-05）. https://baijiahao.baidu.com/s?id=1759484494324589074&wfr=spider&for=pc.

的拐点。[①]很多研究者也认为：ChatGPT 是认知智能的一个典型应用，在以往以感知智能为主导的人工智能应用外，实现了认知层面的突破，人工智能的发展已经到了由感知智能向认知智能发展的奇点，这也是目前人工智能技术从弱人工智能到强人工智能过渡的一个必然阶段。

知识图谱技术解决了机器利用认知智能的难题，通过模拟大脑主导的神经计算、细胞层面的 DNA（脱氧核糖核酸）计算、植物的智能[②]使理解、分析和决策成为可能，可以将机理变为可计算的模型。信联网、物联网、人联网对整个智能广告产业链产生更加全面而深远的影响，认知智能技术已经发展出受众需求精准分析、即时性内容生产与创造、精准化个性化内容分发、依据反馈数据进行广告效果优化、实现智能进化等智能广告功能，可以为用户提供"知你所想，懂你所需，予你所求"的广告。

展望未来，智能广告应该以为人类创造更加美好的生活为目标，人类社会必须遵循一个高于科学统计准确性的原则和标准，要使相互信任、减少危害、公正公平、和谐和平等理念成为人类社会生活的基石。人工智能系统也要接受人类社会道德原则和治理秩序的问责，认知智能要跨越道德情感和逻辑推理之间的裂痕，降低数据驱动决策的不可知性，为我们创造良序生活。

案例

思考题

1. 简要说明智能广告的基本特点。
2. 智能广告有哪些功能？
3. 谈谈你对智能广告未来发展趋势的看法。

[①] 周鸿祎谈 ChatGPT：是真正的人工智能 将很快产生意识[EB/OL].（2023-02-24）. https://finance.cnr.cn/ycbd/20230224/t20230224_526164037.shtml.

[②] 植物智能是一种典型的感知模式与动作映射，是行为智能或者扣扳机的智能，跨模态的泛化和预测。

第 4 章

智能广告的运作模型

本章概述智能广告的全生命周期运作闭环,主要包括受众识别、自动创意、精准投放、交互体验和监测反馈五个方面。有人说,我们进入一个"融合"的时代,"融合"是当代的本性,各行各业似乎不"融合"就没有出路。但归根结底,融合只是手段,不是事物的本性。本质上是事物的现实与结构发生了前所未有的变化,过去许多比较单一的事物、工种甚至行业都变得越来越复杂、多样,事物的单一性和纯粹性被多样性与模糊性所替代,单一的学科或知识很难解决专业问题。

4.1 智能广告的全生命周期运作

传统广告的全生命周期是指由广告公司负责的包含广告设计制作、代理、投放、呈现以及后续的影响、成交、反馈等过程。互联网的出现改变了广告全生命周期的运作形式,广告运作模式以受众为中心,主要涉及广告平台(含媒介)、广告主、受众三方,关涉广告活动全过程。

智能广告的全生命周期如下:首先由广告平台的智能识别机器围绕互联网上的人群进行用户画像,识别出广告的目标客户;然后广告平台内容生成机器依据受众识别的结果,基于大数据技术和算法匹配,进行广告内容程序化自动创意;并由智能推送机器将商品广告信息精准投放给潜在消费群体,同时平台与广告主完成程序化广告自动交易;接下来,广告主与广告受众之间可通过对话、交流、互动体验等方式进行智能交互,在操作上强调易用和可用性,以适应个性化营销趋势,吸引受众并提升体验感,从而产生更好的广告品牌效应;监测反馈是智能广告平台机器学习训练中很重要的环节,指的是机器监测的数据再次反馈给程序。

简言之,智能广告全生命周期由受众识别、自动创意、精准投放、交互体验、监测反馈五个基本环节组成,各环节既相对独立,又紧密相连,环环相扣、相辅相成,促进智能广告模型自完善和自迭代。智能广告模型如图 4-1 所示。受众识别、智能

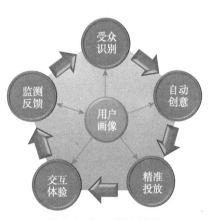

图 4-1 智能广告模型

匹配投放等均由计算机程序自动完成，整个过程非常短暂，所花费的时间以毫秒来计算，一般不会超过 200 毫秒，用户也感受不到背后的广告运作过程。

4.2 受众识别

受众识别是智能广告运作闭环的起点，决定了后续环节的质量以及广告整体效果。互联网的受众识别技术，目前主要有 Cookie 映射技术、移动终端用户识别技术、多屏用户识别技术等，不同的技术适合不同的互联网场景。Cookie 映射技术适应 PC 的传统互联网时代，移动终端用户识别技术适合移动互联网时代，随着终端越来越多，同时使用多种终端的场景也越来越普遍，所以多屏用户识别技术也越来越受到重视。

1. Cookie 映射技术

Cookie 是计算机中的一种概念，每一个用户在访问一个网站的时候都会在浏览器中产生一个长字符串的标识，这就是一个 Cookie，此 Cookie 就是该用户在此网站的唯一标识，也就是说，得到此 Cookie 就意味着识别到了该用户，因为其是唯一的。

既然能唯一地识别出用户，为何又要进行 Cookie 映射呢？这是因为用户在登录不同网站时，网站都会给此用户一个 Cookie，此 Cookie 只是某个网站的唯一标识，所以当同一个用户跨平台登录操作时，就有必要进行身份的识别。把不同 Cookie 所代表的同一个用户识别出来，就用到了 Cookie 映射技术。简而言之，Cookie 映射就是在某几个平台能确认自己用户的情况下，给浏览器重新定向访问，让某一平台方获得与其对应的用户 Cookie，然后对两者进行映射、保存，这样在下一次得到某平台给出的用户 Cookie 时，就明确知道自己平台对应的是哪个 Cookie 代表的用户，从而也就明确了此用户在自己平台的用户画像，于是就可以依据用户画像进行广告竞投了。

2. 移动终端用户识别技术

随着移动终端的普及，尤其是智能手机的普遍使用，对手机用户的识别成为用户识别的一项重要内容。虽然移动手机上也可以打开浏览器直接登录网站，而且很多网站都做了多屏适应，但是手机终端上用浏览器的方式并非主流。大部分平台都是以 App 应用的方式安装在手机终端上，因此以原来的 Cookie 映射去识别手机用户已经过时。这时需要一些手机上能唯一标识的数据进行用户的识别，手机上常见的唯一标识码有 IMEI（International Mobile Equipment Identity，国际移动设备标识码）、MAC 地址（Media Access Control Address，媒体存取控制位址）等，MAC 地址也就是常说的网卡物理地址，是一个全球的唯一地址。虽然这些都可以用来作为唯一标识符，但是基于手机的安全考虑，有些系统是禁止 App 程序随意获取、访问这些信息的。为了使手机上的不同应用都能拥有自己的唯一标识，手机系统便统一生成了通用唯一识别码

（Universally Unique Identifier，UUID 码），也就是由设备的唯一码，再加上时间戳、伪随机等信息，由算法生成的一个唯一的字符串，这个字符串就可以代表当前手机的唯一身份码。

即使这样，手机操作系统也不一定允许 App 读取 UUID 码用作他途。但是用于广告的用户识别还是有巨大的需求市场，基于此，手机操作系统厂商又推出了一种广告识别码，专门用于广告识别。苹果 iOS 系统的叫作 IDFA（Identifier for Advertising），安卓系统的叫作 AID（Advertising Identifier），这两者都是一串 32 位的字符串标识。

3. 多屏用户识别技术

随着终端的普及、发展，多种类型的终端成了目前大部分用户学习、办公的主流场景。一般情况下，大部分用户用台式 PC 或笔记本 PC 进行办公、学习，用平板电脑进行学习、娱乐，用手机终端进行日常联系、购物，所以把不同类型终端上的同一个用户识别出来，成为当前用户识别的一个主要内容，即跨屏识别（图 4-2）。

图 4-2　多屏场景

对于一些比较大的平台来说，这个问题可以通过用户登录账号来解决。比如，使用百度 App 时，一般会引导用户进行账户登录，如果我们在台式 PC、笔记本 PC、平板、手机上都登录过百度账号，平台根据你的在线时长和使用频率，能够确定哪些设备是你的常用设备，然后对这些不同类型的终端设备的唯一标识码信息进行映射、保存，这样就通过账号打通了跨屏识别问题。今后，当用户打开电脑浏览器使用百度搜索时，即使没有登录，用户也会发现有一些与用户曾经搜索过的内容相关的广告呈现出来，包括用户在手机搜索过的内容，这就是平台已经记住了相应的信息，比如，用户常用台式 PC 的 MAC 地址，所以当用户打开百度网站，即使没有登录，网站平台已经识别出是"你"了。

小平台在多屏用户识别上具有天然的劣势，不过也有一些方法，比如，用大平台的账号授权，引导用户使用手机号码进行注册登录等，当用户的标识信息尽可能多地被收集之后，就有可能打通跨屏识别了。

用户画像是智能广告运作模型的起点，在以上受众识别技术的支持下，精准的用户画像成为驱动智能广告流转的基础。用户画像在广告、电商等领域都得到了较好应用，用户画像的基础是大数据，基于用户在网络上产生的数据，用各种算法进行挖掘，将用户的具体信息抽象成标签，利用这些标签将用户形象具体化，从而为不同用户提供个性化服务。

用户画像的第一步是收集用户数据信息，包括用户的年龄、性别、兴趣爱好、职业等，在某些电商平台购买商品的行为信息，还包括用户的位置信息、出行记录信息、常去的网站、平台，甚至线下商场、线下的购买行为信息等。

当收集到足够的信息后，第二步就是进行数据处理。在建立用户画像过程中，需要在海量互联网用户信息与行为信息中，运用文本挖掘技术挖掘有用的用户信息，利用聚类等技术提取主题，建立互联网用户多分类标签，利用支持向量机、深度学习技术解决用户信息缺失及用户画像标签不完整的问题，利用机器学习等方法在用户与多个属性间建立关联关系网络，为精准个性化推荐提供数据基础。基于自然语言理解的消费者洞察能够对大数据带来的大量庞乱无章法的消费者信息和数据进行处理，全景式地对消费者的信息进行认知、理解和判断，在收集到的大数据中挖掘有用的信息，用来复现完整的用户画像。

4.3 自动创意

4.3.1 什么是广告的自动创意

广告的自动创意又称程序化创意，是指广告创意是由程序自动生成的，而不是由人类设计师完成的。广告自动创意主要包括创意生成和创意表现两个过程。创意生成是对经过市场调查与消费者洞察、竞争分析与战略定位等诉求点进行概念化提炼。创意表现是将创意概念转化为文字、图片、视频或 3D 交互内容等可视化信息。目前由机器学习支持的广告智能创意生成方式主要是人机协同创意，完全依赖程序化创意，产出的多是一些没有灵性和创造力的广告物料，难以达至具有创意价值的高度。

传统广告内容生产虽然也依托一些必备的技术手段（如相机、计算机、图形设计软件等），但更多依赖于人的认知、经验、洞察与创造力。人工智能参与的广告创意，依托大数据、计算能力和演绎学习、类比学习等机器学习算法不断优化，以及 24 小时待命的工作状态、超强的时效性、广深的基础资源，可以实现大规模、高效率、个性化的广告内容生产，并通过融媒体平台进行分发，广告内容生产的效率大大提升。

在自动创意领域，最早的应用场景是在互联网企业，是互联网企业推动了自动创意的发展。如在创意策略管理方面，Facebook 的 AI 系统在 30 亿人的照片库中可以进行快速识别与锁定；谷歌的新广告管理工具"Auto Ads"可以通过机器学习的方式实现，并能做到自我优化。在创意表现方面，天猫网站投放的大量网络广告作品，均出自人工智能"鲁班"之手；Saatchi LA 利用超级机器人"沃森"，完成了 100 条丰田 Mirai 的广告文案写作；人工智能创意总监 AI-CD β 与人类创意总监仓本美津留（Mitsuru Kuramoto）的比赛结果实力相当。2015 年，阿里内部在"双 11"第一次尝试了个性化推送，不同的用户在会场的界面中会看到不同的商品和广告内容，很大地提升了流量的分发效率。联合算法团队从设计的角度出发，研发出阿里巴巴的"鲁班"智能设计系统，后来更名为"鹿班"智能设计系统（图 4-3）。

图 4-3　阿里鹿班智能设计系统（https://luban.aliyun.com/）

目前，互联网企业的内容生产和创意运作仍处于基于大数据的自动化水平，离真正的智能化路途尚有距离。谷歌的"Auto Ads"系统的解决方案，还依赖于高成本的有监督的深度学习，依赖于人类对于计算底层架构的设计。而人工智能创意总监 AI-CD β 的创作，需要创意机构麦肯组织项目团队，事先解构、分析和标记大量的电视广告，并给出一定的逻辑算法，再通过人工智能基于大数据进行运算，才能对一些产品和信息作出针对性的创意广告指导。2022 年 11 月到 2023 年 1 月，美国科技新闻网站 CNET 悄然上线了 70 多篇 AI 技术生成的新闻报道，并在受到质疑后说明这些文章由人工编辑进行了审校、事实核查和编辑，但是还是被人揪出了不少差错，有些甚至是低级错误。

4.3.2　广告自动创意的过程

秦雪冰等学者认为，智能广告自动创意过程经历生成准备、智能生成和反馈提升三个阶段，在反馈提升之后重新进入生成准备阶段以优化新一轮的生成。[①]

---

① 秦雪冰，郭博.智能广告文案的消费者参与度研究——基于汽车之家 APP 的实证检验[J]. 新闻与传播研究，2022（6）：56-72,127.

（1）生成准备阶段。其包括数据挖掘与文案、图像和视频学习两方面。数据挖掘是从海量数据中挖掘消费者信息与产品信息，分析消费者画像和产品卖点，形成消费者个人偏好标签集合、产品标签库、促销（促销活动、价格、评价等）信息库，为生成智能广告创意提供内容素材[①]；文案、图像和视频学习是将大量文案、图像和视频输入系统，通过自然语言理解、图像识别处理技术和机器学习技术，使机器掌握广告文案的写作规律，形成语言模型；掌握图像创作的规律，形成图像模型；掌握视频创作的规律，形成视频单元模型。

（2）智能生成阶段。广告智能生成是指针对精准的消费者画像，通过自然语言处理和深度学习等技术，根据用户需求，对文字、图形、颜色、字体等创意元素进行智能组合，制作千人千面乃至一人千面的个性化广告。[①]智能生成阶段分为三个环节：首先，根据生成准备阶段数据挖掘的内容素材，形成广告文案、图像和视频的生成框架；然后，用点击率预估模型计算消费者画像、产品信息和促销信息的关联度，选取三者关联度高的部分，将关联度高的内容素材结合广告场景（消费者所在的地理位置、使用的 App 等）生成广告文案[①]、图像和视频的关键词、关键图、关键帧等，填充生成框架；最后，使用语言模型对填充后的生成框架进行排列组合，形成广告文案、图像和视频。

根据细分领域差异，业界出现了一些分别对文字、图片和视频进行研发并运行的软件。卡多索（Cardoso）等开发了一种新的工具"横幅广告（ad banner）系统"，它可以生成四种文案；魏（Wei）等提出了一种关键词推荐方法，能够基于查询日志找到更合适的竞争关键词；阿斯马利安（Asmaryan）等开发了一个能够根据用户兴趣、基于上下文显示广告的系统；邓莎莎（Deng）等开发了智能广告文案生成系统，该系统能够自动生成广告文案。通过对 80 名受试者的用户实验分析可知，该系统生成的广告文案可以提高在线广告平台的点击率。[②]

（3）反馈提升阶段。其包括以下含义：文案投放前，测试和修正所生成广告文案的语义语法正确性、易读性，反馈修正[①]；测试和修正所生成的广告图片与视频的图像及每一帧视频的正确性、审美感，反馈修正；文案、图像和视频反馈修正投放后，对点击、浏览/观看等效果数据进行归因分析，修正前两个阶段的内容。

4.3.3 广告自动创意的发展方向

传统广告创意是根据调查数据基础上的头脑风暴和预先洞察，自动创意则主要是

---

① 秦雪冰，郭博.智能广告文案的消费者参与度研究——基于汽车之家 APP 的实证检验[J]. 新闻与传播研究，2022（6）：56-72, 127.

② 邓莎莎. 支持决策研讨的文本分析方法研究[D]. 上海：上海交通大学，2014.

在用户画像、产品卖点和机器学习、智能计算基础上的"反馈式创意"。在现今的广告领域,具有人文、艺术和想象力的创意广告越来越少,与此同时,注重商业功用、强调促进销售的实用性广告越来越多,虽然这些广告打出了广告即服务、广告即内容的口号为自己正名,但也部分地消解了广告的创意属性。因此,未来在广告内容生产领域要强化创意思维,注重异质资源整合,加强机器学习和深度学习内容的整体性,强化正确的价值观、注入设计和审美、创意思维等,打造具有"心智"的智能广告。

1. 强化正确的价值观

广告创意不仅仅是信息的生产,更关涉到社会联结,其所形塑的新的模式、新的机制将会长期影响且存在于信息生态之中,影响人们的价值判断。广告自动创意不仅要联结广告产品(物)、机器与人的关系,还要联结创意(价值)、机器与人的关系,并需要体现出"人类要素"和"非人类要素"的整合、协和、融合。消费者数据、产品数据、创意文案、图片和视频数据等是广告自动创意的数据基础,图像处理技术、自然语言处理、机器学习和深度学习等技术,帮助生成针对个体消费者的海量差异化广告创意素材,对这些数据、算法、素材的处理,一定要注入正确的价值观引导,才能体现广告创意的社会联结功能和社会责任。

2. 注入设计和审美

高质量的创意不仅要解决个性化设计问题,还要进行更富于审美的设计,许多头部互联网公司自主研发的智能设计软件都可以为提升广告自动创意的艺术审美赋能。比如谷歌的智能化设计软件 AutoDraw,其最大的特点是根据人们在屏幕上的普通绘图,依据人工智能算法进行识别,得到比较专业的绘图模板,之后可以简单的方式进行上色、修改。专门的广告自动创意设计软件会更加重视诸如色系、商品图、文案等设计元素的搭配和设计风格的确定,很多自动创意设计公司都会做许多对比实验,以提升设计的审美水平。比如羚珑(图4-4)是京东的智能设计平台,在羚珑智能设计系统中,经过试验对比发现,广告图片中商品的位置、数量,商品与文案在图中的左右位置关系,广告图片的背景颜色、Logo 的位置、文案的行数等都会对广告的点击率产生影响。羚珑通过不同设计元素的效果数据分析建立营销素材智能推荐引擎,在首

图 4-4　京东羚珑智能设计系统(https://ling.jd.com/)

焦场景推荐并应用点击率高或转化率高的设计方案，实现营销素材千人千面从而提升首焦点击效果。其为用户提供标准化设计的快速落地解决方案，满足从标准化图片输出、页面制作到设计素材同步、存储、下载等需求，大大降低了设计的人力成本，提升了设计效率，同时保证了设计结果的一致性。

还有的人工智能公司为艺术和创意工作提供辅助工具，比如基于机器学习的算法可以分析大量艺术作品和风格，并生成新的艺术品、音乐或设计，为艺术家们提供新的创作方向和素材。人工智能图像编辑、音频处理系统为艺术家的音乐与美术创作提供技术工具，提高创作的效率和质量。

3. "AI+人文"为自动创意赋能

道德、伦理和情感、感受都是人类的心理现象，如何让人工智能的创意更接近于人类的情感和思维？众多AIGC大语言模型研发公司都意识到人文、艺术和创造力思维对于未来的人工智能内容生产意义重大。当前，人们比较看好人工智能研究实验室OpenAI在2022年11月30日发布的ChatGPT，这个AIGC大语言模型通过分析大量文本数据，学习到文本的结构和语义，从而模拟人类思维，未来也许可以胜任创意领域的一切工作。另外，人工智能技术在广告创意领域的应用中还会产生一些道德和伦理问题。例如，涉及人脸识别和隐私的广告创意作品如何平衡创意表达与个人权益，智能生成的广告创意内容是否具有版权和知识产权等。当然，在推动"AI+人文"的交融时，我们需要建立相关的法规和准则，以保护个人权益和创新、创意的独立性。相信在"AI+人文"理念的指导下，广告的内容生产绝不会止步于提升工作效率，人工智能通过学习和分析大量的广告创意作品与素材，可以生成新的广告创意概念、广告故事情节或设计构思，从而为创作者们提供创意激发和融合的可能性；人工智能还可以与创作者进行合作，突破传统的创意形式和思维框架，创造出独特的广告创意作品，从而为人类创造更美好的未来生活。

4.4 精准投放

广告精准投放是依据当前用户（或称为消费者）的特点，将与当前用户需求（或潜在需求）相匹配的广告投放至当前用户浏览的页面（或App界面）的过程。广告精准投放的前提是精准的用户画像，然后结合智能推理的方法，实现与用户和场景的精准匹配。

广告投放的精准程度是判断机器智能化水平的重要依据。广告精准投放运作流程中，既有各类智能广告平台的精准投放环节，也包含广告交易平台的程序化交易流程。搜索平台、电商平台、社交平台等利用掌握的用户画像数据发布具有精准特征的搜索类广告、开屏广告、横幅广告、插屏广告、信息流广告等，不同类型的广告投放技有所差异,但主要是推荐技术的不同应用。专门的广告交易平台,这种平台的特点是媒体方、广告需求方、广告主、交易平台基本都是独立的,媒体方提供广告位资源,广告主有投放广告需求,广告需求方集中了大量广告主的需求,交易平台提供实时竞价,让最合适的广告与最合适的广告位进行匹配。

图 4-5 以搜索类广告为例,介绍广告匹配和精准投放流程。

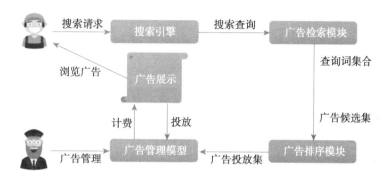

图 4-5　搜索类广告投放流程

当用户使用搜索引擎进行关键词(也可以是用户在购物网站搜索想要的商品)搜索时,搜索引擎会对关键词进行过滤处理,然后进行分词等操作,得到与关键词相关的(或语义相关的)广告集合,这个集合被称为"广告候选集"。接下来是广告排序环节,为何要对广告进行排序呢?主要是为了给不同的广告主基于同一广告位提供公平竞价的指标。一般来说,搜索类广告系统采用 eCMP 作为排序指标,eCMP 的排序指标是预估点击率与每千次展示价格的乘积,P=eCMP×price(其中,P 为千次展示收益,eCPM 为每千次点击率,price 为广告主针对该广告的出价)。系统会按照排序指标,对候选广告集进行排序,之后系统会按照此排序将排名第一的广告投放到对应的搜索结果位上,即完成广告投放。当然,不同的平台有不同的排序方法,考虑的因素不尽相同,但总体是类似的思路。

广告交易平台的特点是对媒体长尾流量进行实时竞价。广告交易平台直接对接媒体和广告需求平台,对它们进行匹配,类似我们平时见到的股票交易系统。广告交易平台可以分为两种:一种是自己拥有媒体优质流量的 ADX,另一种是自己没有媒体、接入第三方的媒体,这样并不具备最优质的流量,一般是媒体自己剩下的长尾流量,这种 ADX 主要是做媒体与 DSP 之间的匹配。

我们以用户在线打开网站(或 App)为例讲解广告的匹配投放过程。当用户打开网站时,网站页面上的广告位是没有广告的,这时候网页会向 ADX 发起请求。ADX 收到网页的请求后,会向 DSP 发送竞价请求。在这个过程中,会传递一些参数,用户的信息则是其一。DSP 根据用户信息,以及是否有广告主对此类用户的需求,从而作出是否参与竞价的决定。竞价是多方参与的,每一个 DSP 都会发送自己的报价给 ADX,

ADX 根据 DSP 发送过来的报价，依据竞价原则（一般是报价最高的 DSP 获得竞价），将竞价是否成功的信息返回给刚刚参加竞价的所有 DSP。当 DSP 得到竞价成功的信息后，将广告主的广告物料（一般是广告的请求地址）返回给该网页，网页获得广告地址后，就会向这个地址发送请求，然后把广告在对应的广告位展示出来，这样就完成了一次完整的广告投放（图 4-6）。

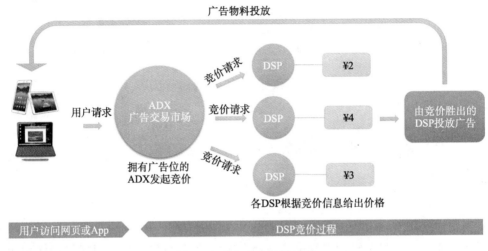

图 4-6　广告竞价投放过程

4.5　交 互 体 验

交互即交流互动，增强可用性和交互体验不仅是互联网平台追求的功能状态，也是其作为信息技术自诞生之初即自带的基因。具有交互功能的互联网平台，不仅能使用户获得多种资讯、信息或服务，还能在用户与用户之间、用户与平台之间、用户与广告主之间进行相互交流与互动，从而碰撞出更多的商机、创意、思想和需求等。

1. 广告交互主体日渐多元

互联网使信息的传播与反馈更为及时快捷，人工智能技术、VR、AR、XR 和元宇宙等技术丰富了用户与广告的互动体验，消费者已经由广告信息的被动接收者变成体验者、参与者和主动传播者，自主传播能让广告信息层层扩散，带来广告信息的二次及多次传播。广告主也不再仅仅是信息的发出者，他们越来越重视根据数据挖掘对消费者的广告效果进行追踪并基于机器学习实现深度的个性化应对，随时随地接收用户的反馈并及时采取相应行动。交互广告打破了传统广告单向线性传播模式，实现了广告主与用户的双向沟通，提升了用户的参与度和体验感，加深了受众对广告的印象，增强了广告的传播效果，或者直接提升广告的转化率。

2. 广告交互方式日益丰富

传统广告时代，广告是由信源到信宿的单向传播，甚至互联网初期的广告也是如此，但随着技术的发展，广告交互受到了高度重视。目前较为常见的广告交互主要有三种：第一种是智能客服的即时应答，比如，互联网中的各种 App，利用了智能问答技术的智能音箱、智能电视，利用了人脸识别等入场识别技术的各种智能交互系统，都可以提升用户的交互体验。第二种是在社交媒介和网络游戏等领域，比如，微信用户可以对朋友圈出现的信息流广告进行点赞、评论，从而实现与广告品牌的直接互动，同时还能与其他微信好友在同一条信息流广告下面进行互动。第三种是在多感官广告领域。场景广告领域利用互联网、移动互联网、社交媒体、GPS（全球定位系统）、身体感应、AR、VR 技术等传播手段的场景式应用，在特定商业场所实现线上、线下模式相结合的亲身体验，使用户体会媒介融合的全方位覆盖。比如，好丽友在 2016 年底利用 VR 游戏赚足了一波眼球，通过线上商超的 VR 游戏一体机，顾客参与 VR 游戏可以获得购买好丽友产品的优惠，一经推出，现场的销售场景十分火爆，排队来体验的儿童络绎不绝，销售量很高（图 4-7）。

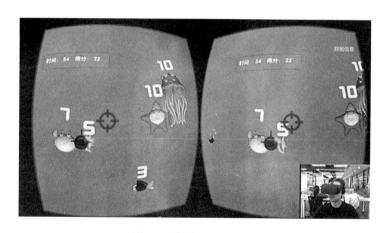

图 4-7　好多鱼 VR 游戏

3. 广告交互效果日渐精进

当前，促进广告交互体验的技术已经不限于 VR、AR 技术，一切能够产生交互的技术，如计算机图形学、人工智能、语音处理等都可以为用户体验感提升赋能。比如全真数字人广告不仅可以 24 小时在线服务，而且其借助自然语言处理技术和语音识别技术，可以处理观众通过弹幕、语音指令等方式对其发出的互动指令，并将其转化为相应的动作和回应，提升用户满意度。元宇宙场景广告通过相应的硬件设备和软件工具的支持、开发与运行，不仅为用户带来充满想象力和不可思议的虚拟环境，还可以基于用户画像，对不同用户提供个性化、身临其境的交互体验。

4.6 监测反馈

监测反馈包括对广告效果的监测和将广告监测结果反馈给智能广告系统，进而推动机器自动学习，调节和优化智能广告前面四个环节。

1. 多元利益主体监测

监测是指对广告内容、效果等方面进行监测，利益方不同，他们关注的侧重点也不同。这里的利益方是指市场管理方、媒体、广告平台、广告主等。

从市场管理者的角度来说，海量的网络广告超出了人力监管的能力，人工智能时代的广告监测主要是通过机械学习、监督学习及类比学习对虚假违法广告进行追踪和智能化处理，重点监测违反《中华人民共和国广告法》(以下简称《广告法》)、《互联网广告管理办法》的广告，避免发生广告违规违法事件，维护广告市场健康有序运行，使人民群众生命、财产等方面的安全不因非法广告（如虚假、色情广告等）而受到影响。我国政府作为市场管理主体，专门设置了用于监管互联网广告、线下广告的多个互联网监管平台，并实施24小时不间断的监管。

对于广告主来说：一方面需要支付广告发布费用，另一方面期望广告投放能够很好地转化为受众购买行为。互联网广告计费方式多与流量相关，广告主期望能够得到比较准确的广告流量监测数据，为了防止平台方数据流量造假或作弊，更为客观的第三方监测成为广告主的最佳选择。因此，催生了基于第三方的广告流量监测业务，同时该监测还可以为广告主提供广告投放数据和效果数据。然而，受技术条件的限制，第三方监测数据未必与广告平台的自监测数据保持绝对一致，总会存一些误差，一般来说，10%左右的误差是可接受的。

对于平台来说，为了提高平台的可信度和广告的转化效率，也越来越重视提高平台数据的透明度，并开展反作弊研究。平台使用了必要的监测技术手段，把可能出现的人为干扰、异常流量识别出来并过滤。平台自我监测既保护了广告平台方自身的利益和公信力，也避免因媒体的恶意流量而导致自身利益受到损失。

2. 贯穿全程的反馈

反馈是对前面监测到的数据进行分析，分别反馈给智能广告生命流程的前四个环节。依据这些数据进一步分析当前广告的类型、广告的设计、广告的内容对当前类型受众的影响度。一般来说，这些数据以平台内部的监测数据为主。

当用户登录某平台后，点击查看商品、广告，由此而产生的相应购买行为，都构成了用户的网络行为轨迹。这些行为轨迹数据都保存在平台的数据库中，为用户画像的构建奠定了数据基础。当然，这只是某一个平台的用户画像，可能不太完整。当联合多个平台，对这些经由反馈环节梳理的数据信息进行整合、挖掘之后，就能构建出相对完整的用户画像，从而提升广告投放的精准度。因此，平台对广告数据流量监测后，将这些有用的数据反馈给受众识别环节，依据这些数据对用户画像进行一定程度的更新和优化，就能够构建出更加个性化、更加准确的用户画像，从而为下一次的受众精准识别奠定基础。这些数据经过这样不断的循环迭代，最终构建出完整的用户画像数据库。但是，从安全的角度来说，这些数据虽然在网络上出现，却属于个人隐私，相当于现实中的个人档案信息，应当受到国家层面的监管，不能被非法滥用。

对自动创意环节来说，监测提供的反馈数据也非常有用。比如，对某几个类型的创意进行对比，这些反馈数据能明确地反映出哪一种创意更适合某一类型的受众，从而根据这些数据进一步优化自动创意构建引擎，让机器生产的创意能够更加打动受众的心，从而激发受众对广告的兴趣，进而提高广告点击率和转化率。

对精准投放环节来说，监测数据最主要的意义在于进行反作弊的分析。

对交互体验环节来说，监测数据能够捕捉到受众对交互体验的完成度、成交转化率等数据，依据这些数据能够进一步调整交互设计、优化交互体验的路径，达到更好的交互体验感，给受众留下深刻的印象，达到广告效果。

案例

思考题

1. 分别阐述智能广告全生命周期的五个环节。
2. 什么是用户画像？它包括哪些步骤？
3. 智能广告能够实现自动创意，未来广告从业者是否会被人工智能所取代？
4. 什么是 AIGC？它对广告会产生什么影响？
5. 谈谈广告交易平台的特点。
6. 简述监测反馈在智能广告生命流程中的作用。

第 5 章

智能广告的主要技术

本章概述智能广告的支撑技术和核心技术。智能广告的诞生、发展是互联网技术体系或技术集群的结果，4G、5G 及物联网等技术是智能广告的通信基础；在互联网上，用户的购物、浏览新闻、浏览视频、点击等行为都以数据的形式保存下来，互联网用户积累了海量基础数据，是智能广告诞生、发展的数据基础；海量的数据需要海量的存储，海量的基础数据需要强大的运算能力进行处理，数据的可信、安全存储是智能广告正常运行的前提条件。人工智能相关算法，尤其是深度学习、强化学习等机器学习技术，是智能广告的核心技术；语言、图像文本识别和生成、语音和视频技术是智能广告快速发展的基本技术；虚拟现实、增强现实、元宇宙和全真互联网等技术是提升智能广告体验感的新兴技术。

5.1 智能广告的支撑技术

成熟的数据技术、通信技术和计算存储技术是智能广告正常运作的前提，由于在第 2 章的"智能广告的核心三要素"中，我们已经详细阐述了作为智能广告数据基础的算法和大数据，因此本节不再赘述。下面将分别从智能广告的通信基础、计算存储基础进行阐述。

5.1.1 智能广告的通信基础

2G 是文字信息时代，3G 是图片信息时代，4G 开启了直播和视频时代，每一次都是媒体介质和形态发生了质的变化，也将广告行业划分为不同阶段。4G 改变了生活，5G 将改变我们的社会，因为 5G 不仅是 2G、3G、4G 的进化，也将是彻底改变人们生活方式的通信革命。Web 3.0 和未来的 Web 4.0 要实现的是人与场景的连接，其发力点在于产业互联网的崛起，当产业互联网能够为人们提供越来越多基于场景的服务的时候，人们才能真正感受到 VR、5G 及大数据和人工智能技术给人们与社会带来的革命性的改变。

1. 从 Web 1.0 到 Web 4.0

互联网的发展大致经历了三个阶段。

（1）Web 1.0 时代：Web 1.0 的诞生使信息交流的方式发生颠覆性变化与创新。各类信息门户网站、静态网页和 Web 文件呈现出爆发式增长，网络应用拉开 Web 1.0 时代的序幕。

（2）Web 2.0 时代：进入 Web 2.0 时代，网络倡导以"用户"为核心的网络交互模式，倡导信息共享和交流，注重网络的及时互动与信息互联，社会知识参与能力大大增强，网络呈现分布式的网络结构以及半智能化的技术特点，信息来源多元化，信息高度共享。

（3）Web 3.0 时代：随着大数据、云计算、语义网络、语音识别、视觉搜索、人工智能网络应用技术的应用与普及，互联网进入知识语义网络的 Web 3.0 时代。在这一时期，网络应用强调"个性化"和网络个性文化，人人参与网络社会互动，网络呈现智能化的特征，语义理解、语义搜索、内容聚合，网络呈现语义网络和数据 Web 的网络环境。

也有学者提出了 Web 4.0 概念，主要是指随着虚拟现实技术、尖端显示技术、智能网络身份代理、情境感知应用等代表智慧生活的下一代网络信息技术不断出现，一个以人工智能技术为核心，强化智慧虚拟感知、智慧电子代理、智慧身份认证、智慧网络生活，以人和万事万物智慧互联为特征的全新的共网时代将使互联网进入 Web 4.0 时代，或称为智慧生活网络时代。

以"智慧化"为核心的新一代互联网信息技术 Web 4.0，倡导智慧互联网服务人们的生活，是具备共生网络、大规模网络、同步网络和智慧网络等特征的下一代互联网络。它是海量、同步、共生、智慧的网络，是全面向下兼容的互联网形式，具有比以往任何网络技术时代更高的智慧化程度，它是一个连接一切、无处不在、智慧的网络操作系统。Web 4.0 的主要特征如下。

（1）共生网络。在未来 Web 4.0 互联网的世界里，人、网络、信息和生活更像一个不可分割的有机整体，彼此共存共生。人们利用互联网能方便、快捷、舒适地生活；网络能够根据使用者的身份信息和思维意图，通过智能化的人机界面作出判断和决定，并正确地执行人们的想法。智慧化、极其复杂的用户界面技术，使人与网络之间能进行虚拟现实和情境感知的合作与交流。共生网络使人与网络之间彼此联系、共存共生。

（2）大规模网络。未来 Web 4.0 大规模网络，犹如人类的大脑和超复杂的网络操作系统，能负责大规模的网络运行、计算和应用。大规模网络在网络的数据体量、表现形式、用户对象、交互方式等方面呈现出大规模性。其中，网络的数据体量呈现出 PB 级别甚至更高，并且数据的增长更加迅速、类型更为复杂多样，表现形式不仅限于传统的 PC 浏览器、移动终端和智能手机，还有包括诸如三维投影、穿戴设备、无人驾驶汽车、飞行器等新的智能互联网设备呈现。此外，网络的服务用户对象和网络的信息交互也呈现出大规模的趋势。

（3）同步网络。未来 Web 4.0 时代也将是一个网络同步的时代。用户一旦接入互联网并完成身份认证和权限识别，便立即开始网络同步，这种网络同步涉及生活、学习、娱乐、社会、工作和社交等各个层面，也涵盖政治、经济、生活等各个领域；网络的大规模承载力和共生能力将极大限度地面向用户的参与，为用户提供参与、合作、交流和使用的一切生产、生活与消费等资源，同时建立虚拟空间、现实设备，以及人与人之间的互联网通信和信息的桥梁，并且这种信息的同步网络是读、写、运行三者可以并行运算的同步网络。

（4）智慧网络。未来 Web 4.0 更像超智能的电子代理人，能根据人们的兴趣分析信息，并创造新的思维和理论。即使人们身处千里、万里之遥的异地，也能通过身边合适的未来情境感知和虚拟现实设备进行交流与互动。未来 Web 4.0 时代是智慧的网络空间，它将不断模糊人、虚拟世界、现实社会三者间的界限，无处不在、无时不在，与人共生共处。

2. 5G 技术

IMT-2020（5G）推进组在《5G 愿景与需求白皮书》中提出，5G 将突破信息通信在时间与空间的限制，为用户带来极佳的交互体验，同时，5G 将缩短人与物之间的距离，实现人与万物的实时互通互联。①5G 是最新一代蜂窝移动通信技术，也是继 4G[LTE-A（长期演进技术升级版）、WiMax（全球微波接入互操作性）]、3G[UMTS（通用移动通信系统）、LTE（长期演进技术）]和 2G[GSM（全球移动通信系统）]系统之后的延伸。5G 的性能目标是高数据速率、减少延迟、节省能源、降低成本、提高系统容量和大规模设备连接。5G 能够支持包括虚拟现实、增强现实、物联网、车联网、智能城市等在内的多元应用场景，将对广告传播实践和产业发展产生更为深刻的影响，如图 5-1 所示。

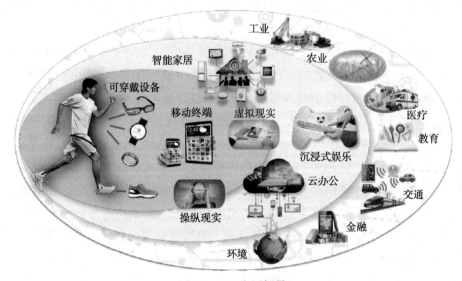

图 5-1　5G 应用场景

---

① IMT-2020（5G）推进组：5G 愿景与需求白皮书[EB/OL]. (2014-08-13)[2020-03-20]. https://wenku.baidu.com/view/2fce9da9941ea76e58fa048d.html?_wkts_=1701047790084&bdQuery=5g%E6%84%BF%E6%99%AF%E4%B8%8E%E9%9C%80%E6%B1%82%E7%99%BD%E7%9A%AE%E4%B9%A6.

5G的发展与普及对广告形态的影响主要体现在以下几个方面。

（1）万物互联的模式，拓宽了传播路径，打通全场景数据链路，从而使消费者数据实现跨平台、跨场景的融合。5G时代将会实现人与物的连接，物与物的连接，万物皆可以成为媒介。传统的纸媒、广播、电视等均被赋予智能。媒体之所以被称为媒体，就在于其能否承载和传播信息，5G时代，任何事物都可以成为信息的载体并进一步传播这些信息，因此，在5G时代，万物智能互联，媒介的传播路径将被拓宽。

（2）大容量的通信会产生大量的全天候数据，进一步提高广告的精准性。随着5G网络的全面覆盖，海量终端将先后"入网"。除了人们的手机、电脑等通信工具或办公设备，越来越多的"物"也接入互联网，比如，人的穿戴设备——智能手表、手环、眼镜，以及日常用具、电器、家具、轿车，甚至医疗器械、生产设备、仓库、货物等，都处于"在线"状态，与外界进行不间断的信息交换。过去，海量的"人"的行为信息通过终端设备被记录下来，成了大数据。在5G时代，万物互联，每个人都是互联网背景下的一分子，每个人背后庞大的数据会被自动追踪，并被自动记录下来，还会出现更加精准的大规模算法数据，每个消费者都会被精准定位，然后基于消费者的消费习惯、爱好、需求与动机等因素，形成广告的精准投放，以获得更高的购买率。

（3）高速率、低延时的特征催生新形态的广告形式。5G技术将直接推动VR产业的大规模发展，现有技术不足以支撑VR的体验，而5G技术则可以保证人们在线长时间观看高清的视频，并且不会产生任何晕眩感，保证在更为轻松、舒适的条件下使消费者有更直观真实的感受。在VR中，消费者可以对任意商品进行虚拟的展示，直观了解产品的各种特性，甚至可以直接使用虚拟商品。此时，广告不仅仅是在平面中或者是视频中展现，消费者还可以虚拟观看产品的各种实景甚至是实物的虚拟使用。因此，在VR技术的支持下，实景广告将会大规模出现并普遍流行。5G时代，虚拟场景与物理场景的边界将不断消弭，借助AR、VR、MR等技术，消费者可以实现虚拟场景与物理场景的无缝连接，依托数字孪生技术，消费者在现实场景中的感觉与认知也可以无差别地复制到虚拟场景中。

随着5G等智能技术的发展，智能广告将越来越呈现融合化、计算化和智能化三大特征。5G时代的智能广告不仅可以实时满足消费者全场景和跨场景的真实需求，同时，它还会根据消费者的成长路径和技能特长推荐其不自知的需求。

3. 物联网

物联网是指通过信息传感器、射频识别技术、全球定位系统、红外感应器、激光扫描器等各种装置与技术，实时采集任何需要监控、连接、互动的物体或过程，采集其声、光、热、电、力学、化学、生物、位置等各种需要的信息，通过各类可能的网络接入，实现物与物、物与人的泛在连接，实现对物品和过程的智能化感知、识别与管理。物联网是一个基于互联网、传统电信网等的信息承载体,它让所有能够被独立寻址的普通物理对象形成互联互通的网络(图5-2)。

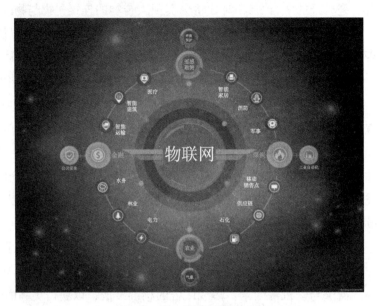

图 5-2　物联网的广泛应用

物联网技术包含智能感知、快速计算、识别技术,通常应用于网络融合过程中,物联网的发展继计算机、互联网之后在世界信息技术产业产生了第三次浪潮。物联网与新媒体联系密切、相辅相成。从新媒体的角度来说,物联网的发展使信息传递过程达到一个全新的境界,同时新媒体又是物联网发展的宣传途径,两者相互支撑,实现信息无障碍传播互动,分别体现自身价值的同时共同发展和创新。

物联网的发展和普及,对广告的影响主要体现在以下几个方面。

(1)丰富了广告的投放空间。物联网时代,纵观世间客观存在的一切事物,每种事物都有可能成为新媒体广告的载体,也就是我们所说的"投放空间"。当然,物联网时代并不意味着乱投滥放就能达到想要的广告效果,若不能吸引客户的目光,投放再多广告也是没有意义的,反而会引发客户的反感。因此,面对机遇众多的投放空间,广告行业应该选择适宜的空间作为广告的载体,丰富广告内容,避免千篇一律的广告模式,吸引用户的眼球才是关键。

(2)生产精致多样,满足分众需求。在物联网的推波助澜下,生产模式趋向于精致多样、量小,并附加更多服务性质的元素到有形商品里,以满足各个分众群聚的需求。生产者与广告主需要一套能快速掌握、识别并满足消费者实际需求的上下游整合信息分析管理程序,这是所有广告主、生产者面临的新挑战,唯有做好此部分,才有机会快速掌握新商机。广告主、生产者把握了机会,还必须快速作出反应,在生产制造上迅速推陈出新，刺激并触发消费。

（3）用户偏好数据化，实现更精准的投放。物联网时代，新媒体广告投放模式的精准性也是极易抓住的机遇。随着小众传媒数量的增多，消费者的消费观念也发生改变，逐渐接受了小众传媒。基于此特点，大众媒体向小众媒体的转化实质上是将原本的客户群体分割开来，每个类型的小众媒体的顾客和用户，都是精准投放广告的对象。

5.1.2 智能广告的计算存储基础

1. 云计算

云计算（图 5-3）是分布式计算的一种，指的是借助网络"云"将巨大的数据计算处理程序分解成无数个小程序，然后通过多部服务器组成的系统处理和分析这些小程序，得到结果并返回给用户。早期的云计算就是简单的分布式计算，解决任务分发，并进行计算结果的合并。因而，云计算又称网格计算，通过这项技术，可以在很短的时间内（几秒钟）完成对数以万计的数据的处理。[①]

图 5-3 云计算

从广义上说，云计算是与信息技术、软件、互联网相关的一种服务，这种计算资源共享池叫作"云"，云计算把许多计算资源集合起来，通过软件实现自动化管理，只需很少的人参与就能快速提供资源。也就是说，计算能力作为一种商品，可以在互联

---

① 许子明，田杨锋. 云计算的发展历史及其应用[J]. 信息记录材料，2018(8): 66-67.

网上流通，就像水、电、煤气一样，可以方便地取用，且价格较为低廉。①

云计算能为企业提供强大的存储、计算能力，实现一切资源的随需扩展、随时获取，按使用付费，帮助企业降低运营成本，简化团队协作，真正做到以网络为中心，用最低的成本、最有效的方式为拥有不同需求的客户提供多层次服务。

云计算的应用为广告运营提供一定的技术环境支持，能有效改善垃圾短信泛滥的现象，增强广告可信度。云计算无限扩展的存储能力能够将运营商庞大的客户资源及广告资源集成到大型数据中心，实现资源的自动收集和分拣；云计算强大的计算处理能力能够进行海量数据的统计分析，从而挖掘出客户的消费偏好和购买习惯，实现广告的精准投放。因此，云计算在解决移动广告运营中存在的垃圾短信、欺诈广告，成员企业间协作、资源共享和收益分配等问题，提高广告服务质量，改变客户的消极态度，减少资源浪费，节约运营成本，实现广告有效性传播等方面起着重要作用。

2. 边缘计算

边缘计算是云计算的进化，是 5G 与云计算融合带来的一种新的计算模式。边缘计算的本质是基于普通计算机计算逻辑的，采用二进制。边缘计算是用于解决不同应用场景，尤其是移动端应用的数据需求多样化的技术。②

边缘计算遵循的是就近原则，但随着边缘计算的发展，接入侧有了更多的变化，计算的需求也更加丰富，从离用户更近到离数据更近，消费者对于计算的要求已经从"全场景"扩展到"无处不在"。

在边缘计算的帮助下，广告主与品牌方可以根据当下消费者所处的场景并结合物联网中多种智能事物的数据采集进行实时数据处理，其所处理的数据不仅包含行为数据，还包含心理数据和情感数据。在此基础上，广告主与品牌方才能把握消费者的真实所需，进行定制化和个性化生产。技术的不断融合催生新技术，而这些新技术将进一步推动智能广告的发展。5G 技术将无限提高云端边缘的计算上限，大量广告业务数据的传输和计算将在网络边缘终结。

施巍松等学者认为，边缘计算是用于解决不同应用尤其是移动端应用的数据需求多样化的技术，边缘计算是在网络边缘执行计算的新型计算模型，边缘计算的上行数据是万物互联服务，下行数据是云服务，而边缘计算中的边缘是数据源到云中心路径中任意可进行数据处理的设备资源。③在传统的云计算过程中，信息数据的处理发生于中心云端，而边缘计算遵循就近原则，数据处理发生于靠近接入侧的边缘节点。这种

---

① 罗晓慧. 浅谈云计算的发展[J]. 电子世界, 2019(8): 104.
② 程明, 程阳. 数据全场景和人机物协同：基于5G技术的智能广告及其传播形态研究[J]. 湖南师范大学社会科学学报, 2020(4): 114-119.
③ 施巍松, 孙辉, 曹杰, 等. 边缘计算：万物互联时代新型计算模型[J]. 计算机研究与发展, 2017(5): 907-924.

计算模式可以减轻信息传输的带宽压力,极大地缩短了数据计算的延时,提高了广告主与品牌方在广告分发中的效率。5G时代下,边缘计算可以辅助广告主与品牌方高效、精准、无延迟地对消费者数据进行处理,根据实时接收到的动态数据,广告主和品牌方将结合消费者当下所处的场景与环境,通过多种沉浸式技术实现消费者与广告的无延迟互动。

3. 区块链

从科技层面来看,区块链涉及数学、密码学、互联网和计算机编程等很多科学技术问题。从应用视角来看,简单来说,区块链是一个分布式的共享账本和数据库,具有去中心化、不可篡改、全程留痕、可以追溯、集体维护、公开透明等特点,其共识算法、点对点技术以及智能合约应用等优势,保证了区块链的"诚实"与"透明"。而区块链丰富的应用场景,基本上都基于区块链能够解决信息不对称问题,实现多个主体之间的协作信任与一致行动。[1]

区块链技术对广告产生的影响,主要体现在以下几个方面。

(1) 区块链提升了用户画像的准确度,提高了广告投放的精准性。基于区块链技术,广告商可以轻而易举地追踪每一个点击、查看并验证一个活动的每个部分(参与者、广告位、印象和点击等),同时实现多维度数据的交叉对比分析。此外,区块链的去中心化设计使每个用户都有精确描述其兴趣偏好的配置文件,这个配置文件将确保消费者只看到与他们相关的广告。对广告商来说,这意味着更精确的目标,减少设置广告时出错的机会,投资转化率也更高。同时,精准的用户画像可使广告商、出版商向用户提供精确定向的非侵入式广告。通过这种方式,用户最终将看到符合他们兴趣和习惯的广告。[2]对广告客户而言,可以提供尽可能多的符合喜好的广告视觉设计。

(2) 提高广告作弊成本。区块链技术可以发动大众参与进行最客观、准确的测量,精细进行无效流量、广告可见度、广告投放环境的管理,使广告定价更具科学性。如果每天投放的广告虚假流量超出1/3就会给广告主带来很大的损失。之所以会出现大量的虚假流量,主要是因为媒体与用户之间的不信任,在广告投放过程中涉及很多环节,由此带来的高昂信用成本令广告主头痛不已。区块链技术应用的目的是解决信息不对称的问题,使媒体与用户互相信任。使用区块链技术能够提高作弊成本,一旦有欺诈行为,系统会自动识别,避免出现虚假流量。如果发布虚假广告,也可通过用户投票的方式提高广告主的违约成本。全程留痕和不可篡改的区块链通过智能合约的方式还能保护内容创意生产者的知识产权。

---

[1] 人民时评:区块链,换道超车的突破口[EB/OL]. (2019-11-04). https://baijiahao.baidu.com/s?id=1649228283766554172&wfr=spider&for=pc.
[2] 区块链将如何重构广告业的生态系统[EB/OL]. (2018-05-24). https://www.sohu.com/a/232794785_152615.

（3）区块链去中心化和数据公开透明的特性，还可以平衡广告用户体验与商业化，形成可靠的数据流闭环。另外，数据在上链后，解放了归属权，不再隶属于某一个集合中心，令完全集中式的数据中心不再具备绝对的竞争优势，数据垄断就此打破。

（4）区块链的技术特性使它在数据隐私保护方面有一定优势。首先，区块链能减少很多中间环节，自然也就减少了数据隐私泄露的风险。区块链的防篡改性使得个人数据稳定性很高，而且区块链是基于地址而非个人身份进行数据交换，也有助于保护个人隐私安全。此外，在区块链网络中，用户不是完全的被动方，他拥有数据使用的主动权。区块链技术在广告行业中的应用，会有效地保护用户隐私数据的安全，解决数据被无偿占有或使用的问题。除此之外，还有学者指出，区块链在破解版权保护难题、打破"数据孤岛"与媒介孤立、通过智能合约等手段完善广告业结算机制、全面提升用户参与度、有效减少第三方平台等方面发挥积极作用。[①]

未来，"区块链+广告"的发展大方向主要有两个：一个是构建服务于整个区块链生态的广告平台，服务对象主要是各式的 App，这是诞生于行业内部，较现有平台是一种完全的创新；另一个是利用区块链技术，借以改进现有的互联网广告行业。无论是创新还是改进，区块链的出现都将为广告行业带来新的基因。

5.2 智能广告的核心技术

人工智能技术是智能广告的核心技术，人工智能是计算机科学的一个分支，它企图了解智能的实质，并生产出一种新的能以与人类智能相似的方式作出反应的智能机器，该领域的研究包括机器人、语言识别、图像识别、自然语言处理和专家系统等。

在人工智能领域，与智能广告最为密切的领域知识是信息检索、最优化方法和机器学习方法。其中，信息检索是所有大规模数据处理系统，尤其是搜索和个性化系统的通用技术。为了了解广告检索、流量预测等相关问题，必须对倒排索引等方法有基本认识。最优化理论是处理数据、与算法相关问题的重要方法，是连接问题、模型和最终解决方案的桥梁。机器学习是广告具备智能的一个最核心的技术，广告中的许多问题，如文本主题模型、受众定向、点击率预测等，都涉及机器学习的算法。在机器学习的各种方法中，基于神经网络的深度学习方法取得了突破性进展，使深度学习成为机器学习领域目前最重要的方法。随着数据规模和计算能力的提高，深度学习的应用越来越广泛，对广告领域的影响也更加深刻。

人工智能技术在广告产业中的应用主要是通过计算机（机器）模仿广告人的思维，

---

① 王菲，姚京宏. 构建全新信任范式:论区块链对广告业的变革[J]. 当代传播, 2021(5): 82-86.

解决广告运作的智能化处理中面临的问题，属于人工智能技术在广告产业的边际应用和创新。目前来看，其包括以下几个方面。

（1）基于自然语言理解的消费者洞察。在传统广告时代，消费者洞察依靠的是小样本的调查与广告人的经验判断，这种消费者洞察可能会存在一定的偏差，严重时导致广告策略失败。基于自然语言理解的消费者洞察能够对大数据带来的大量无章法的消费者信息和数据进行处理，全景式地对消费者的信息进行认知、理解和判断，展现真实、鲜活的消费者信息。

（2）基于智能推理的广告策略分析。在传统广告时代，广告策略将广告理论、产品情况、消费者洞察相结合进行分析，由于信息的不完全及人力、精力的有限性，广告策略更多的是依靠经验判断，形成针对大多数人的较为单一、粗放的策略，无法达到个性化。在人工智能时代，根据相关的广告理论、产品情况与消费者洞察，依靠智能推理形成大量个性化、有针对性的广告策略。

（3）基于智能学习的广告内容创作。在传统广告时代，广告创作依靠的是广告人的创意性思维，由于个人思维的局限性，创意的数量及内容相对有限。应用智能学习中的演绎学习、类比学习等机器学习方法，能创作大量可挑选的广告内容。

（4）基于智能推理的广告智能推荐。传统广告时代，广告推荐是大众化、千人一面的，很难有效抵达受众，甚至使那些对广告不感兴趣的受众感到厌烦。如今，根据消费者的洞察，结合智能推荐的方法和广告内容，对消费者进行千人千面、个性化的广告推荐。

（5）基于机器学习的广告效果深度应对与网络广告监管。传统的广告领域，广告效果应对是粗放和直接的。大数据时代下，关于广告效果的海量信息无法处理。在智能时代，可以根据数据挖掘对消费者的广告效果进行追踪并基于机器学习实现深度的个性化应对。在广告监管方面，相对传统媒体，海量的网络广告给广告监管带来了挑战。传统媒体广告审查量较小，比如，央视每年大概只有1万条广告，而互联网广告数量庞大，比如，百度累计广告物料超过30亿次，每日4 500万次，每小时25%的广告主更新物料。[①]海量的网络广告超出了人力监管的能力，造成了网络虚假广告泛滥、违法广告丛生，严重扰乱了广告市场秩序。人工智能时代，可以通过机器学习中的机械学习、监督学习及类比学习对虚假违法广告进行追踪并智能化处理。

下面我们就人工智能、机器学习和深度学习的概念做一些基础介绍，限于内容篇幅，我们只对其中部分算法做简单介绍，对算法的具体实现方法感兴趣的读者可以阅读相关计算机类书籍。

---

① 【精彩视频】姚志伟：《互联网广告监督管理暂行办法》的出台背景、主要争议及影响[EB/OL]. (2016-12-26). https://mp.weixin.qq.com/s/sH6sXY1zZOiWmze-l5y5FQ.

5.2.1 机器学习与深度学习

1. 机器学习

机器学习是一门多领域交叉学科，涉及概率论、统计学、逼近论、凸分析、算法复杂度理论等多门学科，专门研究计算机如何模拟或实现人类的学习行为，以获取新的知识或技能，重新组织已有的知识结构，使之不断改善自身性能。它是人工智能的核心，是使计算机具有智能的根本途径。

机器学习属于人工智能领域的统计学流派，其发展历经多次高峰和低潮，从20世纪50年代开始至今，大约可以分为四个阶段。[1][2]

（1）萌芽期。20世纪50年代中叶至60年代中叶处于萌芽期，人们试图通过软件编程来操控计算机从而完成一系列的逻辑推理，进而使计算机具有一定程度上类似人类的智能思考能力，然而这个时期计算机推理的结果远远没有达到人们对机器学习的期望。通过进一步研究发现，只具有逻辑推理能力并不能使机器拥有智能。研究者们认为，使机器拥有智能的前提必须是拥有大量的先验知识。

（2）发展期。20世纪60年代中叶至70年代中叶，这个时期主要研究将各个领域的知识植入系统里，在本阶段的目的是通过机器模拟人类学习的过程，同时还采用了图结构以及逻辑结构方面的知识进行系统描述。在这一研究阶段，主要是用各种符号来表示机器语言，研究人员在进行实验时意识到学习是一个长期的过程，从这种系统环境中无法学到更加深入的知识，因此研究人员将各专家学者的知识加入系统里，实践证明这种方法取得了一定的成效。在这一阶段具有代表性的工作有海斯-罗思（Hayes-Roth）和温斯顿（Winson）的对结构学习的系统方法。[3]

（3）复兴期。20世纪70年代中叶至80年代中叶称为复兴时期。在此期间，人们从学习单个概念扩展到学习多个概念，探索不同的学习策略和学习方法，且在本阶段已开始将学习系统与各种应用结合起来，并取得很大成效。同时，专家系统在获取知识方面的需求也极大地刺激了机器学习的研究和发展。在出现第一个专家学习系统之后，示例归纳学习系统成为研究的主流，自动获取知识成为机器学习应用的研究目标。1980年，在美国的卡内基梅隆大学（CMU）召开了第一届机器学习国际研讨会，标志着机器学习研究已在全世界兴起。此后，机器学习开始得到大量应用。[3]

（4）繁荣期。20世纪80年代中叶至今，机器学习达到了一个繁荣时期，机器学习已成为新的学科，它综合应用了心理学、生物学、神经生理学、数学、自动化和计

---

[1] 陈春霞. 浅析机器学习的发展与应用[J]. 信息系统工程，2017(8)：99-100.
[2] 韩阳，孙佳泽，王昊天. 浅谈人工智能的发展历程及瓶颈[J]. 数字通信世界，2019(6)：124.
[3] （一）机器学习简介[EB/OL]. (2022-05-25). https://zhuanlan.zhihu.com/p/519787370?U.

算机科学等，形成了机器学习理论基础。它还融合了各种学习方法，且形式多样的集成学习系统研究正在兴起。同时，机器学习与人工智能各种基础问题的统一性观点正在形成。[①]机器学习蓬勃发展并演化出众多分支，如数据挖掘、深度学习、语音识别、生物信息学、模式识别等。[②]尤其是进入21世纪后，由于这一时期互联网大数据以及硬件GPU的出现，机器学习走出了瓶颈期，开始爆炸式发展，各种机器学习算法不断涌现，而利用深层次神经网络的深度学习也得到进一步发展。[③]

传统机器学习从一些观测（训练）样本出发，试图发现不能通过原理分析获得的规律，实现对未来数据行为或趋势的准确预测。机器学习包含的主要算法有逻辑回归（Logistic Regression，LR）、隐马尔可夫模型（Hidden Markov Model，HMM）、支持向量机、K近邻、人工神经网络、AdaBoost、贝叶斯网络（Bayesian Network，BN）和决策树（decision tree）等。

（1）逻辑回归又称逻辑回归分析，是分类和预测算法中的一种，其通过历史数据的表现对未来结果发生的概率进行预测。例如，我们将购买的概率设置为因变量，将用户的特征属性，如性别、年龄、注册时间等设置为自变量，就可以根据特征属性计算出购买的概率。[④]

（2）隐马尔可夫模型是一种结构最简单的动态贝叶斯网的生成模型，也是一种著名的有向图模型。隐马尔可夫模型是关于时序的概率模型，描述由一个隐藏的马尔可夫链随机生成不可观测的状态的序列，再由各个状态随机生成一个观测而产生观测的序列的过程[⑤]，它是典型的自然语言中处理标注问题的统计机器学模型。

（3）支持向量机是20世纪90年代中期发展起来的基于统计学习理论的一种机器学习方法，通过寻求结构化风险最小来提高学习机泛化能力，实现经验风险和置信范围的最小化，从而达到在统计样本量较少的情况下亦能获得良好统计规律的目的。[⑥]通俗来讲，它是一种二分类模型，其基本模型定义为特征空间上间隔最大的线性分类器，即支持向量机的学习策略便是间隔最大化，最终可转化为一个凸二次规划问题的求解。[⑦]

（4）K近邻是最简单的预测模型之一，它没有多少数学上的假设，也不要求任何复杂的处理，对于一个未知的样本，KNN可以根据离它最近的K个样本的类别来判断

---

① 陈海虹，黄彪，刘峰，等. 机器学习原理及应用[M]. 成都：电子科技大学出版社，2017: 2-19.
② 余殿博. 基于人工智能下的机器学习历史及展望[J]. 电子技术与软件工程，2017(4): 129.
③ Machine Learning——揭开机器学习的面纱[EB/OL]. (2020-04-07). https://blog.csdn.net/qq_38249388/article/details/ 105377118.
④ 数据中台：从0到1打造一个离线推荐系统[EB/OL]. (2021-04-27). https://new.qq.com/rain/a/ 20210427A07LFX00.
⑤ 机器学习[EB/OL]. https://www.zhihu.com/column/c_1323568649978757120?utm_id=0.
⑥ SVM 支持向量机之证明 SVM （三）[EB/OL]. (2018-10-19). https://blog.csdn.net/qq_30534935/article/details/83182659.
⑦ SVM 原理[EB/OL]. (2021-09-06). https://blog.csdn.net/qq_56201448/article/details/120146007.

它的类别。①

（5）人工神经网络是20世纪80年代以来人工智能领域的研究热点，是机器学习的一个重要部分，尤其是深度学习等重要基础。它从信息处理角度对人脑神经元网络进行抽象，建立某种简单模型，按不同的连接方式组成不同的网络。在工程界与学术界也常直接简称为神经网络或类神经网络。神经网络是一种运算模型，由大量的节点（或称神经元）相互连接构成。每个节点代表一种特定的输出函数，称为激励函数（activation function）。每两个节点的连接都代表一个对于通过该连接信号的加权值，称之为权重，这相当于人工神经网络的记忆。网络的输出则依网络的连接方式、权重值和激励函数的不同而不同。而网络自身通常都是对自然界某种算法或者函数的逼近，也可能是对一种逻辑策略的表达。10多年来，人工神经网络的研究工作已经取得了很大的进展，其在模式识别、智能机器人、自动控制、预测估计、生物、医学、经济等领域已成功地解决了许多现代计算机难以解决的实际问题，表现出良好的智能特性。②

（6）AdaBoost是Boosting（提升方法）中的典型算法，Boosting是将弱学习器算法提升为强学习算法的统计学习方法。AdaBoost就是一种迭代算法，其核心思想是针对同一个训练集训练不同的分类器（弱分类器），然后将这些弱分类器集合起来，构成一个更强的最终分类器（强分类器），最终达到提高数据分类能力的目的。③

（7）贝叶斯网络，又称信念网络（belief network）或是有向无环图模型（Directed Acyclic Graphical Model），是一种概率图形模型，是贝叶斯方法的扩展，是目前不确定知识的表达和推理领域最有效的理论模型之一。④

（8）决策树是一种基本的分类与回归方法。决策树模型呈树形结构，在分类问题中，表示基于特征对实例进行分类的过程。它可以被认为是if-then规则的集合，也可以被认为是定义在特征空间与类空间上的条件概率分布，其主要优点是模型具有可读性，分类速度快。⑤

2. 深度学习

深度学习是机器学习领域中一个新的研究方向，它被引入机器学习使其更接近最初的目标——人工智能。深度学习是学习样本数据的内在规律和表示层次，这些学习过程中获得的信息对如文字、图像和声音等数据的解释有很大的帮助。它的最终目标是让机器能够像人一样具有分析学习能力，能够识别文字、图像和声音等数据。深度

---

① K近邻算法[EB/OL].（2020-03-03）.https://zhuanlan.zhihu.com/p/475038438.

② 人工神经网络（一）概述[EB/OL].（2019-06-27）.https://blog.csdn.net/qq_45293031/article/details/93854391.

③ 集成学习-Boosting 集成学习算法 AdaBoost[EB/OL].（2020-10-12）.https://blog.csdn.net/iqdutao/article/details/108719059.

④ 贝叶斯学习（二）[EB/OL].（2020-07-24）.https://blog.csdn.net/shmilyam/article/details/107564861.

⑤ 第五章 决策树[EB/OL].（2021-11-09）.https://blog.csdn.net/dzkdyhr1208/article/details/121226867.

学习是一个复杂的机器学习算法，在语音和图像识别方面取得的效果远远超过先前的相关技术。①

深度学习在搜索技术、数据挖掘、机器学习、机器翻译、自然语言处理、多媒体学习、语音、推荐和个性化技术，以及其他相关领域都取得了很多成果。深度学习使机器模仿视听和思考等人类的活动，解决了很多复杂的模式识别难题，使人工智能相关技术取得了很大进步。②

深度学习是神经网络发展到一定时期的产物，也经历了从萌芽到发展、繁荣的阶段。神经网络模型可以追溯到1943年沃伦·麦卡洛克（Warren McCulloch）等提出的McCulloch- Pitts（麦卡洛克-皮茨）计算结构，它大致模拟了人类神经元的工作原理。1958年，弗兰克·罗森布拉特（Frank Rosenblatt）教授提出了感知机模型，明斯基教授和帕普特教授于1969年证明了感知机模型只能解决线性可分问题，此后10多年的时间内，神经网络领域的研究基本处于停滞状态。③

20世纪80年代，计算机飞速发展，计算能力也有了质的飞跃。1986年，大卫·鲁梅尔哈特（David Rumelhart）教授团队在《自然》（Nature）上发表文章，提出了反向传播（Back Propagation, BP）算法。BP算法的提出不仅有力地回击了明斯基教授等的观点，更引领了神经网络研究的第二次高潮。随后，玻尔兹曼机、卷积神经网络（Convolutional Neural Networks，CNN）、循环神经网络（Recurrent Neural Network，RNN）等神经网络结构模型均在这一时期得到了较好的发展。③

2006年，机器学习领域泰斗杰弗里·辛顿（Geoffrey Hinton）及其团队在《自然科学杂志》（Science）上发表了具有突破性的文章，首次提出了"深度学习"的概念，该理论的提出再次激起了神经网络领域研究的浪潮。此后，随着大数据时代的到来、"互联网+"模式的发展，以及计算机算力的飞速提高，深度学习开始渗透到各行各业，神经网络也迎来了发展的春天。2011年，吴恩达领导Google科学家们用16 000台电脑成功模拟了一个人脑神经网络；2012年，辛顿团队将深度学习应用于ImageNet，并取得了惊人的识别效果；2013年，欧洲委员会发起模仿人脑的超级计算机项目，随后百度、腾讯和京东等公司宣布成立深度学习研究院。2016年，AlphaGo击败围棋世界冠军李世石，给深度学习的应用带来了震撼性的效果，随后，每个行业都研究如何在本行业中应用深度学习技术。④

深度神经网络（Deep Neural Networks，DNN）。深度神经网络是一种判别模型，

---

① 神经网络与深度学习（课程分享一）[EB/OL]. (2023-03-19). https://blog.csdn.net/qq_49669611/article/details/129656819.
② 胡侯立，魏维，胡蒙娜. 深度学习算法的原理及应用[J]. 信息技术，2015(2)：175-177.
③ 一文读懂深度学习算法的技术原理及5个领域实践（1图像、2语音、3文本、4数据分析、5视频）[EB/OL]. (2021-05-07). https://zhuanlan.zhihu.com/p/370465231.
④ 付文博，孙涛，梁藉，等. 深度学习原理及应用综述[J]. 计算机科学，2018，45(B06): 11-15, 40.

可以使用反向传播算法进行训练，权重更新可以使用随机梯度下降法进行求解。广义上，深度神经网络是深度学习的总称，包括其他一系列的神经网络结构，如卷积神经网络、循环神经网络等；狭义上，深度神经网络仅指代只有全连接的网络结构。①

深度神经网络是一种具备至少一个隐含层的神经网络，所谓的深度也就是指网络当中隐含层很深。与浅层神经网络类似，深度神经网络也能够为复杂的非线性系统提供建模，通常包括如下几种网络结构：卷积神经网络、循环神经网络、区域卷积神经网络（RCNN）、长短期记忆网络（LSTM）。①

深度信念网络（Deep Belief Network，DBN）。深度信念网络是一种包含多层隐单元的概率生成模型。将多个受限的玻尔兹曼机堆积在一起，然后采用无监督逐层训练方法，以贪婪的方式进行训练，就得到了深度信念网络，它是一个可以对训练数据进行深层表达的图形模型。①

卷积神经网络。卷积神经网络是在模式识别、图像处理领域的一种高效且稳定的方法，它通过局部感知、共享权值、空间或时间上采样来充分利用数据本身包含的局部特性，以优化网络结构，保证一定程度上的位移和变形的不变性。②

循环神经网络。对于涉及序列输入的任务，如语音和语言，利用 RNN 能够获得更好的效果。RNN 一次处理一个输入序列元素，同时维护网络中隐式单元中包含过去时刻序列元素的历史信息的"状态向量"。如果是深度多层网络不同神经元的输出，就会考虑这种在不同离散时间步长的隐式单元的输出。①

卷积深度置信网络（Convolutional Deep Belief Network，CDBN）。在结构上，CDBN 与 CNN 相似。因此，与卷积神经网络类似，卷积深度置信网络也具备利用图像二维结构的能力，与此同时，卷积深度置信网络也拥有深度置信网络的预训练优势。卷积深度置信网络提供了一种能被用于信号和图像处理任务的通用结构，也能够使用类似深度信念网络的训练方法进行训练。

5.2.2 自然语言生成、图像文本识别技术、图像生成、语音和视频技术

智能广告的全流程、整链条中，需要用到音频、视频、图像和文本等的识别、生成技术，以上技术主要依靠机器学习、深度学习等 AI 技术运用，下面主要介绍自然语言生成（机器写作）、图像文本识别、图像生成、语音技术、视频技术等。

1. 自然语言生成（机器写作）

机器写作，是人工智能在传媒业的一种应用，主要包括机器新闻写作、机器广告

---

① 深度学习介绍与分类[EB/OL]. (2019-09-05). https://zhuanlan.zhihu.com/p/81326071.
② 一文读懂深度学习算法的技术原理及5个领域实践（1图像、2语音、3文本、4数据分析、5视频）[EB/OL]. (2021-05-07). https://zhuanlan.zhihu.com/p/370465231.

文案生成等，自然语言生成（Natural Language Generation，NLG）是其核心技术。

自然语言生成是指计算机具有和人一样的表达、写作功能，即能够根据一些关键信息及其在机器内部的表达形式，经过规划后自动生成一段高质量的自然语言文本。自然语言生成技术的发展，经历了由传统文本生成方法到神经网络生成方法的转变。[①]

1）传统文本生成方法

基于模板或规则的方法是文本生成任务中早期的使用方法。方法的本质相当于同义词替换的"填空"过程，其原理是通过抽取语义相似句子的共同特征，形成由变量和固定词组成的系列模板，再通过检索语义相似的模板，在具体生成任务中将其变量替换。[②]这种方法生成思路简单，但存在模板不够灵活、文本生成质量较低的缺陷。

统计语言模型是另一种传统文本生成方法，用来计算一个词语、句子甚至是文档概率分布的模型，能够使计算机从概率角度预测下一个词语或句子出现的可能性及语义合法性。[③]常见的统计语言模型包括 N 元文法模型、马尔可夫模型、最大熵模型、决策树模型等。[②]

2）基于神经网络的生成模型

目前文本生成领域常用的神经网络模型主要包括 Seq2Seq 模型、VAE 模型、GAN 模型、Transformer 模型四类。[④]

（1）Seq2Seq 模型。Seq2Seq 采用基础的编码器-解码器（Encoder-Decoder）结构。编码器可以将句子编码成一个能映射其大致内容的固定长度的潜在向量，然后通过解码器将其还原为目标序列。[④]

（2）VAE 模型。VAE 模型也采用了编码器-解码器的框架，VAE 变分自编码器，是在自编码器（Auto-Encoder）的基础上添加了隐变量，并将训练数据指定为一个联合概率分布，即编码器端将输入的高维数据先映射成符合某种概率分布的低维隐变量，解码器端按照条件概率由隐变量还原为目标数据。[④]

（3）GAN 模型。GAN（Generative Adversarial Networks，生成对抗网络）由生成器和判别器构成，其基本原理是将生成器生成的样本和真实数据输入判别器中进行真假判断，通过迭代训练，直至生成器的生成样本不能被判别器识别，即可达到理想的生成效果。[④]

（4）Transformer 模型。Transformer 由 Google 团队在 2017 年提出，模型也是采用编码器-解码器架构，是完全采用注意力机制来实现加速深度学习算法的生成模型。

---

① 司畅，张铁峰. 关于自然语言生成技术的研究[J]. 信息技术，2010，34(9)：108-110.
② 蒋锐滢，崔磊，何晶，等. 基于主题模型和统计机器翻译方法的中文格律诗自动生成[J]. 计算机学报，2015，38(12)：2426-2436.
③ 姜倩盼. 自然语言处理的挑战与未来[J]. 信息与电脑(理论版)，2013(7):219-221.
④ 张晨阳，杜义华. 短文本自动生成技术研究进展[J]. 数据与计算发展前沿，2021(3)：111-125.

Transformer 模型能并行化处理，模型生成效率高，但时间复杂度也较大，同时 Transformer 需要事先设定输入长度，对长序列关系的捕捉也有一定限制。①

2. 图像文本识别

在图片广告的监控环节，需要对图像内容进行识别，以期发现不合法、不合规的广告，在此用到的技术主要是图像识别技术。图像识别，是指利用计算机对图像进行处理、分析和理解，以识别各种不同模式的目标和对象的技术，是应用深度学习算法的一种实践应用。②图像的传统识别流程分为四个步骤：图像采集→图像预处理→特征提取→图像识别。③

传统上，图像文本识别主要是基于规则的方法，在实际应用中传统图像文本识别常常采用谷歌维护的 Tessemct 框架进行识别，Tessemct 框架支持超过 100 种语言的识别，是目前使用最简单、方便的框架。

深度学习兴起后，目前图像文本识别大部分都运用了卷积神经网络和循环神经网络技术，而卷积循环神经网络是目前较为常用的图片长文本识别模型，可识别较长的文本序列。CRNN 最大的优点是它是端到端联合训练的，且可以处理任意长度的文本序列，而不需要涉及字符分割或者水平尺度上的归一化（只需进行竖直尺度的归一化）。CRNN 包含卷积神经网络特征提取层和 BiLSTM（双向长短期记忆网络）序列特征提取层，它利用 BiLSTM 和 CTC（chip to chassis，芯片一体化技术）部件学习字符图像中的上下文关系，有效提升文本识别准确率。在预测过程中，先使用标准的卷积神经网络提取文本图像的特征，利用 BiLSTM 对特征向量进行融合从而提取字符序列的上下文特征，得到每列特征的概率分布，最终通过 CTC 转录层归纳字符间的连接特性得到预测的文本序列。④

3. 图像生成

简单来说，一段简单描述文本自动生成图片的过程，就是文本图像生成。很多广告图片就是采用这种方法自动生成的。文本到图像生成方法是通过机器学习或深度学习的方法，根据文本描述的信息自动生成满足用户所需的虚拟图像。这类方法在简单的语义结构下能够得到较好的成果，但当文本描述的目标信息或场景相对复杂时，图像生成的过程将受到不同程度的影响，最终导致图像结果不理想，包括分辨率低、目标错误、边界混淆、布局错乱等问题。目前具有代表性的基于深度学习的文本到图像

---

① 张晨阳，杜义华. 短文本自动生成技术研究进展[J]. 数据与计算发展前沿，2021(3)：111-125.

② 张曰花，王红，马广明. 基于深度学习的图像识别研究[J]. 现代信息科技，2019(11)：111-112, 114.

③ 图像识别[EB/OL]. https://baike.baidu.com/item/%E5%9B%BE%E5%83%8F%E8%AF%86%E5%88%AB/6263637?fr=aladdin#reference-[1]-1.

④ CRNN——卷积循环神经网络结构[EB/OL]. (2021-04-17). https://blog.csdn.net/weixin_45755332/article/details/115796090.

生成方法主要有直接图像法、分层体系结构法、注意力机制法、周期一致性法、自适应非条件模型法、附加监督法等。

近些年来，随着深度学习理论技术的蓬勃发展，计算机视觉和图像自动化处理技术的研究已获得显著突破。伊恩·古德曼洛（Ian Goodfellow）等首次提出生成对抗网络。作为一种深度学习模型，生成对抗网络是近年来复杂分布上无监督学习最具前景的方法之一。2017年后，基于生成对抗网络的深度机器学习方法，已经被广泛地应用在图像生成的技术中。

GAN运行机制是实现基于深度学习的文本到生成图像技术的基础，GAN是在卷积神经网络基础上拓展的一种深度学习模型，也是近年来复杂分布上无监督学习最具前景的方法之一。作为全新的非监督式架构模型，框架通过主要的两个模块，即生成模型（Generative Model，GM）和判别模型（Discriminative Model，DM）的互相博弈学习过程达到纳什平衡，最终实现逼近真实的最佳输出结果。

4. 语音技术

语音技术是在计算机领域中的关键技术，包括自动语音识别技术（automatic speech recognition，ASR）和语音合成技术（TTS）。在涉及含有语音的广告监管中，自动语音识别技术发挥着重要作用。在文字自动转换为声音的广告生成过程中，语音合成技术是必不可少的技术之一。

自动语音识别技术，也被称为语音识别技术，其目标是将人类语音中的词汇内容转换为计算机可读的输入，如按键、二进制编码或者字符序列。与说话人识别及说话人确认不同，后者尝试识别或确认发出语音的说话人而非其中所包含的词汇内容。[1]语音识别是涉及心理学、生理学、声学、语言学、信息理论、信号处理、计算机科学、模式识别等多个学科的交叉学科。语音识别技术所涉及的领域包括：信号处理，模式识别，概率论和信息论，发声机理和听觉机理，人工智能等。[2]语音识别技术常用的方法有如下四种：基于语言学和声学的方法、随机模型法、利用人工神经网络的方法、概率语法分析，其中最主流的方法是随机模型法。[3]

语音合成技术，又称文语转换（text to speech）技术，能将任意文字信息实时转化为标准流畅的语音朗读出来，相当于给机器装上了人工嘴巴。它涉及声学、语言学、数字信号处理、计算机科学等多个学科技术，是中文信息处理领域的一项前沿技术，解决的主要问题就是如何将文字信息转化为可听的声音信息，也即让机器像人一样

---

[1] 语音识别技术的相关知识[EB/OL]. (2019-07-08). https://cloud.tencent.com/developer/article/1459385.
[2] 语音识别技术简述[EB/OL]. (2004-12-13). https://blog.csdn.net/compiler/article/details/214657.
[3] 语音识别技术[EB/OL]. (2023-06-13). https://baike.baidu.com/item/%E8%AF%AD%E9%9F%B3%E8%AF%86%E5%88%AB%E6%8A%80%E6%9C%AF/5732447?fr=aladdin.

开口说话。①为了合成高质量的语言，除了依赖于各种规则，包括语义学规则、词汇规则、语音学规则外，还必须对文字的内容有很好的理解，这也涉及自然语言理解的问题。②

5. 视频技术

与智能广告密切相关的视频技术主要有视频理解、视频生成等。视频理解在广告领域的主要运用场景包括视频广告的审核、监管等。视频生成未来可用于视频广告的自动生成，目前这项技术还处于初级发展之中。

视频理解包含三大基础领域：动作识别（action recognition）、时序动作定位（temporal action localization）和视频嵌入（embedding）。③

动作识别的目标是识别出视频中出现的动作，通常是视频中人的动作。视频可以看作由一组图像帧按时间顺序排列而成的数据结构，比图像多了一个时间维度。动作识别不仅要分析视频中每帧图像的内容，还需要从视频帧之间的时序信息中挖掘线索。动作识别是视频理解的核心领域，虽然动作识别主要是识别视频中人的动作，但是该领域发展出来的算法大多数不特定针对人，也可以用于其他视频分类场景。④

时序动作定位领域，视频通常没有被剪辑（untrimmed），视频时长较长，动作通常只发生在视频中的一小段时间内，视频可能包含多个动作，也可能不包含动作，即为背景（background）类。时序动作定位不仅要预测视频中包含了什么动作，还要预测动作的起始时刻和终止时刻。相比动作识别，时序动作定位更接近现实场景。④

视频嵌入的目标是从视频中得到一个低维、稠密、浮点的特征向量表示，这个特征向量是对整个视频内容的总结和概括。不同视频嵌入之间的距离（如欧氏距离或余弦距离）反映了对应视频之间的相似性。④

5.2.3　新兴数字技术

1. 虚拟现实

虚拟现实技术，是一种可以创建和体验虚拟世界的计算机仿真系统，它利用计算机生成一种模拟环境，使用户沉浸到该环境中。虚拟现实技术就是利用现实生活中的数据，通过计算机技术产生的电子信号，将其与各种输出设备结合，使其转化为能够

---

① 张斌，全昌勤，任福继. 语音合成方法和发展综述[J]. 小型微型计算机系统，2016(1): 186-192.
② 马晗，唐柔冰，张义，等. 语音识别研究综述[J]. 计算机系统应用，2022，31(1): 1-10. DOI:10.15888/j.cnki.csa.008323.
③ 刘志浩. 基于视频的植入广告识别系统设计与实现[D]. 北京：北京邮电大学，2020. DOI:10.26969/d.cnki.gbydu.2020.001103.
④ 视频理解综述：动作识别、时序动作定位、视频 Embedding[EB/OL]. (2021-10-14). https://baijiahao.baidu.com/s?id= 713584138450335810&wfr=spider&for=pc.

让人们感受的现象，这些现象可以是现实中真真切切的物体，也可以是我们肉眼所看不到的物质，通过三维模型表现出来。因为这些现象不是我们直接能看到的，而是通过计算机技术模拟出来的，故称为虚拟现实。

虚拟现实技术的特征主要有以下几个方面。

（1）沉浸感。通过虚拟现实技术创造的三维立体模拟空间，与现实世界具有极高的相似度，让身处其中的人们产生处于现实世界的非常逼真的感官感受，从而沉浸其中。

（2）交互性。体验者在虚拟世界中触碰虚拟事物，系统可以作出相应反馈，即体验者与虚拟环境的信息交流，体验者要想深入了解虚拟环境中的交互系统，就需要主动参与其中，而不是站立观看，在虚拟现实环境互动中，体验者可以获得理想的触觉感受。

（3）想象性。通过虚拟现实技术创造的模拟环境具备非常大的想象空间，增强了体验者对于虚拟空间的感知能力，不仅能够还原真实世界的场景，同时也能够指引体验者通过丰富的想象科学合理地创建空间，最终使虚拟现实空间达到体验者心中理想的状态。

2. 增强现实

增强现实是一种将虚拟信息与真实世界巧妙融合的技术，广泛运用多媒体、三维建模、实时跟踪及注册、智能交互、传感等多种技术手段，将计算机生成的文字、图像、三维模型、音乐、视频等虚拟信息模拟仿真后，应用到真实世界中，两种信息互为补充，从而实现对真实世界的"增强"。

AR广告是利用AR技术制作并呈现的广告形式，不仅能激发消费者的好奇心，还能通过交互体验刺激消费者的购买行为，使消费者从过去的"被动消费者"变为"能动性消费者"。AR给人们带来了全新的信息呈现方式和更多有趣的互动体验，AR广告具备以下优势。

（1）AR技术通过虚拟体验场景，能强力提升受众的知觉体验，增强其对品牌的感官体验。AR技术可以突破空间限制，对品牌进行个性化、全景化的展示，为受众带来最强烈的视觉满足和品牌前置化体验。它能将真实画面与虚拟场景相结合，通过虚拟的"真实场景"，为受众提供强烈的现实包围感。借助AR的虚实交互体验，能模拟出现实条件下无法表现的细节和创意，使品牌的展示变得更为直观、形象，从而带给受众较强的感官体验。

（2）AR技术使品牌体验互动化，能带给受众强烈的参与感，有助于提高其品牌认知度。对受众来说，基于AR技术的品牌传播与传统传播方式相比，最大的区别就是体验感和参与感。从最传统的户外广告到纸媒，再到今天的数字媒体，从受众的体验来说，在这些信息传播模式下，受众大多是被动的，参与感低。而AR技术可以让静态场景"动起来",使看似平面、静态的信息立体化、动态化,多通道连接品牌与用户,缩短了品牌与用户之间的时间和距离。它集展示、互动、分享于一体,能带给受众强烈的参与感,让受众零距离接触品牌,使其在身临其境的互动体验中,立体化地感受品牌信息。运用 AR 技术,可以融品牌传播于互动体验的乐趣之中,从而有效提升受众对于品牌的好感度,加深用户的品牌记忆。

（3）品牌的 AR 体验通过社交平台的广泛分享,能进一步提升品牌传播力度。AR 是一种新技术、一个新型传播工具。在品牌传播活动中,当新奇的 AR 技术与受众发生紧密联系之后,自然就形成社交热点。成千上万的受众可以通过自己的手机或平板电脑来进行 AR 体验,新颖的 AR 体验会带来品牌与用户、用户与用户之间的情感互动和传播,从而使体验者立即成为活动代言人,通过手机或平板电脑内置的拍照摄影功能将互动画面拍照并分享到微博、微信等各大社交平台,自发带动品牌的二次传播,通过"AR 体验—社交平台分享—口碑传播—再体验"的循环过程,进一步提升了品牌的传播力度。

AR 技术与现代社交媒体的结合,新奇、好玩的传播形式加上社会化网络及时、便捷的传播,改变了传统的点对点的信息传播模式,而直接达到由点到面的群体传播效果,大大降低了品牌宣传成本,能最大化地提高品牌传播效果。

3. 元宇宙

元宇宙并不是凭空出现的新概念,而是信息世界及媒介技术发展到一定阶段的产物,是虚拟世界的数字发达形态。元宇宙是整合多种新技术而产生的新型虚实相融的互联网应用和社会形态。它基于 5G 互联网技术提供高速度、低延时、大容量的带宽服务,利用扩展现实技术（XR: VR、AR、MR）、脑机接口等终端提供沉浸式体验,通过大数据、人工智能、云计算实现数字社会的数据处理,基于数字孪生技术、CG（计算机图形学）动画等视觉技术生成现实世界的镜像,基于区块链技术搭建经济体系,将虚拟世界与现实世界在经济系统、社交系统、身份系统上密切融合,并且允许每个用户进行内容生产和世界编辑。元宇宙的基础设施核心是虚拟技术,包括利用电脑模拟出的三维虚拟空间,具有三"I"特征：交互（interaction）、想象（imagination）和沉浸（immersion）。[1]元宇宙实现了现实物理世界、信息世界和虚拟世界三元世界融合为一体的数字社会进阶形态。在元宇宙中,通过数据技术收集用户的感知和行动数据,再造用户的"数据躯体"。"数据躯体"提升了人在虚拟社会中的主体性,人成为能够超越人类身体的局限、在赛博空间内外拓展人类能力的新型主体。用户借助这一数字分身在现实和虚拟空间中的平行社会穿梭,信息在现实和虚拟空间中流动,用户和信息的互动促进虚实空间的融合,人类在元宇宙中再次回归五感平衡的传播时代。

---

[1] 罗瑞. 元宇宙赋能体育新闻传播的未来图景[J]. 视听, 2022(4): 10-13.

网络及运算技术是元宇宙的基础设施，可为元宇宙提供高速通信、泛在连接以及共享资源等功能，而 5G、6G、物联网、云计算、边缘计算、互联网等在元宇宙中发挥着非常基础的作用。[①]5G 作为新一代信息化基础设施的出现，为元宇宙的沉浸式体验提供可能，6G 作为 5G 的必然演进方向，将打破时间、虚实的限制，为元宇宙的实现提供网络基础。物联网在元宇宙的网络基础设施的实现和发展中将发挥重要作用，虚拟世界与现实世界的泛在连接，离不开大量传感器、智能终端等物联网设备实时采集和处理数据，故物联网可为用户提供真实、持久且顺畅的交互体验，是虚拟世界与现实世界的连接和桥梁。云计算、雾计算与边缘计算赋能元宇宙，元宇宙所需要的身份建模、现实世界与虚拟世界的交互以及多元宇宙之间的互动，都会产生难以想象的海量数据，这离不开云计算的支持；雾计算由终端用户层、雾层及云层构成，雾层的存在极大地缩短了传统云计算的延时，可以自己向用户直接提供服务，还可以利用云层强大的算力和存储能力协同进行服务；雾计算中更加靠近边缘终端的部分，称之为边缘计算，边缘计算可将元宇宙计算所需的大型服务分解为小巧且易于管理的子任务，并将这些任务分散到边缘节点去处理，边缘计算在物理上更接近终端用户，进一步将迟延时间最小化，为用户流畅、优质的体验提供保障。

案例

思考题

1. 智能广告的支撑技术主要包括哪些？
2. 什么是大数据？它在智能广告中起什么作用？
3. 简述 Web 4.0 的基本特征。
4. 简述 5G 技术对智能广告的影响。
5. 什么是物联网？它对智能广告的影响主要体现在哪些方面？
6. 谈谈区块链技术对智能广告产生的影响。
7. 智能广告的核心技术主要包括哪些？
8. 分别说明 VR、AR、MR 的定义及其在智能广告中的运用。
9. 什么是元宇宙？它将如何影响智能广告？

---

① 王文喜，周芳，万月亮，等. 元宇宙技术综述[J]. 工程科学学报，2022(4)：744-756.

第 6 章

程序化广告

本章概述程序化广告：利用计算机技术手段进行广告交易和管理的一种广告形态。程序化广告的发展可以追溯到互联网诞生之初，我国程序化广告的市场发展已历经启蒙初创、资本过热、调整沉淀、头部集中四个阶段。程序化广告有一般竞价广告（auction-based advertising）和程序化交易两种业务模型以及 PDB、PD、PA（private auction，私有竞价）、RTB 四种交易方式，呈现出数据化、智能化、规模化的特点。

6.1 程序化广告的基本概念

6.1.1 程序化广告的定义

程序化广告是指利用技术手段进行广告交易和管理的一种广告形态。[1]程序化购买有效地兼用了数据与广告平台的技术，能够帮助广告主通过最有效率的方式购买媒体广告，确保创意与媒体计划有效实施，从而更符合营销活动的目标。

现在互联网形态下的广告，基本上都是通过程序化购买的方式进行交易和管理。广告主利用程序化方式向媒体（如腾讯、阿里巴巴等）购买资源，数字平台通过算法和技术分析广告主要求的目标受众特征，实现广告向目标受众的精准投放。同样，媒体可以通过程序化售卖自己手中拥有的跨媒体、跨终端（如电脑、手机、平板、互联网电视等）的媒体资源，并对媒体资源进行流量分级，从而给出差异化的定价，比如，不同位置、不同时间段的单个广告定价都不一样。随着大数据和人工智能技术的应用，程序化广告也在飞速发展，推动广告行业向自动化、数字化转型升级。

6.1.2 计算广告的定义

谈到程序化广告就不能不说到计算广告这一概念。计算广告诞生于互联网时代，与互联网信息流动的方式有密切关系。从根本上说，信息流的流动方式由原来的广播式流动，变为广告信息流从源集合到目的集合的精准式流动。这种广告交易模式替代了传统广告业务中的合约交易模式，它能够让广告商通过算法进一步掌握顾客数据，

---

[1] 梁丽丽. 程序化广告：个性化精准投放实用手册[M]. 北京：人民邮电出版社，2017: 10.

引导企业自动将广告投放给合适的用户。2008年,"计算广告"的概念在美国被提出。时任雅虎研究院资深研究员安德雷·布罗德(Andrei Broder)及其研究团队,率先开展有关计算广告的研究。他们对计算广告给出了最初的定义:运用大数据计算技术,为特定场景下的特定用户寻找到一个合格的广告,以实现语境、广告和用户三者的最优匹配,其要解决的核心问题是"在特定语境下特定用户与相应的广告之间形成最佳匹配"[1],形成能够精准投放的广告投放机制。

我国学者认为计算广告经历了从早期的合约广告、定向广告、搜索引擎广告到程序化购买广告的流变,不同于传统广告依靠人的经验和智慧驱动的思维模式,以获取多样化数据和实时计算为基础实现精准化传播的计算主义思维成为主导性理念。[2]有的学者干脆将计算广告等同于程序化广告,认为计算广告的初始模型开始于互联网环境下的竞价模式广告,这种模型包含搜索类广告、网络联盟广告(affiliate ad)等,后来发展到实时竞价模式。[3]实时竞价模式中,购买由软件程序自动完成,所以也被称为程序化广告或自动化购买广告。刘庆振认为,"计算广告是根据特定用户和特定情境,通过高效算法确定与之最匹配的广告并进行精准化创意、制作、投放、传播和互动的广告业态"。[4]从此定义可以看出,计算广告已经初步具备"智能"的基因,利用数据和算法实现匹配是其基本运作模式。计算广告是计算智能的表现,是智能广告的初级形态,大数据和计算能力是计算广告的核心驱动力,也是人工智能广告技术发展的基础。计算广告通过大数据、推荐算法等技术对大量数据进行分析,达到广告的精确受众定向,并且通过计算来调控广告的整个生命周期。

6.1.3 程序化广告与计算广告的异同

程序化广告与计算广告是两个极易混淆的概念。从产品来看,计算广告在不同的阶段有其代表性的产品形态,其中程序化广告因在资源管理上的效率提升和交易售卖的模式变革一度被认为是计算广告的"代名词",但计算广告并不等同于程序化广告。[5]两者既有相同之处,也有各自不同的内涵。

具体而言,它们的联系体现在:首先,程序化广告与计算广告都是智能技术支撑型广告,两者都必须依托于算法、大数据、云计算等相关技术的支持才能实现;其次,两者的根本目标一致,即通过相关技术分析广告主面向的目标受众特征,实现广告、

---

[1] BRODER A Z. Computational advertising and recommender systems[C]//Proceedings of the 2008 ACM Conference on Recommender Systems, 2008: 1-2.
[2] 蔡润珩. 场景融合营销中计算广告作用研究[D]. 郑州:河南大学, 2019.
[3] 刘鹏, 王超. 计算广告:互联网商业变现的市场与技术[M]. 北京:人民邮电出版社, 2015: 324.
[4] 刘庆振, 赵磊. 计算广告学[M]. 北京:人民日报出版社, 2017: 序言一.
[5] 计算广告的形态演变[EB/OL]. (2022-06-24). https://mp.weixin.qq.com/s/47gBB8yiah_B7iDGTKVn1A.

用户与场景的高度适配，从而优化广告的精准投放效果。

它们的区别体现在以下几个方面。

（1）两者的外延不同。学者马涛认为，程序化广告作为计算广告在这一阶段的典型形态，一方面更精准地基于细分流量进行展示，另一方面可以实时对这种精细流量进行出价，即实时竞价技术。[①]也就是说，从数学集合的角度来看，计算广告的外延要比程序化广告的大，计算广告包括程序化广告，程序化广告只是计算广告快速发展至某一阶段、比较有代表性的广告产品形态。学者段淳林同样指出，从信息驱动的时代到数据驱动的时代，再到智能驱动的时代，计算广告逐步实现了从程序化计算广告到智能计算广告，再到认知计算广告的发展与流变。[②]从这里也可以看出，程序化广告是计算广告某一发展阶段的产物。另外，计算广告不仅仅只有程序化广告，还有非程序化广告，比如内容向的广告，如社交平台 KOL（关键意见领袖）内容营销，对于 KOL 的管理、内容选题的策划、互动声量的预估都并非是属于程序化广告的。[①]总之，计算广告既包括常规的程序化广告，也包括各种各样的非程序化广告，其囊括的范围远远大于程序化广告。

（2）利用与被利用的关系。如果说第一点指出了两者是包含与被包含的关系，那么第二点则强调与程序化广告相关的技术、平台、工具等要素已被计算广告全盘挪用，或者说程序化广告已经整体地被内置于计算广告的整个运作流程与生态体系之中，具体表现为："程序化广告作为计算广告的一种广告解决方案或者产品工具，其已经内嵌在当前计算广告的产业运作中，如各大媒体平台自建的私有 DSP，去中间化的趋势下这些超大型的综合投放平台集成了原先程序化广告的基础模块，如 DMP 数据工具、DPA（dynamic product ads，动态商品广告）动态创意工具、建站工具等，形成营销闭环；因此程序化广告本身已经进化迭代。"[①]

（3）两者的侧重点不同。程序化广告的落脚点在于程序化购买，或者说程序化自动交易。程序化购买广告技术平台主要由广告交易平台、需求方平台、供应方平台与数据管理平台组成，它们分工协作、相互配合，通过一系列计算机程序实现在线广告的自动采买。而计算广告则更多关注的是以大数据为核心驱动力的计算。数据是智能决策与用户画像的基础和依据，是计算广告组织运作的核心要素，数据的来源、质量和算法决定了广告匹配的效率，也决定了计算广告的交易价格与价值，成为计算广告最大的驱动力。[②]

6.2　程序化广告的发展与演进

程序化广告的发展可以追溯到互联网的诞生。1993 年，美国 GNN 出售了第一个

---

① 计算广告的形态演变[EB/OL]. (2022-06-24). https://mp.weixin.qq.com/s/47gBB8yiah_B7iDGTKVn1A.
② 段淳林. 计算广告的发展对广告学的冲击与挑战[J]. 中国广告, 2020, 323(11): 26-28.

可点击的网页横幅广告。在我国，第一个互联网广告是 1997 年 IBM 和 Intel 在 ChinaByte 网站上发布的广告。基于当时的环境，此类广告一般被称为网页展示广告，是互联网广告的最早形态，还没有出现程序化形式的广告购买。当时网站对广告展示位进行出售，计费方式主要是 CPT、CPM，除了网站的正常广告展示位，为了增加广告收入，同时增加用户的点击，也推出了基于 JavaScript 的弹窗、悬浮、移动等广告形式。当时互联网广告媒体企业主要是具有超大浏览量的互联网门户网站，如雅虎、新浪、搜狐等。

2000 年左右，互联网处在飞速发展的浪潮之中，各行各业涌现出大量网站，网民人数随之爆发式增长。这时期访问量稍大的网站基本都设置有广告位，但是除了一些门户网站，中小网站却难以售出自己的广告位，与此同时，广告主也发现难以购买到合适的互联网广告位，出现了售出渠道和购买渠道没有打通的困局。为了解决类似问题，顺理成章地诞生了广告网络，广告网络聚合了网络上非常多网站的广告位资源，广告主可以通过广告网络方便地购买广告位，也不用自己再费时费力去寻找合适网站上的广告位了。交易形式由低效的一对一，进化为高效的多对多，形成了一个相对完备的交易网，资源整合的结果是将商务谈判、售卖模式、广告形式等广告交易所必需的环节标准化，极大地提高了广告交易的效率。这个时期一般被称为"网盟时期"。

1998 年，好耶建立了中国第一个广告网络；2003 年，百度成立了百度联盟及百度主题推广，中国广告网络开始快速发展。2007 年，随着雅虎收购 RightMedia、Google 收购 DoubleClick、微软收购 AdECN，广告交易平台进入高速发展期。DoubleClick 很早就开始使用 Cookie 记录用户偏好来决策给用户展示的广告，这是大数据精准广告的雏形，之后的广告精准投放在此基础上，收集更多的数据，采用更加复杂的算法，进行更精细化和规模化的应用。网盟时期，媒体的资源得到了比较合理的整合，互联网媒介平台的经济效益提高了，广告主可以更加便捷地购买广告，成本下降，效率更高。但是，网盟广告还存在一些问题需要进一步解决。比如，网盟广告平台之间的数据不能共享互通，某一媒体资源只能在一个网盟广告平台中进行售卖，不能在其他平台购买，导致广告资源垄断，广告主无法货比三家，没有最大限度地保障自身利益、降低成本。另外，广告主为了最大范围地覆盖受众，理论上就要购买覆盖全网资源的广告，与多家网盟广告平台进行交易，不但成本提升，而且会浪费广告费用。

为了解决此类问题，程序化广告交易平台应运而生。在程序化广告交易平台上，投放系统可以基于媒体、联盟、流量市场的开放接口，快速拥有全网的流量，从而解决网盟只有部分流量的问题；平台上的广告资源都明码标价并且能进行全网比价，因此，也能满足广告主货比三家、降低成本的需要。从理论上来说，广告主能选择的资源达到了最大化，媒体可售流量也可以达到最大值，同时全网大数据也可以促进实现更精准的用户投放，提升用户体验。

从中国程序化广告的市场变化情况及趋势来看，其发展轨迹可以分为四个阶段。

第一个阶段是 2012 年至 2013 年，为启蒙发展时期。2010 年至 2011 年，在国外 ADX 的启发下，国内诞生了少数 ADX；谷歌 DoubleClick Ad Exchange 在中国试运营，阿里妈妈发布了广告交易平台 Tanx。2012 年被业界称为中国程序化广告元年，从当年开始，中国程序化广告市场进入探索期，百度、腾讯、新浪等上线了广告交易平台，程序化市场呈现爆发性增长。2012 年至 2013 年期间，产生了较多的 ADX、DSP、SSP。

第二个阶段是 2014 年至 2016 年，为资本过热期。这个时期程序化广告市场份额增长迅猛，产生了大量的 DSP、ADX 公司及其他广告技术服务商，如百度 DSP 和 DMP、阿里达摩盘 DMP、腾讯广点通 DMP 等相继发布；同时资本大量涌入，促进了程序化市场的发展，但也带来了无序扩张，很多企业为了融资、业绩等进行虚假操作，构建虚假流量、在 DSP 欺骗广告主，导致了程序化市场上产生大量的市场泡沫。尤其是 DSP 为了增加广告主的预算，便利用自身优势进行流量作弊欺骗广告主，当广告主发现广告效果没有达到预期时，就会对 DSP 产生怀疑，不再信任 DSP。另外，DSP 之间的竞争白热化，平台为了获得广告主预算，不断压低出价，导致最终无法正常进行 RTB 交易，促进了 DSP 违规作弊。更有甚者，某些企业主管部门领导为了套取公司的广告业务经费，竟然联合 DSP 一起作弊，套现企业巨额的广告费用。这些事情都导致 DSP 名声急剧下滑，从而进入调整期。

第三个阶段是 2017 年至 2019 年，为调整沉淀期。这个时期一些为了圈钱进入市场的平台逐渐被淘汰，为了解决平台作弊的问题，留下来的平台专注于技术的提升，尤其是对广告流量、广告效果的监测，同时也产生了一些独立的第三方监测平台。广告主为了保证自身广告效益，防止平台作弊、骗取广告流量，对平台提出了流量的透明化要求，要求能监视自己投放的广告，对广告效果能进行预估计算，甚至某些实力较大的广告主自己建立了 DSP；同时为了更精确地投放给目标客户，有实力的广告主利用掌握的客户群体数据建立自己的 DMP。对于媒体来说，自身掌握着很大的广告媒体资源，为了盘活自身资源，将流量控制在自己手中，也倾向于建立自己的 ADX、SSP；为了将自身资源更加合理地利用，媒体对自己的流量进行了分级，并用不同的方式进行售卖，最好的流量以程序化直接购买方式进行售卖，一般是卖给大品牌的广告主，汽车类如宝马、奔驰等；稍次的流量以优先购买、私有竞价的模式进行售卖；再次的流量以 RTB 的模式放入公共 ADX 市场进行交易。

第四个阶段是 2020 年至今，程序化广告进入头部集中期。自 2016 年程序化广告市场渐入调整期之后,广告头部企业依靠自身强大的资本和拥有的海量媒体资源,在竞争中越做越大,形成了腾讯系、阿里系、字节系、百度系等头部广告巨头。原来做独立程序化广告交易的平台,不能像头部广告巨头一样拥有流量资源,也不具备海量商业数据,由于缺乏程序化广告交易平台所依赖的两项核心资源,在竞争中慢慢处于劣势,要么被淘汰出局,要么被头部广告企业收购;如品友互动、舜飞科技、悠易互通、壁合科技、力美科技、新数网络等独立 DSP 企业的业务都受到较大影响。头部企业的程序化广告发展相对迅猛,它们选择自建 ADX 和 DSP,同时提供投放辅助工具如 DMP 数据工具、DPA 动态创意工具、建站工具等,几大头部企业各自形成营销闭环,各媒体间相对独立。广告投放基本以广告主或广告代理在媒体私有 DSP 直接开户投放为主,在巨头媒体自建平台生态影响下,第三方 DSP 基本无生存空间,所以第三方服务商的生存空间越来越小,去中间化明显。巨量引擎和阿里妈妈 Tanx 相继于 2019 年 7 月和 8 月关闭了对接独立第三方 DSP 的 ADX 接口,只开放给大广告主的私有 DSP 或者限定的几家投放量大的独立 DSP。大部分独立 DSP 的流量池受到挤压,投放效果也受到了媒体自有 DSP 的挑战。①

  同期,很多新形态的广告形式也出现并得到重视,如信息流广告、短视频广告等。随着线上程序化广告市场的逐渐饱和,原来不在互联网资源范畴的户外广告以及电视广告等也被资本看中,资本正在进入这些领域进行洗牌,随着调整结束,这些领域也逐渐会被纳入程序化的模式进行运作。

  图 6-1 为 2022 年中国程序化广告技术生态图。从该图中可以窥见程序化广告的最新变化。在 Super Platforms(综合大型投放平台)一栏中,占据主导地位的依旧是 BAT,但是新增了 HUAWEI Ads(目前已经升级并改名为"鲸鸿动能"),致力于为华为终端用户提供广告营销业务;在 DSP & DSPAN(程序化广告采购方)部分,虽然面临着超级平台的竞争压力,但是仍然有新企业进入该细分领域,如 Sigmob(创智汇聚科技)、LinkedME(微方程科技);在 Ad Exchange SSP(程序化广告供应方)部分,新增了 HUAWEI Ads 和 ADSCOPE(倍孜网络);在 Trading Desk & Tech(采购交易平台及技术)部分,新增了买量小飞机;在 Data Supplier & Data Management(数据提供和管理)和 Programmatic TV(程序化电视广告)两个部分,HUAWEI Ads 都是新进入者;在 Measurement & Analytics(监测分析工具)部分,新增了一家总部位于美国硅谷的独角兽互联网企业——Branch;在 Programmatic DOOH(程序化数字户外广告)部分,Asiaray(雅仕维)和滴滴则是新加入的,后者推出的车载广告虽然备受争议,但其广告前景不容小觑。

  图 6-2 为 2016 年中国程序化广告技术生态图。可以看出,从 2016 年到 2022 年,

---

① 一名程序化广告老从业者的十年总结[EB/OL]. (2021-04-20). https://zhuanlan.zhihu.com/p/343365932?utm_id=0.

图 6-1　2022 年中国程序化广告技术生态图

资料来源：《中国程序化广告技术生态图》2022 年中更新版发布[EB/OL].(2022-07-12).
https://www.rtbchina.com/china-programmatic-ad-tech-landscape-2022-mid-year-update.html.

图 6-2　2016 年中国程序化广告技术生态图

资料来源：《中国程序化广告技术生态图》2016 年 1 月号更新发布[EB/OL].(2016-01-29).
https://www.rtbchina.com/china-programmatic-ad-tech-landscape-jan-2016-update.html.

中国的程序化广告市场发生了巨大的变化。其中变化最大的是 2022 年的 Super Platforms 的数量大大增加,涌现了以巨量引擎和阿里妈妈等为代表的超级互联网平台;另外一个比较大的变化是:由于物联网、5G、大数据等技术的大规模普及,以往沉寂许久的户外广告也借助技术的东风在 2022 年重新焕发光彩,程序化数字户外广告成为智能广告行业新的增长点。

6.3 程序化广告的业务模型

程序化广告利用数字技术显著优化广告效率、效果,对比传统广告优势明显。传统广告因操作流程复杂、投放效果难以量化等问题而存在一定的限制。而在程序化广告模式下,广告主将内容通过 DSP 投放到 ADX,流向 SSP 及媒体,通过数字技术实现从预定义人群的广泛营销到自定义人群的精准营销。该模式减少广告浪费现象的同时,为广告主提升了转化率,使其能获取更多优质客户;并为媒体端尤其是长尾流量提升填充率,提升广告质量。程序化广告模型的发展变化主要经历了两个阶段:第一个是一般竞价广告阶段,第二个是程序化交易广告阶段。

6.3.1 一般竞价广告业务模型

一般来说,竞价广告包含搜索引擎广告和网络联盟广告等类型,但背后的核心是竞价技术。基于竞价技术的广告流程如图 6-3 所示。

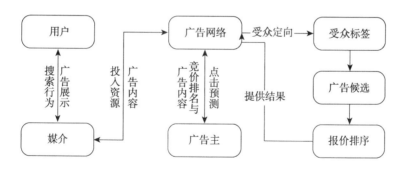

图 6-3 基于竞价技术的广告流程

广告网络,也称为广告联盟或者网盟广告,是一种存放广告资源及具有处理能力的产品,也可以理解为网络中的一种广告中介,不是一般意义上的物理网络。与传统合约广告相比,竞价广告所售卖的并不是广告位,而是按标签定向的受众人群。拥有广告资源的媒介,将用户接触媒介产生的搜索行为传递给广告网络,并且将广告资源投入广告网络当中。广告主将其广告意图或制作的广告投入广告网络当中,广告网络对广告进行分类处理，打上不同的标签体系。同时，广告网络通过上下文的受众定向给受众打上标签，将广告标签与受众标签匹配，选择出候选的广告并排序，通过点击率预测向广告主展示广告报价，而不同的广告主可以通过竞价的形式购买这一广告资源。最终，根据广告主不同的报价，分别展示不同广告主的广告。这里需要说明的是，广告网络中的广告排序依据是广告主的报价，而这个报价是广告主根据点击预测进行的报价而预存在广告网络系统当中的。

广告网络一般具有的优势主要有：卖方聚合流量规模效应带来价格及利润的优势和空间；交易模式相对成熟，卖方可按媒体垂直分类打包售卖；卖方以卖媒体流量为主，按媒体属性分类。但是，广告网络同样具有一些不足的地方：对于买方来说，广告网络之间相互独立，资源没有共享，为了达到较好的广告效应，需要向多家广告网络购买资源；售卖的长尾流量居多，不够高大上，尤其对于大品牌广告主的吸引力下降；售卖的流量相对"模糊"，对于买方，数据反馈不够及时、黑盒操作、无法积累数据资产。[①]正是由于以上问题，实时竞价模式应运而生。

6.3.2 程序化交易业务模型

竞价广告虽然将互联网剩余流量充分利用起来，但是人群标签是由广告网络和媒介平台制定的，难以满足广告主个性化的广告需求。程序化交易从两个角度出发解决了这一问题：一是针对广告主的广告需求定制个性化的标签；二是开放整个购买的环节，让广告主自己决定是否需要对广告资源出价。两者结合之下，竞价技术就向着实时竞价的方向发展，随之而来的就是整个广告交易模式从广告网络向程序化购买的方向转变。

由图6-4可知，以RTB购买为核心的程序化购买，由需求方平台、广告交易平台、供应方平台、数据管理平台四大平台搭建而成。[②]DSP根据广告主的广告需求定制个性化的标签，DSP与ADX进行Cookie映射，对广告主定制标签进行存储。另外，用户接触媒介后，由媒介向SSP提供剩余的广告流量，SSP通过整合不同广告网络提供的剩余流量向ADX发出广告请求。同时，用户的媒介接触行为、及时状态数据通过广告数据平台和第三方数据平台反馈到DMP进行数据整合与交易，将整合后有价值的数据传输到ADX。ADX向DSP提供符合Cookie映射标签的广告展示并发送询价请求，DSP则选择是否参与竞价，最终ADX将出价最高的DSP广告需求发送至SSP，并进行广告投放。[③]

[①] 程序化广告发展之——adnetwork和RTB[EB/OL]. (2022-07-15). https://zhuanlan.zhihu.com/p/541766579.
[②] 刘鹏, 王超. 计算广告：互联网商业变现的市场与技术[M]. 北京：人民邮电出版社, 2015: 324.
[③] 张亚东. 在线广告：互联网广告系统的架构及算法[M]. 北京：清华大学出版社, 2019: 148.

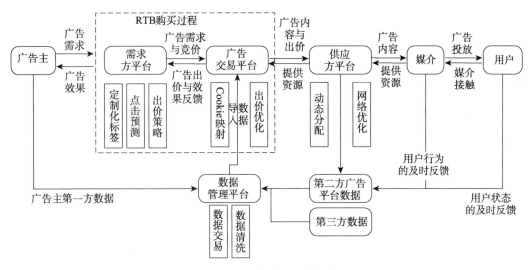

图 6-4　广告实时竞价业务模型

1. DSP

DSP 是面向广告主的广告投放管理平台，帮助广告主进行跨媒介、跨平台、跨终端的广告投放，并对广告投放效果进行实时监测及优化。[①]由于 DSP 连接多家不同的 ADX 与媒体，并且有统一的竞价和反馈方式，其对于广告主或品牌商是一种更为有效的广告投放方式。基于 DSP，广告商能够以合理的价格购买到高质量的广告库存，并且能够实现实时购买。同时，DSP 的运算系统为注重展现与数据的媒体买家提供了选择范围。至此，从广告预算、投标到频率上限等的一切事宜，都利于买家管理。DSP 的特点包括：通过一个独立的用户界面，可以将广告互换和其他媒体提供者连接；自动化的竞标管理功能，一般包含了实时的竞标系统；有效管理品牌数据以及提高精准捕捉目标客户群体的能力；结合所有媒体资源，控制预算和竞争率；通过多媒体供应商，完全集成竞争对手的性能报告。

2. SSP

SSP 是一个供发布商使用的平台，其中多个广告交易平台连接在一起，允许发布商将其广告库存分布在多个平台上。该平台通过人群定向技术，智能地管理媒体广告位库存、优化广告的投放，助力网络媒体实现其广告资源优化，提高其广告资源价值，达到帮助媒体提高收益的目的。SSP 是互联网广告生态系统的主要参与者之一，在 RTB 广告交易中发挥着关键作用。它们连接到广告交易平台、广告网络、数据管理平台和需求方平台，代表供应方销售广告空间。SSP 自动处理流程和功能主要包括：①实时竞价交易：SSP 通过广告交易平台将供应方的广告空间出售给 DSP。②频率上限：SSP

---

① 广告需求方平台[EB/OL]. (2022-06-18). https://baike.baidu.com/item/DSP%20-%20Demand%20side%20platform/9426096?fr=aladdin.2022.

和 DSP 经常同步并匹配 Cookie 来确定曝光频率上限，这是一个记录特定访问者看到特定广告次数的过程，然后限制该访问者看到该广告的次数。③一些 ADX 接受来自特定地区的曝光，使用 SSP 后发布者可以确保在此过程中只考虑相关的 ADX。④管理 ADX 的不同延迟级别：SSP 平台自动选择持续提供最佳延迟级别的广告网络，从而改进整个实时竞标过程。

3. ADX

ADX 可以被认为是广告网络的升级版本，解决了广告网络中资源孤立的问题。一般认为，ADX 整合广告资源和网络，通过不同的交易方式对广告资源进行售卖，支持程序化直采、优选购买和公开竞价等多种交易方式，DSP 可以对接 ADX，以不同的交易方式更加透明地购买媒体的广告曝光，精准定位目标人群，从而进一步提高广告投放 ROI（return on investment，投资回报率）。ADX 像股票交易市场一样，联系着广告交易的买方和卖方，也就是 DSP 和 SSP，由于成功的 ADX 需要大量的媒体流量作为基础，所以 ADX 的运营商多为互联网巨头，在国内，ADX 目前越来越集中在百度系、阿里系、腾讯系和字节系等互联网流量头部企业手中。

4. DMP

DMP 是把分散的多方数据整合纳入统一的技术平台，并对这些数据进行标准化和细分，让用户将这些细分结果推向现有的互动营销环境里的平台。DSP 的受众定向精确到每个个体，这样的精准功能是依靠 DMP 实现的。DMP 数据来源主要有三种，即第一方数据、第二方数据和第三方数据。

（1）第一方数据。第一方数据被认为是广告商和出版商最有价值的数据类型，因为它直接从与品牌互动的人（如客户）那里收集。第一方数据通常由以下方式收集：第一种是电子商务和离线交易，如关于人们购买了哪些产品和订单价值的数据，以及个人信息，如姓名、邮政和账单地址、电子邮件地址和电话号码；第二种是客户关系管理（CRM）系统，该系统中有非常完善和准确的数据，包括企业的名称、地址、电话号码和电子邮件地址；第三种是网站和移动应用分析，主要是关于用户浏览过哪些页面、观看过的视频以及其他内容交互的数据。

（2）第二方数据。第二方数据有时被称为合作伙伴数据，因为它是一家公司收集并出售或交易给另一家公司的第一方信息。例如，连锁酒店可以与航空公司合作，购买或交易航空公司的第一方数据。这家连锁酒店可以利用航空公司的数据开展有针对性的广告活动，并向航空公司的客户展示其宣传广告。

（3）第三方数据。第三方数据通常由数据代理提供，或由 DMP 供应商提供。由于第三方数据是从不同的来源收集和聚合的，广告客户和用户之间的直接联系就失去了，意味着相关性通常较低。

6.3.3 程序化广告的交易模式

程序化广告的交易模式主要包括四种，分别是程序化直接购买、优先购买、私有竞价和实时竞价，下面分别进行介绍。

1. 程序化直接购买

PDB 是媒体所有广告资源中最优质的资源，这种广告资源通常是紧俏、供不应求的。因此，为了获得这些优质的广告资源，广告主通常会事先与媒体达成协议商量好一个价格，将这些优质资源预留出来不能卖给别人，这就是 PDB 模式。PDB 与传统的广告购买模式非常类似，不太一样的也是升级的一点是 PDB 可以做到定向人群，但这种定向是非常有局限性的，只能在几个大的基础属性维度内进行定向。购买 PDB 的通常是大的品牌广告主，如保洁、联合利华、宝马、奔驰等，一方面可以满足它们购买优质资源的需求，另一方面简单的定向可以保证一定的广告投放效果。PDB 模式的广告资源位和价格都是事前定好的，因此可以保价保量，而且一般媒体会承诺返量。PDB 通常是一对一的模式，一个媒体对应一个广告主，大部分情况下按照 CPT 售卖。

2. 优先购买

在被大的品牌主承包最优质的资源后，媒体侧仍有一些相对优质的资源，这些资源的展示量是不确定的，广告主若与媒体以商量好的价格购买这些资源，这种购买模式就是 PD 模式。PD 的不足之处在于资源的不确定性，但好处却是广告主不用向媒体承诺投放量，且可以选择自己需要的目标人群进行投放，避免了广告资源的浪费。它相比 PD 最大的好处，就是可以灵活定向选择目标用户。由于资源位是不确定的，但价格可以事前商定好，因此 PD 保价不保量。PD 通常也是一对一的模式，大部分情况下按 CPM 售卖。

3. 私有竞价

PA 交易模式的资源都是私有的，媒体将一些广告资源开放给几个大型的广告主，只允许这几个广告主竞价购买这些广告资源，由于这是一个私有的一对多的竞价市场，因此它既不保价也不保量。私有的关键在于只有几个广告主竞价购买，私有市场有一定的准入条件，只有满足这些条件的广告主才有资格购买 PA 模式的资源。PA 通常是一对多的模式，一个媒体对应多个广告主，大部分情况下按 CPC 或 CPM 售卖。

4. 实时竞价

优质资源被购买后，媒体侧总会剩下一些不好的资源，这些资源也不是广告主非常青睐的资源，但媒体端又不想浪费这些"长尾"和劣质的资源。因此，媒体会把这些资源放到公开市场上让一些小的广告主进行竞价购买，这就是 RTB 模式。RTB 是最早出现的程序化广告模式，它的资源位是不确定的，价格也是实时、不确定的。对于一些小的尤其是预算比较紧凑的广告主，这些资源因为价格较低且准入门槛较低，再加上资源的多样性和灵活性，颇受欢迎。但是大的品牌广告主一般不会购买这类资源，因为大的品牌主对品牌形象要求较高，而RTB资源的低质量有可能损害品牌广告主的形象。媒体通常会将RTB放到公开的市场上进行售卖，在这个市场几乎所有的广告主都有资格购买这些资源，因此RTB通常是多对多的模式，多个媒体对应多个广告主，大部分情况下按CPC模式售卖。

程序化广告交易模式对比见表6-1。

表 6-1 程序化广告交易模式对比

模式	广告位质量	广告位是否预留	计费方式	是否竞价	是否保价保量
PDB	优质	是	CPD、CPT、CPM、CPC	固定价	保价保量
PD	相对优质	否	CPC、CPM	事先定价	保价不保量
PA	相对优质	否	CPM	竞价	不保价不保量
RTB	非优质	否	CPM	竞价	不保价不保量

6.3.4 RTB交易流程

虽然RTB的流量不是最优质的，但RTB是DSP的核心功能之一，这一购买方式能比较开放、透明地帮助广告主用合理的价格赢得最有价值的曝光机会。下面我们以一个Web用户点击网页或者使用某App为例来分析RTB的具体流程。

第一步，当某用户来到某个网站或者打开某App时，这个网站或App的某些广告位需要展示广告，展示的广告与这位用户的喜好越接近越好，于是就会产生一个对实时竞价系统的请求，通常是通过支持实时竞价交易的系统，包括广告网络、ADX、SSP等（用户的请求发送给哪一种系统需要根据其具体情况而定），请求中包含了此用户的身份信息如Cookie、ID等，最终寻求到一个合适的广告位进行广告展示。

第二步，收到请求后，实时竞价系统会去询问需求方有哪些广告意向，即向某些DSP发送请求，这个请求里包含了用户信息、页面的广告位信息以及一些上下文相关信息，然后等待广告来参与竞价。

第三步，DSP收到请求以后，为了给广告主创造最大的价值，需要精确匹配用户最喜欢的广告，因此需要收集全面准确的用户画像信息，于是向DMP发送一个数据请求来获取用户更多的信息，包括用户的年龄、性别以及喜好。

第四步，DSP收到DMP的信息以后，会根据自己的算法决定是否参与竞价，如果参与则会选择合适的广告发送给实时竞价系统，同时把此广告的竞价价格等信息发送过去，参与竞价。

第五步，实时竞价系统收集到所有的广告竞价以后（这里一般会有多个广告参与竞价），会举行一个自动拍卖，根据实时竞价系统当前的拍卖规则确定哪个广告竞价成功。

第六步，实时竞价系统向赢得广告位的 DSP 发送最后的收款价格，这个价格是根据某种拍卖规则决定的。

第七步，实时竞价系统将竞价成功的 DSP 中广告的图片、链接等物料信息返回给发起请求的网站广告位，于是在广告位上渲染展示，这时候用户就看到了广告。

第八步，用户对广告的行为会被记录并发送给 DSP，如用户是否点击广告、是否购买广告相应的产品、是否订阅广告对应的服务等。

至此，一个完整的 RTB 过程就完成了，从第一步到第七步，整个过程所耗时间一般不会超过 100 毫秒，所以用户在打开网站的同时几乎就看到了广告，具有很好的体验效果。

6.4 程序化广告的主要特点

程序化广告是基于大数据驱动的，利用大数据刻画精准用户画像，从广告平台中自动匹配与用户偏好相符合的广告，精准投放给用户，呈现出数据化、智能化、规模化的特点。

1. 数据化

移动互联网时代，传播成为一种数据驱动下的信息流动过程，数据联结着传播的各个要素和环节。对数据的应用和挖掘也贯穿整个程序化广告的运作流程。从场景画像到受众定位，再到程序化投放和效果评估，都是以用户为核心的数据收集与利用。从线上信息获取，到移动端的线下信息获取，再到穿戴设备的用户个人信息获取，数据获取手段越来越多样化，渠道也趋于全面化，对于用户数据的挖掘也越来越成为企业的核心竞争力。全面化的数据能够让广告主通过数据来制订营销目标和计划，描绘出更加精准的用户画像和场景画像，做到精准化场景营销。

2. 智能化

智能算法是数据运用的手段和方式，大数据的价值不在于某一单位数据的价值，而在于通过深入学习和人工智能，寻找海量数据背后所呈现出来的关联价值。智能算法是程序化广告能够将场景、用户、广告三者相匹配的原因。程序化广告通过智能算法理解用户所处的场景，判断用户潜在的需求，寻找用户场景与营销目标之间的连接点，进行智能化创意，通过深入学习不断优化投放策略和创意制作，以符合场景特征和用户偏好的方式将广告信息有效地传递给消费者，从而达到品效合一的广告目标。并且，通过算法的不断优化升级以及数据的不断积累，程序化广告的匹配呈现出个性化和精准化的趋势。

3. 规模化

区别于传统的广告投放模式，以数据和算法为双向支撑的程序化广告可以利用大数据和云计算技术在短时间内对大范围的人群进行精准化营销。获取用户即时信息后，依托数据管理系统可以为广告主提供准确的消费者人群画像、品牌推广策略等，广告主通过实时竞价系统缩减整个广告的投放环节，以性价比最高的方式获得广告展示资源，系统能够在瞬间完成整个广告资源的交易过程，并对目标消费群体大范围地开展营销活动。值得注意的是，这种大规模特点指的是覆盖人群的规模化，即可以根据不同的消费者画像，结合消费者所处的即时场景进行"千人千面"的个性化营销。

6.5 程序化广告存在的问题

程序化广告为媒体主和广告主带来的好处是显而易见的：它为媒体主提升了广告交易效率、扩大了交易规模、提升了长尾流量填充率，使广告位售卖更加充分，提高了广告收入；它提供了精准营销、跨媒体和跨终端投放、广告自动化投放，为广告主节约了人力成本、提高了交易效率，及时反馈的数据还可以使广告主及时优化广告效果。但是，程序化广告在发展过程中，也出现了一系列的问题。

一是程序化购买市场较为混乱，缺乏强有力的第三方监管。不少平台陷入流量焦虑，秉持数据第一的思维，忽视了基本的行业自律精神，也缺乏来自行业以外的第三方监管，或者第三方监管形同虚设，导致了诸如流量作弊等问题屡禁不止，流量造假带来最直接的后果就是广告主的广告费用的大量浪费，广告效果难以实现，这使作为智能广告主力军的程序化广告的精准性大打折扣，并且最终损害程序化广告的市场形象，使其有可能会被广告主逐渐抛弃。必须指出的是，程序化广告购买流程中还经常出现第三方包庇媒体造假的黑幕，如 Facebook 在 2017 年放弃对 DSP 的继续研发，随后宝洁公司削减了在 Facebook 平台上的广告投放，程序化广告再次被推上风口浪尖，这背后反映的实质性问题是第三方无法起到有效的监管；同时，这种混乱性还体现在整个程序化广告行业没有形成统一的标准，不同平台的流量计费方式各不相同，彼此之间无法实现资源置换和资源共享，在一定程度上造成了流量资源的浪费，随之而来的便是广告主广告投放成本的上升。最后是广告投放环境的杂乱，一方面，由于实时竞价广告和程序化优先购买等公开竞价的方式不限制参与对象，单笔广告投放费用小至几毛或几元人民币，因此广告投放者鱼龙混杂，广告主担心形象受损，顾忌广告投放环境的杂乱影响其品牌形象。另一方面，这种杂乱无序的投放环境也导致整个媒体与平台的价值受损，不利于程序化广告生态的健康运行。

二是程序化广告的不透明，即处于"黑箱运作"的状态之中。这种不透明性集中体现在"数据的不透明"，也就是我们常说的"数据孤岛"问题。在我国，2020 年 BBAT 掌控着约 80%的程序化广告市场份额[1]，"数据孤岛"一直以来都是制约程序化广告行

---

[1] 2020 媒体投放趋势：BAT 和头条系占数字广告 80%以上份额[EB/OL].(2019-12-25). https://www.sohu.com/a/362781090_281571.

业发展的难题，不同互联网平台之间的数据来源、应用与合作等业务基本上处于"各自为政"的隔绝状态，因为这涉及企业的核心利益和关键技术；另外，这也会导致第三方监测机构数据的不透明。最后从整体来看，整个程序化广告的生态环节不透明，或者说是供应链和生态系统不透明。国内目前的程序化广告平台普遍采取的是 DSPAN（DSP+Ad Network）的模式，这是一种混合模式，它可以给广告主带来一定的资源选择权，但是弊端也随之而来，这种模式其实是广告需求方一直以来所中意的高回报模式——Ad Network 模式折中演变而来的，这种模式使广告需求方平台拥有先天的优势，它们可以自主掌握已有资源，调整平台资源购买的空间，但这对于广告主们的权益是一种压榨，广告主的经济损失是不可避免的，而程序化广告所带来的灰色收入地带也因此而产生。①

三是用户隐私问题。2022 年，PubMatic 与 Forrester 与来自中国、新加坡、印度、日本、印度尼西亚、韩国、泰国和越南的 472 名广告决策者开展深度访谈，在对移动程序化广告进行深度调研后，发布了《亚太地区移动程序化广告发展现状》的研究报告。该报告显示，"在移动程序化广告急速发展十几年后的 2021 年，面对不断收紧的隐私政策，广告主们的一些疑虑反而被加重了：39%的广告主担心数据隐私政策会限制数据收集；37%的广告主担心 IDFA 变化会对广告优化产生影响；36%的广告主则对有效的目标定位存在顾虑"。②程序化广告最大的优势就在于个性化和精准化，但是移动端的程序化广告的精准推送离不开庞大、精细的用户数据支撑，对用户数据的收集就不可避免地牵涉到个人隐私。以欧洲数据保护委员会制定的《通用数据保护条例》（General Data Protection Regulation，GDPR）为例，GDPR 的核心原则是"Privacy by Design"，也被称作"Privacy by Default"，本意是通过技术设计来保护用户隐私，将隐私保护前置于技术研发阶段。这表明互联网企业不能随意收集用户数据，更不能在未经用户同意的情况下收集数据。国内外一系列关于用户数据的法律法规的相继出台及其不断优化，也从侧面反映程序化广告长时间以来，在肆意收集用户数据、侵犯个人隐私方面的猖獗和不受限制。

除此以外，国内还有学者指出，当下程序化广告还存在五个方面的问题："第一，数据抓取不协调；第二，授权机制不清晰；第三，投放对象不透明；第四，原生内容不可投；第五，品牌效果不保障"。③

---

① 程序化广告：魔高一尺，道能高一丈吗？[EB/OL]. (2022-06-28). https://mp.weixin.qq.com/s/wFT5zLGjjibK7ujBNbcWXQ.

② 472 名广告决策者,告诉我们的移动程序化广告发展现状[EB/OL]. (2022-02-16). https://mp.weixin.qq.com/s/kjbAqS4Rr97MDkR2 JMBYqQ.

③ 武汉大学媒体发展研究中心.珞珈问道|姜智彬：程序化广告的发展和计算广告的学科体系[EB/OL] (2022-07-18). https://mp.weixin.qq.com/s?__biz=MzIzMjc1OTM2OQ==&mid=2247503710&idx=1&sn=5609836f39d105dac1a919e507afcb8d&chksm=e8928678dfe50f6e96ab1c2154af431f62210cb5203035cb743bf3a2812ca7036c361a3c36c&scene=27.

案例

思考题

1. 简述程序化广告的定义。
2. 什么是计算广告？它与程序化广告有什么联系与区别？
3. 简述一般竞价广告模型。
4. 简述计算广告实时竞价模型。
5. 谈谈程序化广告的四种交易模式。
6. 试以某 App 或者网站为例，分析其 RTB 交易流程。
7. 程序化广告的主要特点有哪些？
8. 结合实际，谈谈你对程序化广告中存在的问题的看法。

第 7 章

搜索类广告

本章概述搜索类广告：搜索引擎识别用户的搜索内容后，根据搜索内容智能化地给用户推送相关联的广告内容的一种广告形态。搜索类广告的诞生、发展与互联网的诞生、发展是协同一体的，其智能化程度随着人工智能技术发展而不断进阶。搜索类广告历经传统互联网和移动互联网发展过程，具有用户主动搜索、形式多元、满足个性化需求、适用面广、成本低廉、体验感好等业务特点；要经历查询改写、广告检索、广告排序、广告放置和定价五个决策流程，目前还存在虚假广告、恶意点击、侵犯消费者权益等问题。

7.1 搜索类广告的基本概念

7.1.1 什么是搜索类广告

搜索类广告是指搜索引擎识别用户的搜索内容后，根据搜索内容智能化地给用户推送相关联的广告，其后台会根据用户搜索内容以及广告主投放的广告类别进行智能化排序和匹配。比如我们在百度搜索相关内容时，搜索结果中标识有"广告"字样的就是搜索类广告。

搜索类广告主要是通过搜索系统平台的搜索引擎来满足用户、搜索引擎和广告主三方的需求。对于用户而言，在搜索场景下，在搜索栏上搜"query（查询）"来表达查询诉求，用户的兴趣常常是短时、强烈的意图。对于搜索引擎来说，展示内容要及时满足用户的意图和需求，需要重视用户体验。对于广告主而言，广告主花费金钱购买关键词、创意标题图片来表达投放诉求。搜索广告系统通过获取用户具有商业价值意图的查询，展现相关广告，提升广告主的获客量、获客成本以及收益，服务于广告主拉新和实现商业转化等目标。

7.1.2 搜索类广告的主要指标

搜索类广告主要通过点击率和转化率等指标衡量用户和广告主之间的利益平衡。

点击率是衡量用户查询与广告相关性以及用户体验的一个重要指标。如果点击率不高，可以认为用户对此广告不感兴趣，查询与广告主的相关性较低，所以，点击率可以从侧面反映用户的兴趣。当用户长期被展示不感兴趣的内容，用户会感到反感转向其他体验较好的媒体，造成平台用户数目减少，从而日活、月活不断下降，造成流量下降。这对媒体和广告主来说都不是好的选择。

转化率是衡量广告主投入产出比的一个重要指标，广告主通过花钱付费将自家的广告展示在用户面前，希望通过用户点击，从而开拓新顾客，进而实现转化。

7.1.3 搜索引擎的定义及其分类

1. 搜索引擎的定义

搜索引擎是指根据一定的策略、运用特定的计算机程序从互联网上收集信息，在对信息进行组织和处理后，为用户提供检索服务，将用户检索相关的信息展示给用户的系统。

人们经常使用的搜索引擎如百度、谷歌等，就是从互联网上提取的各个网站的信息，建立数据库后，用户输入一些搜索关键词，搜索页面就会出现与用户查询关键词最接近的信息记录，然后根据用户搜索的关键词与搜索后出现的关键词接近程度的高低顺序将结果展示给用户进行选择，接近程度越高，排名越靠前。

2. 搜索引擎的分类

根据搜索内容、领域、技术特点的不同，搜索引擎大致分为以下几种。

（1）全文搜索引擎。全文搜索引擎是使用量最大的搜索引擎，包括人们经常用到的谷歌、百度等都属于全文搜索引擎。全文搜索引擎是利用爬虫程序抓取互联网上所有相关文章予以索引的搜索方式。一般网络用户适用于全文搜索引擎，这种搜索方式方便、简捷，并容易获得所有相关信息。但搜索到的信息过于庞杂，因此用户需要逐一浏览并甄别所需信息，尤其在用户没有明确检索意图的情况下，这种搜索方式非常有效。

（2）目录索引。目录索引虽然有搜索引擎功能，但严格意义上不能称为真正的搜索引擎。用户完全不需要依靠关键词查询，只是按照分类目录找到所需要的信息。目录索引中，国内具代表性就是新浪、搜狐、网易分类目录。

（3）垂直搜索引擎。垂直搜索可以看作行业领域内的搜索，而全文搜索则是横向行业的全领域信息搜索。横向行业一般指跨行业，包含多个领域或行业；而垂直行业特指某个行业或者某个领域。垂直搜索专注于特定的搜索领域和搜索需求（例如机票搜索、旅游搜索、生活搜索、小说搜索、视频搜索、购物搜索等），在其特定的搜索领域，让用户获得更好的体验。相比通用搜索动辄数千台检索服务器，垂直搜索需要的硬件成本低、用户需求特定、查询的方式多样。比较典型的垂直搜索引擎代表有去哪儿网、携程等。由于行业更加专注，垂直搜索更容易受到广告主的青睐。

（4）其他类型搜索引擎。元搜索引擎接受用户查询请求后，同时在多个搜索引擎上搜索，并将结果返回给用户，著名的元搜索引擎有 360 搜索、InfoSpace、Dogpile、Vivisimo 等。集成搜索引擎是通过网络技术在一个网页上链接很多个独立的搜索引擎，查询时，点选或指定搜索引擎，一次输入，多个搜索引擎同时查询，搜索的结果由各个搜索引擎分别以不同的页面显示。其他搜索引擎类型还有门户搜索、站内搜索等。

7.2 搜索类广告的发展和演进

作为一种基于用户的搜索行为和关键词匹配技术兴起的互联网广告形式，搜索类广告提供了一种精准的广告投放方式，提升了广告效果和转化率，同时也为广告主提供了更高效的营销手段，其主要经历了四个发展演变阶段。

1. 传统互联网早期

早期的搜索引擎采用 Banner Ad 模式，广告按照每千次展示收取广告费，其实质是一个展示广告的媒体平台，1996 年，Open Next1 推出名为 Preferred Listings 的产品，将推广创意插入相应关键词的搜索结果页面上。Yahoo 公司随后又推出按点击付费方式。2001 年 Overture（前身为 GoTo）在互联网寒冬中逆势向上推出点击付费广告（PPC），用户针对某一关键词给出的竞价额越高，用户网站排名越靠前。2000 年，Google 在网站上展现了侧边栏和自然结果前的关键词推广，但未得到广泛认可。2001 年，百度竞价排名上线。2006 年，百度放弃一毛钱的起价方式，采用"智能起价"系统，以"综合排名指数"作为排名的标准。

2. 传统互联网成熟期

2009 年，Google 整合 Double Click、AdSense、Analytics 推出 Ad Exchange，为搜索推广提供了从管理、展示、分析到关键词推广位售卖的完整生态链。同时百度也全面切换到凤巢系统，将普通搜索信息和商业信息加以区分，完美融合自然搜索和商业搜索。此外，百度主题推广升级为百度网盟、品牌营销推广，上线百度统计，形成一套完整而且复杂的营销体系。2013 年，腾讯搜搜业务宣布并入搜狗搜索；2014 年，Yahoo 被迫关闭了其网站；2019 年，字节推出了自己的搜索引擎。在国内搜索市场上，截止到 2018 年 1 月，只剩 4 家公司，分别是百度、搜狗、360 搜索、神马搜索，而百度占据了 60%以上的市场份额。[①]2006 年至 2011 年，百度的总营收从 8 亿美元升至 145 亿美元，增长了 17 倍，其搜索类广告贡献了绝大部分利润。在传统互联网的 PC 时代，百度凭借其搜索引擎技术掌握了绝对的流量入口，再通过流量变现，从而成为国内互

---

① 最新！中国搜索引擎市场占有率排行榜[EB/OL].(2018-03-09). https://baijiahao.baidu.com/s?id=1594430074981041583&wfr=spider&for=pc.

联网巨头。

从通用搜索转向平台内搜索后,搜索还有了新变化:比如在内容普遍视频化的当下,平台会将搜索与视频结合,让用户可以直接获取相关视频内容,这为搜索内容带来了更多曝光机会。当用户看完视频、准备进行搜索时,平台会根据后台算法对此视频生成关键词,用户只需要单击搜索按钮就能出现想要的内容,这样提供了更具精准性、个性化的搜索结果。

3. 移动互联网时期

2012年之后,随着智能手机的普及以及移动网络的完善,移动互联网用户数量急剧上升,传统互联网的PC时代成为过去,搜索引擎的价值被稀释,大部分流量被分散到各种手机App上。信息被局限在各自闭环的App里,独立搜索引擎能够积累、获取和分发的信息都相对减少,于是移动互联网一些巨头开始推出适合自己领域的搜索业务。字节跳动在2020年整合头条、抖音、西瓜等产品线后上线了搜索类广告。快手专门为搜索发布了全新品牌Slogan(标语)"用生活回答每一种生活",强调快手搜索是以生活化内容作为基础,借助搜索与社交的功能为用户带来更多元的体验。快手搜索明确表示将重点打造商业化产品和服务,快手广告平台也将开放搜索场景,邀请广告主投放。腾讯微信搜一搜从早期只能搜索本地聊天记录与联系人,发展到朋友圈、公众号、小程序在内的"全局搜",搜一搜持续挖掘与连接微信生态内的内容和服务为用户所用,也为更多品牌商家提供了商业空间。阿里巴巴虽然不是以搜索引擎起家,但电商平台内的搜索是很重要的广告形式,中小商家想让自己的商品在搜索页面被消费者看到,尤其需要商品靠前位置展示,提升顾客下单的可能性,一些大品牌商家也需要让店铺直接置顶。垂直App内的搜索流量非常大,如抖音、微信、阿里系、京东的月搜索量达数亿次。有了巨大的流量,搜索不仅仅停留在做个平台内的基础搜索工具,而是有了不可忽视的商业化空间。

在移动互联网时代,搜索随着用户习惯和需求而改变,新的搜索方式除了有传统、确定性的需求,还能主动给平台带来流量,有了流量,互联网企业就能将流量变现卖给合适的广告主。

4. 智能搜索时期

传统搜索引擎的核心工作是集合海量信息,而非创造信息。微软把ChatGPT整合进自家的搜索引擎和办公软件,集成了ChatGPT的新版Bing,在2023年2月3日短暂上线。在新版Bing页面中,不再仅仅有一个搜索框,而是将搜索、浏览和聊天整合为一体,并被描述为"你身边的研究助理、个人规划师和创意伙伴"。[1]

---

[1] 集成ChatGPT-4的微软Bing短暂上线:以聊天方式呈现结果,目标成为你的贴心助理[EB/OL]. (2023-02-04). https://www.ithome.com/0/671/153.htm.

微软介绍，全新的聊天体验能够满足更复杂的搜索需求，例如当用户计划详细的旅行行程、研究买电视等家电时，可以通过交互式聊天获取信息（图7-1）。此外，新版Bing可以通过生成内容辅助用户办公，包括编写电子邮件、准备工作面试以及创建问答测验等。新版Bing还会引用所有来源，用户可以看到其所引用的网页链接。①

微软CEO萨蒂亚·纳德拉（Satya Nadella）说："搜索业务是地球上软件业务中最赚钱的。Bing将先从广告模式开始赚钱"。①这是范式或平台的创新性转变。他还认为："你今天所见，不仅仅是在重塑搜索体验，你要把它想象成AI时代互联网上的副驾驶员"。①

技术只要过了奇点，就会展现无法阻挡之势。在ChatGPT等新型人工智能出现之后，搜索类广告将开拓出新的局面，搜索引擎将实现全面智能化，而微软推出的新版Bing只是一个开始。

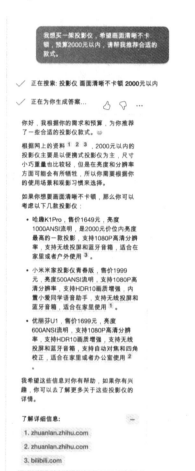

图7-1　新版Bing为用户推荐投影仪

7.3　搜索类广告的业务特点

搜索类广告最基本的形式是与自然检索结果一致的文字链，一般会加上底色和角上的"推广链接"等字样，以区别于正常的搜索结果。百度公司采用了增加底色、加上"广告"字样的形式，360搜索也标注有明显的"广告"字样，这样做的目的是让那些对广告没有兴趣的人尽量减少误点击量，从而减少广告主的无效消费并提升用户体验。

图7-2、图7-3分别展示了百度搜索和360搜索以"黑茶"为关键词的搜索结果，百度最先展示词条是"黑茶"的百科知识信息，然后才展示"黑茶"的广告；360搜索则直接展示"黑茶"的广告信息。在前10条搜索结果中，百度搜索有3条是广告，360搜索有5条是广告。同时，两者的单个广告展示结构基本相似，内容分为主体和右侧信息栏两大部分。整体上来说，百度搜索结果的展示内容、展示顺序和广告数量让用户的体验感更好。

搜索类广告是搜索引擎营销和搜索引擎优化活动的可视化结果呈现。搜索类广告

---

① 微软CEO：人类正在进入AI时代，和谷歌的搜索竞赛从今天开启[EB/OL]. (2023-02-08). https://baijiahao.baidu.com/s?id=1757245019061381939&wfr=spider&for=pc.

智能广告

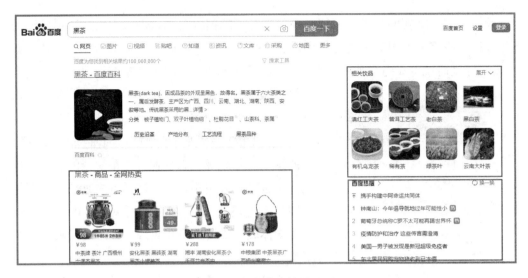

图 7-2　百度搜索结果展示

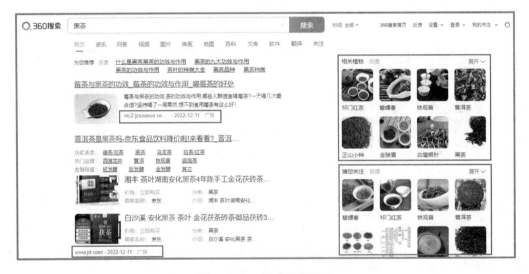

图 7-3　360 搜索结果展示

主要是以全文搜索引擎作为展示平台，发布各个网站主页链接的经营性广告，它的目的是宣传商品和服务，吸引潜在客户购买。

搜索引擎营销是基于搜索引擎平台的网络营销，利用人们对搜索引擎的使用依赖，在人们搜索信息时将广告信息传递给目标受众，然后采用最佳的营销手段和策略，将其转化成真实客户。

搜索引擎优化是一种利用搜索引擎的搜索规则来提高目前网站在有关搜索引擎内自然排名的方式。通过对自身网站进行内部及外部的调整优化，主要包括提升网站文章的原创性、精确关键词的相关性、吸引眼球的标题创意等手段，提升网站在搜索引擎关键词检索中的排名,获得更多向受众展示广告的机会,从而实现企业网站运营及其品牌建设的目标。

与其他形式的广告相比,搜索类广告的用户不再是被动地接受广告,而是自主地搜索;科学技术的进步使得搜索类广告的展现形式更具灵活性与多样性,搜索类广告已经不再停留在文字描述等单一形式上,而是融合了视频、动画、图片等多种形式,而且可以通过上下左右滚动,展现更多的内容;搜索类广告与一般网络广告相比,目标受众的需求更精准,因而企业必须更加精准地对接受众的需求,在进行搜索类广告创意时,需要把更多的精力放在研究受众特征、喜好等个性化需求问题上,通过深度剖析用户需求,明晰用户问题来源,准确地把产品或服务带给有需要的受众;同时,不管是普通电脑,还是手机、iPad 等移动新媒体,搜索类广告都可以根据不同载体的特性适当地匹配传播策略,使广告传播更符合载体本身的特性;搜索类广告在降低广告投放成本上亦具备一定优势,其所采用的按点击计费模式,单次广告费用低廉,按最高每次点击费用模式,对于未被点击的广告免费展示,这一切无疑大大地减少了广告主广告投入的浪费。

7.4 搜索类广告的决策流程

搜索类广告的决策流程可以分为以下几个部分:查询改写、广告检索、广告排序、广告放置和广告定价[①],搜索类广告决策流程如图 7-4 所示。

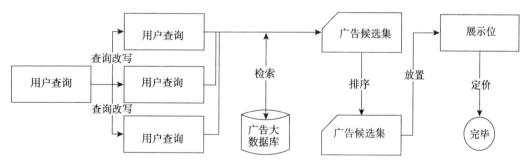

图 7-4 搜索类广告决策流程

1. 查询改写

查询改写是对用户原有的查询进行修改或拓展的技术,其应用方式是对原始查询拓展出与用户需求关联度高的改写词,多个改写词与用户搜索词一起进行检索,从而用更好的表述,帮用户搜索更多符合需求的商户、商品和服务。由于用户的查询是多种多样的,广告主很难在众多关键词中找到所有符合自己需求的组合,因此搜索引擎

---

① 潘红. 网络搜索引擎广告的传播策略变化研究[D]. 成都:成都理工大学,2016.

会使用切词算法、匹配算法和相关性算法等进行处理。切词算法就是把查询和关键词切成一个一个的关键字或标识符。匹配算法目前有四种，分别是精确匹配、短语匹配、广泛匹配和否定匹配。

（1）精确匹配。精确匹配是查询=关键词，即当用户的查询与广告主提供的关键词完全一致时才进行匹配。以"北京计算机培训"为例，能触发搜索结果的搜索词为："北京计算机培训"。其余近义词、同义词、顺序颠倒等变体格式均不能触发。[1]

（2）短语匹配。短语匹配是查询组成的关键字或标识符是否包含关键词组成的关键字或标识符。当用户查询完全包含广告主选择的关键词时可以认为匹配成功。以"英语培训"为例，在短语匹配方式下，可以触发广告的搜索词有"英语培训中心""英语培训机构"，但是像"舞蹈培训"这样的词就不会触发。短语匹配中常常使用相关性算法，即计算查询和关键词的相关性，可以通过抽取广告主上传物料、用户查询等一系列特征去计算相关性，一般会抽取以下几个特征。用户属性特征：年龄、性别、兴趣、职业等；用户历史行为：点击日志；查询特征：一段时间的查询、时域分析；广告主特征：行业属性；落地页特征；商品特征等。[1]

（3）广泛匹配。当用户提交的搜索词与广告主选择的关键词高度相关时，即使广告主未选关键词也可以匹配成功。广泛匹配目前使用较多的方法有四种：语义拓展，用户表达和商家表达上的同义，场景拓展，其他漏召回问题。[1]

语义拓展主要是同义词、下位词以及常见的大小写数字和繁简转化等，以"英语培训"为例，同义近义词如"英语培训""英文培训"，相关词如"外语培训""英语暑期培训"等均可触发推广。用户表达和商家表达上的同义通常是指基于口语和书面语等语言使用上的异同。如用户表述口语化"学吉他"，商户描述书面化"吉他培训"；用户输入不完全匹配商户名："希尔顿大酒店"（商家更常见的描述为"希尔顿酒店"）。场景拓展指某些关键词会触发对应的消费场景。例如，"摘草莓"在美团的搜索场景下，用户基于对平台的认知对应需求是"草莓园"。其他漏召回问题主要是指部分的多字少字、纠错等问题，如"房屋扫"对应"家政保洁"的需求；理论上查询改写可以通过增加改写词解决所有漏召回问题，如"冬日四件套"包括"冰糖葫芦、烤地瓜、炒栗子、热奶茶"这类有时效性的网红概念，也可以通过改写来解决。

（4）否定匹配。由于短语匹配和广泛匹配都是系统自动完成，难免会出现一些匹配不精准的结果。因此，需要同时向广告主提供否定匹配的功能，即明确指出哪些词是不能被匹配的，这样可以灵活地关停一些低效的流量。[1]

2. 广告检索

广告检索是根据改写和拓展之后的查询词集合在数据库中进行检索的过程。业界

---

[1] 刘鹏，王超. 计算广告：互联网商业变现的市场与技术[M]. 北京：人民邮电出版社，2015: 56.

搜索系统通常采用多阶段的检索架构：首先使用简单高效的模型从大规模的广告候选集中检索出更小规模的相关广告[广告检索模块（ad retrieval）]，然后使用更加复杂精细的模型对检索出的广告进行排序[排序模块（ad ranking）]。[①]广告检索中通常采用的框架为倒排索引，它是搜索引擎中的一项常用技术。与搜索引擎不同的是，当关键词或者用户标签非常丰富时，广告检索的查询可能会很长。在展示广告中，用户标签是主要的检索条件；而在搜索类广告中，用户的查询词会代替用户标签作为文档匹配对象。

3. 广告排序

广告排序是根据 eCPM 对广告检索得到的备选广告集进行排序的过程。eCPM 的计算方式为：eCPM=点击率×单价×1 000，点击率预估是其中的关键算法。虽然点击率预估的目的是进行广告排序，但不同于搜索排序的是，点击率需要乘以单价来得到 eCPM，因此点击率预估不能仅仅要求结果排序的正确性，数值上也需要尽可能地准确。

4. 广告放置

对于通用搜索引擎如百度、谷歌，当广告排序完成后，需要确定北区和东区的广告数量，这个过程被称为广告放置。

5. 广告定价

在搜索类广告中，系统会根据广告主的出价以及计算得到的 eCPM 决定谁可以得到展示的机会，因此广告竞价的过程实际上是拍卖的过程。拍卖中最重要的机制就是定价问题。定价问题涉及了博弈论和微观经济学的诸多理论，传统拍卖中的定价机制包括荷兰式拍卖、英国式拍卖和暗标拍卖等。

7.5 搜索类广告存在的问题

1. 虚假广告问题

竞价排名自诞生以来所引发的法律问题络绎不绝。2005 年，雅虎、Google 和百度几大搜索引擎服务商因为竞价排名服务所引发的纠纷案例导致其频繁地遭遇诉讼；2016 年初，百度"血友病吧"被卖，"竞价排名是否为广告"话题开始引起广大民众关注；直至 2016 年 4 月"魏则西事件"的爆炸性传播，竞价排名商业模式彻底引爆公众舆论。2021 年央视 3·15 晚会对 360 搜索和 UC 浏览器的虚假医疗广告进行了揭露。经历这些事件之后，互联网搜索引擎服务商不得不在舆论及监管的双重压力下进行整改，但是也导致了整个搜索类广告在消费者眼中的信誉度急剧下滑，也直接影响了广

[①] 阿里妈妈技术. CIKM2021|图模型在广告检索（Ad Retrieval）中的应用[EB/OL]. (2021-12-15). https://mp.weixin.qq.com/s/_MjXd_K4Wm9tN_XOisWuSw.

告主投放搜索类广告的积极性。

2. 恶意点击问题

有些广告公司为了获取广告佣金进行恶意点击，或者企业为了增加竞争对手企业的广告成本而恶意点击广告。不管是竞争者消耗对手广告成本的点击行为、搜索引擎广告联盟网站为了获取自己相应的广告佣金的点击行为、竞价排名代理服务商为了自身代理佣金的点击行为，还是访客无意间的误点击行为，都实实在在地增加了广告主的广告成本开支，也透支了广告主对搜索类广告的信任。

3. 侵犯消费者权益

购买搜索引擎中的关键字、展示片面的服务信息或产品信息、夸大网站主体的实际作用或隐藏其负面信息等都是我们日常生活中经常遇到的现象。在宣传推广自己的商品或品牌时，有些企业故意使用一些贬低其竞争者商业信誉的行为，使用户误信虚假的事实。如同样是互联网公司的原告杭州 A 信息科技有限公司和被告 B 甲科技有限公司，两公司分别开发出了"53 快服"和"Live800"的品牌系统软件，被告在竞价排名时把"53 快服"设为关键词，搜索链接设为"Live800"。①

另外，部分搜索引擎类 App 强制用户安装其他相关软件，如浏览器、输入法等，恶意推送广告，也在一定程度上损害了用户的正当权益。

案例

思考题

1. 什么是搜索类广告？
2. 谈谈你对 SEO（搜索引擎优化）和 PPC 的理解。
3. 简述搜索类广告的特点。
4. 简述搜索类广告的决策流程。
5. 以某一互联网平台为例，分析其搜索类广告的优缺点，以及存在的伦理与法规问题。

---

① 赖思洁. 搜索引擎竞价排名与消费者权益[J]. 老字号品牌营销，2020(8)：55-56.

第 8 章

信息流广告

本章概述与原网页风格、内容保持一致,使用户流畅阅览,看起来不像广告的广告:信息流广告。信息流广告伴随着社交媒体的勃兴,已经走过开端期、发展期与成熟期,生产模式包括内容创作、筛选用户、精准投放、营销转化等流程;计费模式包括竞价广告(CPC)和合约广告(CPT、CPM)两种。产品形态包括社交网络关系类、阅读偏好的推荐类、搜索类、地理位置类、视频类、"社交+兴趣"混合类六种。信息流广告以其极佳的体验感、多样展现形式、精准的投放、准确的效果评估、更强的互动性等优势,获得了广告主的青睐,但是也存在广告质量不佳、广告展示方式缺乏创新、广告存在道德失范风险等不足。

8.1 信息流广告的基本概念

在互联网时代,我们身边几乎到处都充斥着信息流广告的痕迹,但很多人对信息流广告不太了解,所以即便遇到,也可能分辨不出来,因为信息流广告看起来和我们平常看到的信息内容非常相似,甚至让人感觉不是广告。信息流广告因其是在社交媒体平台上兴起和不断发展的,所以又被称为"社交媒体广告",是指在社交媒体上针对不同用户群体属性对用户喜好和特点进行智能推广的广告形式,其最为直观的展现形式就是自然而然地镶嵌在网页的信息流之中。之所以被称为信息流,主要是因为社交媒体平台上的信息展现相较平面媒体"一览无遗"的铺陈展现,其主要按照一定的规格样式进行上下排布,好像瀑布一样流淌下来。信息流广告按照时间顺序、热度顺序或算法顺序等,与其他信息一起像流水一样展现在用户面前。

信息流广告属于原生广告的一种,是最不像广告的广告,其内容风格与网页保持统一,设计风格与网页互相协调,嵌入网页之中,不给用户带来违和感,符合用户使用原网页的行为习惯。信息流广告作为最具内容特质的广告,如果不留意其周围出现的"推广""广告"字样,一般用户不会发现是一条广告,可以很好地起到"润物细无声"的广告效果。[①]2006 年,社交媒体 Facebook 根据用户信息,将含链接的图文广告精准推送到好友动态页,这种广告形式被认为是信息流广告的雏形。目前,依靠精准传播、高转化率等特点,信息流广告已成为网络广告的主要承载模式,其形式有图片、

---

① 李彪. 信息流广告:发展缘起、基本模式及未来趋势[J]. 新闻与写作,2019(10):54-58.

图文、视频、音乐或者其他媒体形式等，特点是算法推荐、原生体验，可以通过标签进行定向投放，根据用户自己的需求选择曝光、落地页或者应用下载等。

谈到信息流广告，就不得不提原生广告。原生广告由投资人弗雷德·威尔森（Fred Wilson）最先提出，它不是一种广告形式，而是营销理念，这个理念的诞生基于媒体营销模式的创新。用威尔森的话描述起来更简单："原生广告是一种从网站和 App 用户体验出发的盈利模式，由广告内容所驱动，并整合了网站和 App 本身的可视化设计（简单来说，就是融合了网站、App 本身的广告，这种广告会成为网站、App 内容的一部分，如 Google 搜索广告、Facebook 的 Sponsored Stories 以及 Twitter 的 tweet 式广告都属于这一范畴）。"[①]简言之，原生广告是"设计特制的一种媒介形式，让广告成为内容的一部分。""内容营销"是原生广告的另一种形式，比如，在你阅读文章的结尾经常会看到的"你可能感兴趣的其他文章"，其中有一些可能就是企业付了钱的原生广告。

信息流广告的核心是识别出当前用户后，根据用户画像投放出用户可能喜欢的广告到信息流广告位中。因此，信息流广告是广告深度融入内容信息流中的广告，不仅会把品牌或产品信息融入内容中，而且会与媒介内容和形式进行有机结合，实现内容、产品及品牌的关联。信息流广告将受众观看体验感置于优先的位置，大多数的信息流广告都富有趣味和吸引力，这将使用户花费更多的时间去浏览它们。信息流广告更加注重通过大数据技术收集海量用户的数据进行挖掘和分析，准确获得用户的场景数据，洞察用户在一定场景下的个人需求，提供能够满足用户需求的商品或者服务的信息。信息流广告具备内容原生性和精准触达等特点，充分适配媒体原生环境，较好地平衡了商业效果和用户体验，同时相对容易实现标准化和规模化。

8.2 信息流广告的发展与演进

信息流广告出现的历史并不长，其主要是伴随着社交媒体的勃兴而不断发展演化的。根据信息流广告发展特点，将其分为开端期、发展期、成熟期。

1. 开端期

信息流广告作为原生广告的一种，2006 年由国际社交巨头脸书第一次推出。5 年后的 2011 年，另一个国际社交巨头 Twitter 也正式推出信息流广告。

随着移动应用井喷式的发展，互联网基数增大、流量变多，基于流量中心化的产品也越来越多，信息流广告也逐渐被应用到各个平台。2012 年，新浪微博正式将信息流广告商业化，推出信息流广告产品。相较当时百度联盟的广告形态，信息流广告在

---

① 原生广告[EB/OL].（2023-02-23）. https://baike.baidu.com/item/%E5%8E%9F%E7%94%9F%E5%B9%BF%E5%91%8A/7715366?fr=aladdin.

用户体验、广告透明、广告效果上的优势立即引起业界轰动。

2. 发展期

2013年后，信息流广告开始进入快速发展期。2013年，腾讯新闻客户端信息流广告CPD（按下载收费）产品上线；2014年，今日头条原生广告上线。2015年，BAT、垂直类App纷纷涌入抢占市场，中国信息流广告市场规模增速超过200%[①]，进入爆发期；微信朋友圈信息流广告正式上线；一点资讯信息流广告推出；新浪信息流广告产品粉丝通也升级为2.0。2016年1月，小米推出了原生广告智能营销产品；4月，阿里系UC浏览器上线信息流广告；6月，一点资讯推出智能化信息流Smart Feeds；之后百度推出了自己的信息流广告产品。至此，中国信息流广告日趋成熟，广告市场份额占比已经超过11%。[①]

3. 成熟期

易观数据发布的《中国信息流广告市场专题分析2017》显示，2014年我国信息流广告市场规模为52.3亿元，之后呈持续快速增长趋势，2017年达到577.5亿元。艾媒数据中心的数据显示，我国信息流广告市场在2018年已经超过1 000亿元，2019年超过了1 500亿元。艾瑞咨询《2022年中国MarTech市场研究报告——布局策略篇》显示，2021年信息流广告占中国互联广告市场份额攀升至36.3%，预计未来在整体网络广告市场的份额仍会继续扩大。观研报告网的数据显示（图8-1），2021年我国信息流广告市场规模达2 327亿元，预计到2025年将达到2 564亿元。未来，信息流广告产业发展大有可为。

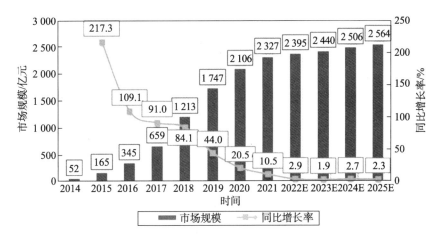

图8-1 2014—2025年中国信息流广告市场规模情况预测

资料来源：2022年中国广告行业互联网广告、移动广告及信息流广告市场规模情况与预测[EB/OL]. (2023-01-31).https://www.chinabaogao.com/detail/624165.html.

[①] 信息流广告的发展历程是什么样的？[EB/OL]. (2021-10-18). https://www.bilibili.com/read/cv13634107/.

目前互联网内容生产体系趋向成熟，随着技术、算法和运营能力的不断提升，广告投放将更趋精准和有效；在形式和产品层面，信息流广告从图文、大图，到动图、视频等形式不断创新，信息流广告的市场价值将得到进一步提升。

8.3 信息流广告的主要模式

算法与社交的融合实现技术赋权，智能化数据分发改写传统人际传播与大众传播的规则。①社交互动性媒介平台成为移动端信息流广告投放的主要载体，信息流广告算法不但使广告主与受众之间实现了双向互动，而且能够深入洞察用户的个人偏好，通过个性化推荐增强用户黏性。

8.3.1 信息流广告的生产模式

目前，信息流广告已形成较为成熟的生产模式。通常情况下，信息流广告的生产流程为：首先，互联网平台会向广告投送方提供一定的目标群体指数数据，使广告投送方了解目标群体在特定研究范围（如地理区域、人口统计领域、媒体受众、产品消费者等）内的分布态势和偏好；其次，广告投送方在产生投送意向之后，需要在拟投放广告的互联网平台注册后台账户，注入一定数额的广告资金，并且需要向互联网平台提供所要投放的广告；再次，广告投放方通常会选择专业的互联网广告制作方制作相应的信息流广告，信息流广告制作方会按照要求寻找相应的写手、摄影或演员进行软文创作或短视频拍摄；最后，广告投送方将信息流广告上传至互联网平台，互联网平台根据内容推送量、播放量、点击量、转化率等数据进行加权计算，获得相应的广告收入，并实时向广告投放方反馈广告转化数据。在信息流广告生产过程中，互联网平台、广告投放方、广告内容制作方需要联合完成广告内容创作、筛选用户、精准投放、营销转化等流程。

1. 内容创作

信息流广告制作者通常会将广告内容创作分为人、故、事三部分，又称"3W 原则"，即 who、why、what，要求广告内容具备完整的故事链，并且广告中的主体与潜在客户之间具有高度的相似性，以拉近信息流广告内容与用户的心理距离，提升广告播放量和转化率。此外，广告投放方和互联网平台在投放信息流广告时会遵循"INVEST 原则"，即 independent（尽可能地让一个用户故事独立于其他的用户故事，以便互联网平台排列、调整广告的优先级，使广告所涉及的范围更加清晰）、negotiable（广

---

① 段淳林，宋成. 用户需求、算法推荐与场景匹配：智能广告的理论逻辑与实践思考[J].现代传播（中国传媒大学学报），2020，42(8)：119-128.

内容只需完成对一个故事的简单描述即可，要给受众创造心理上的想象空间和协商空间）、valuable（用户故事对于最终的用户是有价值的，以拉近与用户的心理距离）、estimatable（对于广告投送方和短视频平台而言，信息流广告的播放量和转化率应是可估计的）、small（用户故事的切入点、范围、时长都应该尽可能小）、testable（信息流广告在投放之前，需要进行相应的测试，以便确认其是否可以达成既定目标）。

2. 筛选用户

其目的在于提升信息流广告投放的精准性，实现广告投放效益的最大化，并尽可能减少无关用户的投诉。在信息流广告策划和制作阶段，广告制作方会对目标用户进行画像。当下，开展用户筛选主要基于大数据技术进行用户画像。其中，基础用户画像包括用户的性别、年龄、地域、职业等，进阶用户画像包括用户的价值偏好、消费习惯等。通过用户画像，广告制作方能够针对目标用户开展定制化广告制作，从而提升广告投放的转化率。而在信息流广告投放初期，互联网平台和广告投放方通常会通过内部数据分析，进行目标用户的定位和选取，构建分类筛选模型，形成信息流广告业务闭环，并不断迭代修正。在进行初步的迭代和修正之后，信息流广告即进入正式的投放阶段。在该阶段，互联网平台会分析用户的响应特点，构建增量用户、存量用户和转化用户数据池。通过构建基于数据挖掘的信息流广告全生命周期分析流程，实现从特征变量分析、数据抽取，到样本数据挖掘、数据校验、目标变量匹配等全流程分析工作。

3. 精准投放

目前，信息流广告主要的定向推送方式包括基础定向推送（如自然属性、地理属性、人群属性、年龄属性等）、兴趣定向推送和行为定向推送三种。其中，基础定向推送具有泛人群特征，兴趣定向推送具有较强的目标导向，行为定向推送具有效果精准的优势。定向推送依赖精准的用户画像，包括对用户、场景、需求的精准识别，旨在实现对用户、场景、需求的精准覆盖，以找到对广告内容感兴趣、活跃场景互补性强的目标用户。定向推送具有用户精准度高、用户自我体验良好、相关度高等优势，其核心目标在于吸引目标用户，并使目标用户保持较高的留存率和转化率。

4. 营销转化

信息流广告的素材落地页需要以最直接有效的方式打动目标人群。用户碎片化的阅读习惯，意味着用户不会长时间停留在一个内容或页面上，GA（网站流量统计）数据显示，用户平均访问时长为15～20秒，素材落地页必须在20秒之内实现从吸引用户到用户转化的过程。通常情况下，素材落地页必须包含四个特征：首先，高度的相关性，广告中出现的核心内容元素必须在素材落地页中得到直接展示；其次，高度聚焦,素材落地页应尽可能只针对用户一个痛点提出解决方案;再次,强烈的用户思维,素材落地页应避免自说自话,避免单纯强调产品属性,而应重点展示能为用户带来何种收益;最后,一定的留白空间,即避免信息拥挤在同一页面。

8.3.2 信息流广告的计费模式

信息流广告的计费模式分为竞价广告和合约广告两种。竞价广告顾名思义是通过价格竞争抢夺广告位,但是并不仅仅只是价高者得,广告平台会有一套排名机制,根据综合得分排出优先顺序,通常考虑的因素为出价和创意的预估点击率,在出价相同的情况下,创意点击率高的广告会得到优先展示的机会。定向方式种类较多,可以基于人群属性、关键词、网络环境和操作系统等。这种方式更适合预算有限、效果导向强的广告主。

合约广告又分为 CPT 和 CPM 两种,CPT,按天购买,抢曝光,独占性地包时段、包位置投放;CPM,强曝光量且属于保量投放,这两种类型较适用于新品上市、大型活动等品牌类的广告主。

信息流广告计费中涉及的相关数据指标主要包括 CPA、ARPU(average revenue per user)值、ARPPU(average revenue per paying user)值、转化率、投资回报率等。

CPA:指的是广告消费额或广告转化量,亦称为按转化计费,即每一次用户转化所产生的成本。

ARPU 值:是指每位用户的平均收入,ARPU = 总收入/活跃用户数(MAU)。

ARPPU 值:是指针对付费用户的平均收入,ARPPU = 总收入/付费用户数。

CVR:是指转化率,CVR = 转化量/点击量。

ROI:是指投资回报率,ROI = 总收入/广告消耗×100%,又称投入产出比,亦指通过广告投放所获得的收入。

8.3.3 信息流广告的运行模式

下面以百度的信息流广告为例来阐释信息流广告的运行模式,如图 8-2 所示。当

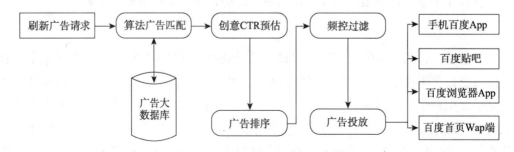

图 8-2 信息流广告的运行模型

用户刷新资讯信息时能触发广告请求，百度首先通过算法来匹配用户与数据库中的广告，百度的广告排名机制会根据广告主账户中创意的表现来预估点击率，再结合广告出价，综合算出广告的排名；其次，结合用户的浏览习惯，为让用户获得更好的体验，适度控制广告展现的数量和频次；最后将广告呈现在用户的面前。鉴于百度信息流广告 CPT 和 CPM 计费方式是包时段、包位置的独占性投放，所以广告触发机制更多集中在用户触发广告请求到算法匹配广告这一环节，并不包括第二阶段的竞价机制。[①]

8.4 信息流广告的产品形态

信息流广告以移动端为主要载体，用户在使用互联网产品时，互联网产品主动推送与其产品混排在一起的广告。无论是哪种形态的信息流广告，在广告制作投放过程中都需要考量广告创意、精准定向和竞价投放三个关键因素。目前的信息流广告主要产品形态有以下几种。

1. 社交网络关系类

这类产品以微信朋友圈广告为代表，基于强社交关系，打造多维度、多层次的媒体广告矩阵。腾讯拥有多元化的产品生态，用户人群相对年轻化，覆盖全面，积累了庞大的社交用户数据，能够充分地挖掘用户行为习惯和偏好，并通过 AI 大数据技术进行智能分发，将图文编辑、视频编辑、粉丝管理等功能整合，效果测评上有广点通的数据管理平台，并开发了跨平台分析工具"腾指数"为广告主等提供数据服务，同时微信支付可以为广告主提供一手的用户消费数据，更为精准和有效地了解用户的消费能力与消费偏好。[②]

2. 阅读偏好的推荐类

这类产品以今日头条为主，主要是通过用户的阅读兴趣和偏好，推送相应的信息流广告。今日头条的信息推送算法主要建立在依据用户点击信息绘制的用户兴趣图谱上，因此其对用户兴趣已经有了比较精准的洞察，可以根据不同行业广告主的不同营销需要，帮助他们多维度立体化地找到目标人群，并可以根据用户在不同阅读场景的需求进行精准分发。近年来，今日头条大力进军视频内容市场，完善自身的产品生态，信息流视频广告形式也越来越多。[②]

---

① 罗丹，马明泽. 信息流广告实战：今日头条、百度、腾讯三大平台全解析[M]. 北京：电子工业出版社，2019：133.

② 李彪. 信息流广告：发展缘起、基本模式及未来趋势[J]. 新闻与写作，2019（10）：54-58.

3. 搜索类

这类产品以百度为代表，采用"搜索+推荐"双引擎模式，再加上人工智能和大数据算法作为技术支撑。[①]百度近年来努力构建百家号内容生态，2022年9月23日，百度在移动生态大会声称已拥有超过500万个百家号的创作者，并声称百度App是目前"唯一一个在智能搜索和智能推荐两个引擎上都拔尖的平台"。百度一直努力尝试将搜索引擎的竞价排名盈利模式向信息流广告盈利模式转型，与爱奇艺账号打通，鼓励创作者视频内容的生产，提升优质内容的分发效率。作为国内少有的"芯片—框架—模型—应用"全线布局的AI企业，百度在数据、算力、算法等方面有许多优势，旗下的文心一格和文心一言等平台，已经具备作画或文学创作、商业文案创作、数据逻辑推理、中文理解、多模态生成等众多功能。百度大脑、知识图谱等技术将不断提升信息流广告和内容的匹配度，提高精准定向用户的能力。

4. 地理位置类

这类产品以陌陌为代表，通过与地理位置信息结合，将信息流广告推送给附近的人，属于基于位置的服务（location based services，LBS）的范畴。陌陌的信息流广告位分为附近的人、附近动态以及关注三大类别，其广告类别有落地页信息流广告、应用推广信息流广告、到店通信息流广告等，这些都是基于位置进行推送的，可以提升广告主的线下导流效果，比较适合小型广告商的商业推广。[②]

5. 视频类

视频类信息流广告伴随着我国网络视频的快速发展而发展：一方面，受硬件条件改善的影响，宽带条件改善，网速提高，使用户网上收看视频的体验更好、使用意愿增强；另一方面，视频网站的内容得到了很大的改善，网络视频企业更加注重视频质量，不断提供高质量版权的影视内容，而且更加注重原创性与及时性，常以首发、网络直播等形式播放，提升了网络视频品质，得益于影视产业高速发展，热播电影、电视剧以及综艺节目越来越多，带动了网络视频产业繁荣；与此同时，视频网站积极地采取多屏布局策略，在手机端、平板端、电脑端均呈现视频类信息流广告。视频类信息流广告把产品和服务通过视频的方式，巧妙地融入页面内容当中，如在视频中的某个角落出现Logo、样式等，让用户在行为惯性中接受品牌或产品，使产品不知不觉走进用户的心中。

视频类信息流广告可以分为长视频和短视频两大类。长视频信息流广告如爱奇艺、腾讯、乐视、优酷等平台中的电视剧中的信息流广告等。长视频信息流广告的制作成本较高，需要整合多方资源，目前比较有代表性的就是网剧"鬼吹灯"剧集中插播广

---

① 李彪. 信息流广告：发展缘起、基本模式及未来趋势[J]. 新闻与写作，2019（10）：54-58.
② 李彪. 信息流广告：发展缘起、基本模式及未来趋势[J]. 新闻与写作，2019（10）：54-58.

告，广告内容由剧集演员、广告主产品、视频制作方、视频投放方集体策划制作完成。短视频信息流广告特别适合用户碎片化闲暇时间的消费需要，抖音、快手、微信视频号等平台中有大量的该类广告，在这类平台上，用户除了观看，还可以自主地发布自创的视频广告。短视频信息流广告相比其他类型的广告而言，更能保障用户自主选择广告的自由，算法根据用户的选择和偏好推送广告，用户更少感受到被强制，可以有效增加用户与品牌或产品的互动。同时，用户在浏览微博、抖音、微信时，短视频信息流广告通过平台推荐或者好友分享出现在用户的信息流中，人们可以选择观看那些自己感兴趣的内容，忽略那些不感兴趣的内容。

在浏览信息时，用户的注意力非常容易分散，短视频信息流广告的制胜关键是能够在视频前 3 秒就快速吸引用户，它必须做到短小精湛、直入主题，在几秒内吸引用户眼球，让他们保持阅读观看兴趣。短视频信息流广告的内容制作一般要注重有一条连贯的故事线，品牌方策划好连贯的故事线贯穿视频首尾，而非制作成将产品直接推到消费者面前的硬广告。消费者并不希望被强行推销，他们更喜欢以灵活的方式与品牌互动的体验感。视频制作方还需要提升广告的趣味性，增强用户的好奇心，在一种自然、与受众互动的方式之下，用一些新颖的语言、有趣的画面、独特的创意打动用户，千万要避免落入过度营销的陈词滥调。对用户而言，当他们无意中划到短视频信息流广告时，如果广告的前 3 秒无趣又无用，则很有可能会直接略过；只有触发用户的注意力，他们才会主动点击播放，广告的效果和目的就可以达到了。

6. "社交+兴趣"混合类

这类产品以新浪微博为代表，是一种基于粉丝经济的"社交+兴趣"双信息流模式。微博拥有全面详细的用户社交行为数据，这些数据包括用户状态、话题参与、互动与社交网络，可以对用户之间的社交关系及兴趣实时捕捉与挖掘，进行信息流广告的推送。[1]新浪微博 App 的信息流原生广告以粉丝群体为目标，以用户兴趣和关注关系为核心进行精准的自然分发，智能竞价和投放为广告主带来极大的便利，同时平台对于人群的分析和社交关系的把握，更好地达到了广告传播效果。超级粉丝通提供的原生广告服务包括以下几种：原生博文，通过发送微博的方式传递给目标受众，并在博文中放置活动链接和产品信息，还可以在评论区形成与目标用户的互动；大图卡片（大图活动）、视频卡片（视频活动）通过博文引入产品微博话题，并设置立即参与、立即购买和立即下载的按钮，通过社群关系来进行产品信息的传达和购买行为转化；在信息流广告中设置一键加购按钮，将社交平台和电商平台连接起来，方便用户及时"拔草"，提高广告转化率；边看边下，将社交平台和应用商店连接起来，顺利过渡到应用商店打开，避免用户仅观看视频而不下载，最大限度地降低下载流失率；九宫格展现，

---

[1] 李彪. 信息流广告：发展缘起、基本模式及未来趋势[J]. 新闻与写作，2019（10）：54-58.

点击标签或图下按钮跳转对应产品页面，多维度展现丰富创意，多图多入口提高点击率；正文页横幅，在用户阅读微博内容及评论区的空间插入广告位，提高曝光度。

8.5 信息流广告的优势与不足

信息流广告利用庞大的流量、领先的算法、较为丰富的形式对用户进行精准定向推送，给用户带来较好的原生体验感，但是它也存在某些不足之处。

8.5.1 信息流广告的优势

信息流广告直接展示在 App 的页面上且不影响用户正常浏览体验，目前各大 App 都在大力发展相关算法，用户标签越来越精准，助力信息流广告精准化发展，使客户投放信息流广告时的转化率更高，给品牌带来更高的点击率和咨询率。更多客户愿意通过朋友圈或社交平台上的信息流广告来认识和信任某个品牌。手机网络时代的到来，使社交媒介迎来了爆炸式增长，几乎所有的网络媒体都推出了信息流广告平台，深受广大广告主的青睐。概而言之，信息流广告具有以下优势。

1. 体验感极佳

信息流广告是保证内容与形式的原生性广告，它对用户的干扰小，不会突然弹出，而是罗列在信息之间。这让用户体验度较好，即使用户刷到了，发现是广告，也不会过分反感，反而可能会出于好奇，点进去看看。

2. 展现形式多样

信息流广告展现形式丰富多样，且能与很好的创意结合组成不同的玩法，如文字、图文、文字加视频、H5（第五代超文本标记语言）等多种样式。对比其他形式的广告，信息流广告可以制作表情包、与他人分享讨论等，更容易激发受众的主动性，促进其接受、分享以及二次传播。

3. 投放更加精准

我们日常上网的过程中会留下痕迹，无论我们搜索哪些内容，打开哪些网页和看了哪些视频或者在手机上办理了什么业务，后台都留有数据，也就给我们每个人都打上了标签，如地域、年龄、性别、学历、身份、兴趣爱好、关注内容等，多维角度呈现出用户的社交关系；构建出用户画像。而信息流广告可基于数据和推荐技术将广告精准地推送给目标用户群体，帮助企业实现精准获客。

4. 效果评估更准确

信息流广告与内容结合更好，更易躲过广告屏蔽软件，有效提高广告曝光率，节省广告预算。信息流广告投放是一种数字化的营销模式，任何行为和动向都可以通过数字及时地记录下来，而且是非常准确的，包括点击、转发、评论和观看等，可以通过这些数据来分析哪些内容更受大众的欢迎，把投放的目的更加合理地分配定位到更多的用户，获取更多有意向用户的信息。

5. 互动性更强

以抖音的信息流广告作为例子，抖音平台方制作的信息流广告可以与普通用户上传的视频一样，通过点赞、评论和分享获得用户的关注，因为这种互动性的广告更容易被人们所接纳，再加上可以通过互动了解更详细的内容，信息流广告可以更好地进行传播，挖掘更多潜在的客户。

8.5.2 信息流广告存在的问题

信息流广告相较传统广告虽然具备一定的优势，但在实际运行过程中，也出现了质量不佳、形式缺少创新、伦理失范等方面的问题。

1. 质量不佳

自2012年信息流广告在国内市场出现之后，短短的几年时间，就在点击率、阅读量和转化率等方面实现了大幅度跃升。信息流广告这种新颖的广告形式被各大企业广泛使用的同时，也不可避免地出现了部分平台只重数量不重质量、只重流量不重内容等问题，内容低劣的广告无序抢占广告和营销市场，出现了整体信息流广告质量参差不齐的局面。更有不法广告商钻审核机制不健全的空子，为博人眼球，投放错误价值导向、粗制滥造、情节庸俗的广告。平台内部信息流广告并非完全符合规范，除了审核机制的不完善，广告本身内容质量也存在问题。

2. 形式缺少创新

1）广告展示方式单一

信息流广告与传统广告的展示方式最大的区别在于：传统广告有固定展位、固定展示内容，而信息流广告的展示位置灵活，广告内容也具有差异性，但是信息流广告在各大信息流平台上的展示样式过于单一，造成信息流广告展示方式缺乏创新性，以至于对用户不具有足够的吸引力。

2）互动形式缺少创新

调研数据显示，在搜索引擎、社交平台、视频移动端等信息流平台所投放的信息流广告中，仅有社交平台移动端具有创新性的互动模式，相较传统媒体而言，信息流平台所具有的新媒体技术在广告的传播和产品营销推广方面具有优势，这一点在社交媒体信息流广告日常互动性中有所体现。以微博为例，品牌商在微博首页、关注页等内容页中投放原生广告，广告与微博日常内容如出一辙，同样有点赞、评论转发按钮，用户可以在其下端进行评论、互动，提升了广告的趣味性。但是，大部分的信息流平台并不具有这一优势,缺乏互动的信息流广告展示形式,就缺乏足够的吸引力、传播力,缺少广告传播的灵活性。

3. 伦理失范

1) 身份固化问题

信息流广告是基于大数据并依据用户属性进行的个性化推广,大量数据分析和市场调查结果显示,部分信息流广告的展示带有一定的"身份属性",这是由于用户身份信息在平台上被动进行了等级划分,企业针对不同社会地位的人群投放不同品牌的产品广告,美其名曰"为用户提供更精确的营销";但是这种方法是使人和产品隐形对等起来,在倡导人人平等的现实社会,引起了等级观念之争。例如,在不同的微信朋友圈、QQ空间等用户信息交互平台中,会出现完全不同档次的品牌,就算是类似的产品,也不是机会均等地出现在朋友圈中,不同层次和类型的用户所接收到的广告是完全不同的。用户等级观念是信息流广告中隐形但不可避免的道德问题,容易引发争议。

2) 隐私窥探问题

现阶段,平台运行信息流广告时大多数没有建立保护用户隐私的闭环生态。一般而言,平台之间会进行用户信息交互,结合用户使用过的各大平台的后台数据,如电商平台的用户历史浏览记录,包括用户在各个商品内容页停留时长、浏览次数等;用户购物习惯、惯用的App软件、常用的付款方式等,综合分析用户的个人喜好和生活习惯,信息流广告的内容制作与以上信息密切相关。不可否认,信息交互确实为满足用户需求提供了便利,为广告主服务用户拉近了距离,几乎达到"面对面"的服务水平,但是大多数情况下,用户会感觉到自己时刻被一双看不见的眼睛监视着,没有隐私空间,导致用户安全感丧失。

案例

思考题

1. 什么是信息流广告?其优势体现在哪些方面?
2. 为什么说信息流广告是"最不像广告的广告和最像内容的广告"?
3. 简述信息流广告的运作模式。
4. 简述信息流广告的计费模式。
5. 以某一具体的互联网平台为研究对象,试分析其信息流广告的特点。
6. 谈谈信息流广告的优势与劣势。

第 9 章

多感官广告

本章概述多感官广告。通过展现当前流行和兴起的 VR 广告、AR 广告、智能视频广告、元宇宙广告等多种多感官广告，勾勒出多感官广告的发展与演进基本面貌。

9.1 多感官广告的基本概念

随着数字技术和互联网技术的迅速发展，由"眼球经济"向"体验经济"时代过渡成为可能，人们借助不断发展的科技知识模拟和控制人类的感官功能，互动体验、沉浸式体验、受众传播均已经成为新智能广告的标志性特征，将感官元素与互动体验结合起来提高受众的参与度成为广告在表现形式和技术领域的一大革新。研究者发现，在各大决定消费者感官购买欲望的器官中，视觉器官占了 58%，嗅觉器官占了 15%，听觉器官占了 11%，味觉器官占了 31%，触觉器官占了 25%[①]，并且五感产生的联觉反应是人体各自单一接受某种感觉所带来的信息量的数倍。也就是说，广告要深入消费者内心，应当从"轰炸式"转向"体验式"，覆盖越多的器官，受众的印象也就越深刻，多感官广告具有广阔的应用空间。

9.1.1 多感官广告的定义

多感官广告是指人们借助科技发展，突破视觉传统推广模式所带来的局限，从人体感官视、听、味、嗅、触感入手，多层次刺激消费者感官机能，使消费者认识产品更加真实，更有效地引导消费的广告传播形态。多感官类广告借助心理学、生理学理论，重视个体的感觉器官受到外在刺激所产生的反射行为和情感体验，将人与商品信息沟通的介质置于人的感官层面，是一种更接近顾客、以顾客为中心的营销协助手段。通过增强式、沉浸式、互动化体验的感官基础，可以进一步增强感官感受，或使更多的感官连接、作用，实现从感官到情感的深刻体验。感官广告影响的不只是消费者的情绪，还有消费者的认知。好的感官广告能够帮助消费者多保留一层品牌的记忆，形成感官印记。当消费者想要购买某一样物品的时候，最先想到的也许就是当初给他带

---

① 多感官设计. [EB/OL]. https://wiki.mbalib.com/wiki/%E5%A4%9A%E6%84%9F%E5%AE%98%E8%AE%BE%E8%AE%A1.

来独一无二感官体验的品牌。此外，多感官广告还能帮助形成良好的品牌资产，为企业提供价值。当然，对大多数产品来说，多感官广告并非万能，所起到是锦上添花的作用，它不能成为产品的核心卖点。因为消费者将这些视为产品外部的东西，必须花费广告成本，而且这些做法可模仿性强，容易被竞争对手复制，难以成为企业经营的护城河。

9.1.2　多感官广告的表现形式

多感官广告根据广告介质可以分为四种主要的表现形式：视觉体验、触觉体验、听觉体验、嗅觉体验。视觉体验广告是多感官类广告中应用最为广泛的一种形式，是指广告媒介通过媒体技术使受众经由画面获得视觉的过程。从空间维度来说，有 2D（二维）和 3D 传播，与听觉、触觉相结合，还可形成视听觉、视触觉广告形态。触觉体验广告是指在对物体的外形特征进行感知的同时还能对物体的质感直接作出反应的广告。听觉体验广告是指广告媒介通过媒体技术使受众经由声音获得听觉的过程。嗅觉体验广告是指广告媒介通过媒体技术使受众经由气味获得嗅觉的过程。当然，以上划分不是绝对的，大多数时候，广告媒介会将多种感官感受结合起来，给受众带来深刻难忘的感官体验和情感异动。人的感觉是有阈值的，作用于感官的刺激过小，消费者便可能感受不到其中的差异。因此，商家在进行多感官广告的时候，必须打造在感官体验上明显的差异，以方便消费者识别品牌信息。

9.1.3　多感官广告的发展演进

传统多感官广告在视觉上重视颜色、亮度、风格、形象等，在听觉上提高声音的辨识度、清晰度等，从嗅觉上保持专属气味等，从触觉上提高产品的质感和舒服度。传统广告中有不少增强感官体验的经典广告，主要是使用断句式短语、以人为主语的词汇或者通感激活消费者的感官记忆，让人们"听"到身临其境的感觉等。断句式短语有洗脑之效，以人为主的词汇将关注点不落在产品本身，而是偏重对人性的关注，使消费者更容易记住品牌广告语。如"高露洁微笑""绝对伏特加"等经典广告语，迪士尼的"欢迎来到梦想之国！在这里，尽情放飞你的创意和幻想，让微笑和魔力代代相传"。这些品牌都是粉碎产品自身的名字，让用户通过产品的颜色、语言、形状、名字等碎片化的部分认出产品。说到"听"到产品的声音广告，我们很容易联想起农夫山泉的瓶装水广告，潺潺的水声让人回想起水在大自然中流动的声音，获得农夫山泉"大自然的搬运工"的体验。此外，当听到《我在那一角落患过伤风》的经典旋律时，我们的脑海之中会自然而然地想起宋慧乔代言的步步高音乐手机广告。这支广告的大获成功也使步步高成为音乐手机的代名词，堪称广告营销史上的经典案例。

近年来，随着 5G、物联网、元宇宙技术的快速发展，同时疫情之后，人们对走出家门开展日常的人际交往及户外活动的重视，户外广告的发展迎来了新的机遇。一些占据着独特地理位置、全天候展示且渗透力极强的户外广告，通过新技术加持，打造出以多感官融合为基础的全新广告形式，不仅能做到图片、文字及视频音频的集合，进行直达最多人次目标受众的广告展示，更能强化用户与用户之间或用户与广告信息之间的互动，甚至开展品效合一的广告。比如，由于新技术推动而流行和兴起的VR广告、AR广告、智能视频广告、元宇宙广告等。

9.2 VR、AR广告

VR提供使用者关于视觉、听觉、触觉等感官的模拟，让使用者如同身临其境一般，可以及时、没有限制地观察三度空间内的事物。VR技术的核心是"3I"，即"沉浸""交互（interaction）""想象"。AR是一种将真实世界信息和虚拟世界信息"无缝"集成的新技术。增强现实技术，不仅展现了真实世界的信息，而且将虚拟的信息同时显示出来，两种信息相互补充、叠加。AR系统具有三个突出的特点：真实世界和虚拟的信息集成；具有实时交互性；在三维尺度空间中增添定位虚拟物体。

目前受众面较广的多感官型广告主要是VR、AR视觉冲击广告，这是依托体验经济社会形态发展起来、以虚拟现实技术为支撑、以用户体验为出发点，具有感官体验的沉浸性、信息互动的及时性、用户体验的差异性及广告投放的高精准性等特点的一种新型广告形式。①VR/AR广告使受众沉浸在利用计算机生成的拟态环境或可交互的三维立体环境中，用户在虚拟的场景中，被引导参与使用产品或服务。VR/AR广告着重强调消费者对于产品的虚拟体验，让用户通过产品的虚拟体验加强对产品的认知，进而促成用户的消费行为、刺激其潜在消费行为，达到广告主品牌传播的目的。国内外不少品牌都开始尝试运用VR/AR广告，如迪士尼、迪奥、奥利奥、麦当劳、三星、沃尔沃、伊利等。②

9.2.1 VR、AR广告的主要应用

1. 扩增实境技术AR广告

户外实体广告利用AR扩增实境技术，给受众带来视觉冲击力并激发其好奇心，进而使其关注广告，留下较深的印象。例如，百事公司的Unbelievable Bus Shelter品牌宣传广告，以为市民带来生活乐趣为出发点，运用AR广告形式表现。显示器设备设置在公交车站的一侧，看似一块透明的玻璃，透过玻璃能看到对面的场景。广告通过

---

① 高寺东.AR技术在品牌传播中的应用[J].新媒体研究，2019(9)：26-27.
② 刘燕.科技助力广告创意思路升级——VR和AR元素在广告中的应用[J].视听，2017(10)：189-190.

扩增实境技术，将真实场景与有趣的虚拟要素结合，等车的人出于好奇会关注显示器后面的情况，而后面展示的就是百事可乐的平面广告。

2. 扫码进入的AR广告

扫码进入虚拟场景的AR广告具有成本低、技术要求低的特点，对于在培育、生产、制作过程中有良好画面感和体验感的产品，广告主希望让受众看到产品之外的流程环节，常常使用AR增强现实场景广告。如食品类的商品，随着人们对食品安全重视程度的提高，食品安全成为影响消费者购买动机的重要标准。很多商家借助VR/AR的科技手段，实施可以展示产品生产过程的广告创意。如国内的伊利金典有机奶（图9-1），为传播"有机"和"天然"的品牌主张，从2016年开始就从VR直播、VR游戏、AR扫描等不同角度利用新技术开展品牌宣传和营销。

图9-1　金典的AR扫描广告

3. 裸眼3D的AR广告

裸眼3D是单纯地通过肉眼直接感受3D图像与视频，通过AR技术，达到与戴上3D VR眼镜相仿的效果。3D立体的形式有很多，如实物型凸凹立体、结构错觉式立体、明暗阴影立体、光学材料立体、眼镜视频立体、裸眼视频立体、激光全息立体等。2017年，可口可乐公司将2004年建成的广告牌撤掉，换成了一块由1 760块独立移动LED（发光二极管）屏幕组成大约六层楼高的超级3D广告牌，使之成为"世界上最大的3D自动广告牌"和"世界上第一台3D自动广告牌"。如图9-2所示，其每个高分辨率的LED立方屏幕都能独立收缩和延伸，从而达到3D效果。韩国SM公司在大楼外构建了一块宽80.1米、高20.1米的高清户外广告屏幕，里面投放了波涛汹涌的巨浪，其真实的立体感让很多人震撼不已。裸眼3D的AR技术可以给消费者带来视觉冲击产生记忆，弥补传统2D广告"容易被遗忘"的缺点，也可以弥补其无法做到"交互性"的不足。另外，裸眼3D的AR技术还可以提供给消费者"沉浸式"的体验感，使品牌通过深度体验会来触达消费者。深度体验会大幅度加深与提升消费者对其的印象和关注度，并且裸眼 3D 以其震撼的视觉体验可以在短时间内吸引观众，使观众有兴趣了解产品。随着裸眼 3D 硬件及算法技术的成熟，这种新型广告投放领域也会越来越大。

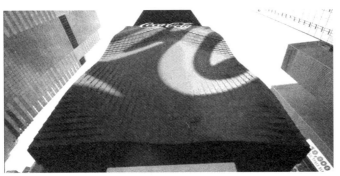

图 9-2　可口可乐的裸眼 3D 广告

4. VR 眼镜广告

对于一些类似房屋、汽车等产品，可能通过简单的视觉来展示，而产品的体验性则有所欠缺。新型的 VR 眼镜广告弥补了这一缺陷，观众只要戴上 VR 眼镜观看广告，就可以置身广告场景中，触摸到产品，体验产品的质量和性能。如汽车 VR 试驾体验，这种广告形式比单纯的介绍更加生动，也更容易激起消费者的购买欲望。周杰伦曾为大众迈腾执导了一支 VR 广告，这支广告以电影情节的形式，让消费者通过 VR 试驾体验达到了解汽车主要性能的目的。例如，龙舌兰酒品牌培恩利用 VR 技术制作了酿酒过程的宣传片，让消费者戴上 VR 眼镜体会从原料采集、发酵酿制一直到包装出售的全过程。迪奥（图 9-3）曾利用 VR 眼镜为没有到达时装周现场的顾客提供延伸服务，他们可以利用 VR 眼镜 360 度全景观看秀场表演，还可以看到台前幕后的准备情况。目前，大多 VR 媒体（内容）都能以第一视角在 YouTube、Facebook 和 WebVR 中分享视频，提供给用户一种仅需单击就可以享受到的 360 度全景视频体验。

图 9-3　迪奥的 VR 广告

随着电子设备成本下降，某些 VR 个人设备由原来动辄数万元的售价降到了目前两三千元的程度。随着 5G 通信以及虚拟影视技术的进一步发展，未来的 VR 个人穿戴设备将会发展成类似手机的个人终端，每个用户都能拥有一台 VR 设备，这台 VR 设备可以连入互联网，在互联网上与其他用户交互，或者是观看比 3D 更逼真的影视作品，或者是在 3D 虚拟网站上浏览购买商品。这样一来，每个 VR 用户都会在互联网上形成自己的用户画像，广告平台可以利用这些信息，个性化、智能化地推送更加逼真、体验更佳的广告。

9.2.2　VR/AR 广告的主要特点

1. 传播沉浸化

运用 VR/AR 技术，可以使计算机与网络技术实现有效融合。在构建的 VR/AR 技术虚拟现实形式下，人们在使用计算机的过程中形成一种交流形式，就是虚拟现实中的沉浸式特征。所谓的沉浸式，就是让使用者在使用某一物品过程中，感觉自身全部置于这样的虚拟世界中，并可以对虚拟世界的所有事物有所感知，使用者在对虚拟环境事物的接触中，有着一种尤为逼真的感觉。毫不夸张地讲，VR/AR 技术融合广告视频，可以将产品功能以及产品特性充分展现出来，人们并不局限于了解和观看产品性能以及产品外观，而是可以对这款产品亲自体验一番。在这样的情况下，人们能够更多地感知产品外观以及产品性能。VR/AR 视频广告力争将产品图像转化成为一种"实物"，以此来获得更多社会公众的关注和认可。

2. 图像立体化

受众在接收传统视频广告时，仅可以得到平面的图像信息，而在接收 VR/AR 视频广告时，能够感知立体式图像。研究发现，立体形式的图像信息在为广大受众带来极优视觉体验的同时，也更加极致化了视觉传播。视觉传播是指人由视觉观感发展到思维认知的过程，这一过程需要借助眼睛和大脑来共同实现，人眼观察到某一事物后，脑海中就会留下某一印象、产生一些联想。不同形式的媒介，对于人们感知以及接收事物，并在脑海中的成像和发挥作用均有区别。纸质型媒介利用图片以及文字方式来描述各项事物，人们在接收这些事物后，还要借助自身的经验和能力来理解这些文字与图像，对事物原本面貌展开想象，很可能认知不到位或产生偏差。电子媒介是较纸媒有更为丰富信息的媒介，以图像来描述各种事物，可以帮助人们对事物产生更为直观和具体的印象，而更为逼真的 VR/AR 广告由于不仅能向人们展示更为直观生动的事物特点，还能使人在与虚拟事物的互动中得到乐趣，因此在广告领域的前景可期。

3. 场景精准化

VR/AR 广告是一种偏重场景结合的广告，能为广告效果带来倍增效应，达到场景营销的目的。场景营销在产品销售中，商家利用形象、生动的语言来为广大受众描绘产品及其使用的景象，从而引起广大社会公众对这幅图像的向往，进而激发广大受众购买商品的欲望。商家构建的场景是否能够吸引消费者，对于产品营销量具有重大意义。在今天的互动时代，网民在网络使用过程中会处于搜索、输入以及浏览场景中。在这些场景中，产品信息必然会影响网民。如支付宝为所有网民构建的就是一个支付场景，在这一场景中，线上支付的快捷方便使支付宝得到快速推广。在移动互联网时代与应用大数据背景下，VR/AR 视频广告可以为广大消费者构建精准化、科学化的购物场景。在 VR/AR 广告视频观看过程中，消费者以一对一的形式接收信息，并对视频广告的场景进行身临其境般的感知与体验。如此精准化、便捷化的服务大大提高了广告传播的效率。

9.3　智能视频广告

智能视频广告是指以大量交互设计与暗合人性的智能算法推荐为核心的短视频广告。人工智能、大数据、云计算等新技术在短视频行业中的融合应用为智能视频广告的全面崛起提供了必要的技术环境。

9.3.1　智能视频广告的兴起

自进入移动互联时代以来，随着通信技术的不断升级，广告内容在传播形式和传播效率上已经有了质的飞跃。从图文传播到视频传播，从长视频分享到短视频互动，从传统标引体系下的电商推荐模式到依托大数据与人工智能的智能视频推荐模式，从传统的视频呈现到可以通过增强现实、虚拟现实等技术赋予内容更多有趣的变化，这些智能广告体系中出现的新特征均是互联网技术和新媒体技术日趋成熟的体现。短视频的兴盛是新媒体技术和互联网技术在各自环境下不断强化后共同突破的必然，是技术链综合发酵后的重要体现，其中智能算法推荐成为最为关键的因素。如今，智能推荐算法技术已在抖音、快手等短视频内容聚合平台信息分发端广泛、深入且全面运用。2021 年第一季度，短视频行业头部平台抖音、快手相继发布官方报告，数据显示，二者日活跃用户数分别突破 6 亿和 4 亿，远超其他平台。

短视频平台的内容生产中最突出的变革就是 UGC 模式，这一模式占据了主流，用户在满足一定条件后均可相对自由地引述资讯、分享观点，演绎与创造内容，并在生态体系下实现信息流服务的增值。基于移动互联网的 UGC 模式完全颠覆了传统传媒时代以电视、PC 为主要终端的内容生产传播体系，也不同于以新浪等为代表的互联网平台信息传播方式，它充分体现了移动互联的"价值革命"，即消费者角色由被动接受信息服务的顾客转变为内容建构和内容传输的参与者，平台与用户通过相互合作共同发展，形成双赢。UGC 模式并非短视频平台开创，在信息流以图文为主要形式的传播时代，UGC 的内容分享模式在以微信、垂直社区为典型代表的互联网平台中就已经广泛存在。视频的实质是"感官共享"，在视频影像场域里面感受到的体验是更具有厚度的生命体验。用户沉浸于视频影像中，是柏格森的"绵延"，自我、媒介、内容的独立性消失了，它们交融成一种内在感受在心中留存。"当我们完全地进入对象认识对象的绵延，就会获得轻松感"。[1]

短视频广告较之传统广告，在三方面满足了用户在新媒体时代对信息的高阶诉求：首先，短视频广告更好地释放了用户的精神压力。在中国经济高速增长的环境下，伴随着高强度的工作和巨大的生活压力，用户的可支配时间大量减少，而短视频平台为用户提供的广告内容相对轻松、有趣且信息较为简短，符合在当前社会环境下用户放松自我、释放情绪的需要，也契合用户碎片化利用时间的需求。其次，短视频广告更好地满足了用户的好奇体验。在 UGC 模式下，平台每时每刻都会有新鲜、个性化突出的广告内容涌现，用户永远无法得知下一次能够看到什么样的内容，这种"黑箱"式的体验方式可以充分满足用户的好奇心，让其在快速翻屏的过程中享受新奇的情绪体验。最后，短视频广告更好地满足了用户自我表现的欲望。平台通过一系列互动性功能的设置，使广告内容的生产与发布变得相对简单且有趣。无论是娱乐生活的广告创作，还是优质内容的传播，用户在参与广告创作并与粉丝、朋友互动的过程中均可体会到一定的社会性满足感，可以在比较舒适、低压的环境下满足自己的社交需求，有效缓解社交焦虑。

9.3.2　短视频智能算法推荐的典型特征

针对信息环境更加复杂、信息频率更高、信息量过载以及新用户数据难以瞬时捕捉等传媒行业特性，短视频算法推荐在"基于内容的推荐"和"基于协同过滤的推荐"的基础上，充分运用机器学习、深度学习等前沿的人工智能技术，构建了更为复杂的内容分发机制，并呈现去中心化、复合推荐、实时分析与渐进式推荐以及动态修正等鲜明特征，从而实现了信息与人的高效联结，极大地提升了信息的传播效率。智能推荐算法技术在对短视频内容及用户阅读行为标签化、指标化的基础上，尝试建立二者的对应关系，以此判断短视频内容是否推送，使之在碎片时间、碎片空间、碎片内容、碎片场景等多个维度全方位攫取用户日益稀缺的注意力成为可能。

1. 去中心化

在智能算法推荐出现以前，用户获取信息的来源相对固定，信息流量的中心化特

---

[1] 柏格森. 时间与自由意志[M]. 吴士栋，译. 北京：商务印书馆，2017：80.

征非常突出，流量向少数焦点汇聚，形成流量寡头，绝大部分用户只能被动接收信息。而短视频算法推荐则采用了去中心化的内容生产机制以及去中心化的流量分配机制，这一点与旧媒体时代截然不同。在去中心化的内容生产机制下，"人人皆为媒体"成为可能，大量内容生产者依附平台创作内容，推动了内容数据量的高速增长，而数据量的激增也为智能推荐算法的优化提供了土壤。在去中心化流量分配机制下，普通用户创作的内容也可以获得一定的推荐量和曝光率，避免了流量的过度倾斜。短视频推荐算法的去中心化特点极大地提升了内容创作者的积极性，在一定程度上消除了信息垄断、降低了消息的裂变门槛、提高了消息的传播效率。

2. 复合推荐

无论是早期的"基于内容的推荐"和"基于协同过滤的推荐"，还是后期的基于深度学习、机器学习的"效用推荐"，都是先为每个用户创建一个效用函数并关联规则，然后从大量用户行为数据中发现强关联的规则去匹配用户，其在不同的信息消费场景中均可以发挥自身的作用。具体来说，如果一个新用户第一次进入短视频平台，在平台无法迅速获取用户画像的情况下，无法直接采用"基于内容的推荐"为其分发最适合的内容，此时通常会采用"效用推荐"的算法机制，通过随机性的内容分发，分析用户在这种随机性当中的具体表现，再集合大量用户的数据完成"数据训练"，最终完成信息与人的匹配。如果用户已经使用该平台较长时间，平台已有充足的用户基础信息以及点击率、关注与点赞等行为数据来进行用户画像的确认，则采用"基于内容的推荐"和"基于协同过滤的推荐"实现信息与人的高精度匹配。智能算法的复合推荐特征，有效解决了在不同信息消费场景中如何全面覆盖用户需求的问题，为信息与人的高效联结提供了全天候的基础。

3. 实时分析与渐进式推荐

短视频的智能算法推荐系统与搜索引擎的结果排序、电商的个性化推荐等智能推荐的最大不同是智能算法推荐的实时分析特征。在传统的智能推荐中，平台可以采集到的用户行为数据较少，实时分析的必要性较低，而作为信息交互极为频繁的短视频平台，如果不能进行信息的实时分析并在分析的基础上完成实时、动态的智能推荐，那么用户黏性将大幅降低。短视频智能算法推荐系统的实时分析，以用户对信息的阅读行为为分析要素，包括转发量、评论量和完播率等，依据实时的行为分析结果来判定信息随机分发的用户基本盘大小，实现信息传播效率的最大化。具体来说，平台会在刚开始给予每个新的短视频一定的推荐量，如果此视频的阅读效果不佳，则立刻终止增加推荐量。而如果表现良好，触达智能算法继续推荐的标准，那么平台会自动增加推荐量，直到覆盖与此内容有关的全部用户基本盘。实时分析与渐进式推荐是当下短视频智能推荐系统的典型特征，内容的分发基本由智能程序体自动完成，让数据能够"说话"并发出推荐指令，从而实现信息传播效率的最大化。

4. 动态修正

动态修正是指短视频智能算法推荐在运行过程中，会根据传媒领域的热点进行算法加成，同时对一些反社会价值的内容进行热度干预，进行冷却处理甚至剔除，且这种加成与冷却的算法动态修正需要随着内容的不断变化而持续迭代。在动态修正的辅助模型下，需要对已有的智能算法推荐模型持续进行热点加权、价值观加权等修正处理，并在强化内容审核的基础上，对劣质内容进行人工干预修正。严格地说，动态修正的很多举措并未完全遵循智能算法推荐自动分发内容的核心逻辑，它加入不少人工干预的因素，使算法看起来并非完全智能，但这是智能算法推荐在信息传播中必须权衡的问题。个体对信息的评判千差万别，如果没有一定的修正，可能会导致部分劣质信息流的无序传播与高速扩散。因此，即便看似"非智能"，动态修正也已经成为短视频智能算法推荐模型中不可或缺的部分，是把控"千人千面"推荐体系的标尺与利剑。

9.3.3 智能视频直播广告

直播作为一种媒介形式、商业模式和互动手段，具有即时性、互动性、自主性等特征，是一种更为软性的广告。视频直播叠加智能推送的智能直播广告已经成为当前广泛流行的广告形态，它与各个垂直领域相结合，可以细分为娱乐直播、游戏直播、购物直播、新闻直播和体育直播等。

2023年3月2日，中国互联网络信息中心发布的《第51次中国互联网络发展状况统计报告》显示，截至2022年12月，我国网络直播用户规模达7.51亿，较2021年12月增长4 728万，占网民整体的70.3%。其中，电商直播用户规模为5.15亿，较2021年12月增长5 105万，占网民整体的48.2%；游戏直播的用户规模为2.66亿，较2021年12月减少3 576万，占网民整体的24.9%；真人秀直播的用户规模为1.87亿，较2021年12月减少699万，占网民整体的17.5%；演唱会直播的用户规模为2.07亿，较2021年12月增长6 491万，占网民整体的19.4%；体育直播的用户规模为3.73亿，较2021年12月增长8 955万，占网民整体的35.0%。[①]《2022中国互联网广告数据报告》中指出："从媒体平台类型看，视频平台市场占比23.03%，是第二大类广告平台；从广告形式看，视频广告市场占比22.19%，是第三大类广告形式。在视频类别中，短视频是唯一一类在媒体平台与广告形式上都呈现增长的品类，也是2022年唯一增长的品类。"我们正身处于一个"直播即传播""直播即广告""直播即销售"的全民直播时代。

---

① 中国互联网络信息中心. 第51次中国互联网络发展状况统计报告[EB/OL]. https://www.cnnic.net.cn/NMediaFile/2023/0322/MAIN16794576367190GBA2HA1KQ.pdf.

1. 真人主导的智能直播广告

真人主播主要分为名人和素人两种。真人直播强调真实性和个性化，主播的魅力和人格特质是直播内容的关键。大量网红、明星等真人主播具有强大的带货能力，他们往往比素人主播更具有广告价值。以真人主导的智能直播广告主要聚焦电商领域，其优势体现在以下几方面。

第一，操作简单。无论是在 PC 端还是在移动端，只要网络设置成功，广告主随时随地都能进行直播，用户也可以便捷地观看直播、购买商品，可以说直播真正具备了低门槛性与强渗透性。

第二，具备较强的双向互动性。在直播过程中，用户与真人主播可以在评论区进行即时交流，同时不少平台都推出了自己的智能客服机器人，它们在直播间同样也能与用户互动，而且更加迅速、便捷与智能。强互动性为高转化率打下了坚实的基础。

第三，营销、广告、售卖浓缩为一体，极大地提高了广告的转化率。在传统理论和实践中，以 4P[产品（product）、价格（price）、渠道（place）、促销（promotion）]和 4C[顾客（customer）、成本（cost）、便利（convenience）、沟通（communication）]为内容的市场营销，以商业信息媒介传播为特征的广告，以付费购买为标志的售卖是截然分离的，在概念上具有明显的边界，与消费者的接触点、发挥的作用也不同。随着媒介对时空的消融，三者的边界变得模糊，甚至浓缩为一体。在电商直播中，主播推荐、商品宣传与商品销售浓缩在一个直播间的一个时刻，直播间化身为具有临场感的消费场景，尤其是主播劝服性的商业宣传和消费者付费购买几乎同步，广告与售卖同时发生，加大了对电商直播进行界定的难度。[1]

2. 虚拟人主导的智能直播广告

虚拟主播是虚拟数字人下的重要分支，被定义为通过全身动态捕捉技术，以虚拟形象从事网络媒体或者直播事业的新型互联网传播主体。虚拟主播主要分为媒体型虚拟主播、娱乐型虚拟主播和电商型虚拟主播。[2]

2022 年中国虚拟人带动产业市场规模和核心市场规模分别为 1 866.1 亿元和 120.8 亿元，预计 2025 年分别达到 6 402.7 亿元和 480.6 亿元，呈现强劲的增长态势。[2]iiMedia Research（艾媒咨询）的数据显示，虚拟主播行业存在较大的商业空间，其中包括销售衍生品周边、品牌代言、作品打赏、直播带货等，在未来有 36.7% 的受访者对虚拟主播的消费意愿将增强。随着 ChatGPT、文心一言的发布，基于深度学习的自然语言生成技术与虚拟人结合成为可能，虚拟人的智能化水平有望得到极大的提升，将在不

---

[1] 秦雪冰. 从非人格性到媒介性：电商直播背景下广告观念的更新[J]. 编辑之友，2021(5)：84-88.
[2] 艾媒咨询. 艾媒咨询|2023 年中国虚拟主播行业研究报告[EB/OL]. （2023-04-06）. https://mp.weixin.qq.com/s/CzfL48yem0AwZXANQBJmhw.

同领域发挥效果，例如直播带货领域，可以帮助实现24小时与客户无障碍沟通。[①]

以虚拟人主导的智能直播广告也同样围绕电商领域开展营销传播活动，其优势包括几个方面。

第一，强烈的个人风格，迎合多样化的审美需求。例如，第一位虚拟中文歌手"洛天依"不仅在外貌上与动漫人物形象别无二致，符合二次元群体的喜好，同时歌声迷人、感情丰富，打动了无数用户，成为国内最成功的虚拟偶像 IP；2021年，抖音推出的虚拟人"柳叶熙"走"美妆+国风"路线，一夜之间爆红全网，堪称2021年现象级虚拟人；2022年，快手上线虚拟偶像歌手"神奇少女张凤琴"，在短短数月时间里，粉丝突破20万，浏览量更是破千万。或主打外貌，或关注歌声，或聚焦功能，风格多样化的虚拟人满足了不同用户的长尾需求。对广告主而言，他们可以与符合自己产品或品牌定位的虚拟人开展直播合作，面向特定人群，进军某一垂直细分赛道。

第二，突破生理极限，真正做到全天候直播。由于人类的生理极限，不可能做到不间断直播，但是虚拟人的出现解决了这一问题。作为智能传播时代的新型数字劳动力，虚拟人可以做到24小时×365天永久在线，不间断地工作，真正实现了全天候直播。2022年，京东打造的美妆虚拟主播"小美"现身圣罗兰、科颜氏、欧莱雅等多个美妆品牌直播间，开启24小时不间断直播（图9-4）。在直播过程中，"小美"如真人主播般声音自然、动作流畅，凭借专业的美妆知识与讲解技能，为用户带去了更多新奇的体验。

图 9-4 京东的美妆虚拟主播"小美"

[①] 艾媒咨询. 艾媒咨询 | 2023 年中国虚拟主播行业研究报告[EB/OL]. （2023-04-06）. https://mp.weixin.qq.com/s/CzfL48yem0AwZXANQBJmhw.

第三，更低的风险系数。根据美国社会学家欧文·戈夫曼（Erving Goffman）的拟剧理论，每个人都在扮演一定的社会角色，我们的一言一行都是在进行表演，他将区域分为前台区域——"某一特定的表演正在或可能进行的地方"[①]，以及后台区域——"那些与表演相关但与表演促成的印象不相一致的行为发生的地方"。[①]一般来说，为了加强印象管理，我们需要将前台区域与后台区域严格分开。对真人主播而言，直播间是他们表演的前台，但是随着他们许多的后台行为被逐渐曝光，并且与前台行为大相径庭，出现了网络上所说的"人设崩塌"现象。比如，淘宝头部主播薇娅在直播间塑造的是有能力、有爱心的完美形象，她既能创造销量的新神话，同时也经常开展公益直播，即戈夫曼所说的"理想化表演"。但是在 2021 年她因为偷逃税款被罚 13.41 亿元，引发舆论声讨，这便是戈夫曼所言的"表演失败"。由此可知，真人主导的直播十分倚重头部主播的力量，一旦他们出现前后台不一致的行为，极易导致道德与法律风险，这给广告主带来了更大的不确定性。虚拟人尽管也可能存在"人设崩塌"行为，如抄袭问题、价值观导向问题等，但是总体来看，其安全系数要高于真人主播。

9.4　元宇宙广告

未来还会出现哪些新的多感官广告？它们会对广告业产生何种影响？未来智能广告又将何去何从？正如未来学家与媒介理论家尼葛洛庞帝所言，预测未来的最好方法就是把它创造出来。目前，元宇宙已经初见雏形，或许它将成为未来智能广告的主流应用场景。

美国科幻作家尼尔·斯蒂芬森（Neal Stephenson）在科幻小说《雪崩》（*Snow Crash*）中正式提出"元宇宙"和"化身"（Avatar）这两个概念。他将元宇宙描述为"所有人可以通过耳机和目镜等连接终端，以数字分身的方式进入虚拟空间中。该虚拟空间是和现实世界平行的虚拟世界，在虚拟世界中现实的人们可以和虚拟数字分身之间实现互动"[②]。

元宇宙并不是凭空出现的新概念，早在 2018 年上映的科幻电影《头号玩家》中便已初现端倪（图 9-5）。在该电影里，男主角通过 VR 设备进入一个极其逼真的虚拟游戏世界——"绿洲"，并与其他玩家在里面进行冒险和社交。而"绿洲"就是一个典型的元宇宙。

元宇宙是信息世界及媒介技术发展到一定阶段的产物，是虚拟世界的数字发达形态。清华大学新媒体研究中心执行主任沈阳教授表示，元宇宙是整合多种新技术而产生的新型虚实相融的互联网应用和社会形态，它基于扩展现实技术提供沉浸式体验，

---

① 戈夫曼. 日常生活中的自我呈现[M]. 冯钢, 译. 北京：北京大学出版社, 2008：113.
② 陈昌凤. 元宇宙：深度媒介化的实践[J]. 现代出版, 2022(2)：19-30.

图 9-5　电影《头号玩家》

以及以数字孪生技术生成现实世界的镜像,通过区块链技术搭建经济体系,将虚拟世界与现实世界在经济系统、社交系统、身份系统上密切融合,并且允许每个用户进行内容生产和编辑。[①]

具体而言,元宇宙对智能广告的颠覆性变革体现在以下几个方面。

第一,提升广告主与广告公司的沟通效率。传统广告时代,两者之间的沟通存在不精准、效率低等问题,影响广告投放效果。元宇宙可以为两者之间的沟通提供交互性强、沉浸感十足的具身体验场景。比尔·盖茨(Bill Gates)于 2021 年提出了关于元宇宙在远程办公中的应用构想,即虚拟会议能够从 2D 图像转向元宇宙,VR 护目镜、动作捕捉手套等智能交互终端可以精准捕捉用户的面部表情、肢体语言、语音等,最终用户将通过数字化身在 3D 立体空间中进行实时互动与交流。[②]如果将这种设想运用在广告沟通上,那么广告主的微表情等非语言符号能够被及时捕捉,广告公司就能根据其即时反馈作出沟通策略的调整,从而提高沟通效率。

第二,提升数据处理能力。无论是用户洞察,还是竞争对手分析,广告行业所有的调查都离不开数据处理,但是在传统的技术条件下,广告行业面对数据总显得力不从心,尤其是在大数据时代,如何有效利用与分析海量数据成为现实难题。在元宇宙语境下,数据可视化等技术得以实现,数据的处理难题也将迎刃而解。比如,数据分析员可以依托 VR 与人工智能技术,借助可穿戴设备进入"元宇宙"式的数据空间,

---

① 什么是元宇宙?为何要关注它?——解码元宇宙[EB/OL]. (2021-11-19). https://baijiahao.baidu.com/s?id=1716854014749625905&wfr=spider&for=pc.

② 比尔·盖茨:未来两到三年内大多数虚拟会议将转向元宇宙[EB/OL]. (2021-12-10). http://finance.sina.com.cn/stock/usstock/c/2021-12-10/doc-ikyamrmy8115388.shtml.

通过手指拖动与触控等操作就可以完成对数据的分析。与此同时，元宇宙视角下的数据可以通过更加立体直观的方式呈现，有助于数据分析员更全面地了解数据背后的行业现状、用户需求与竞品状况等，为广告公司、广告主制定决策提供强大的数据支撑。

第三，激活广告创意。广告创意是广告的关键环节，广告公司的竞争可以说就是广告创意的竞争。如今，用户每天面对海量广告，必然难以对千篇一律的广告产生深刻印象，而注意力资源十分稀缺，对广告创意的要求也日益提高。这意味着广告创意需要有更开阔的思路，力求突破传统的二维广告形式。目前，3D 广告的普及率虽有一定提升，但广告的交互性与带给用户的沉浸感依然有所欠缺。在元宇宙语境下，虚拟数字人的出现满足了广告公司与广告主的创意需求。比如，蓝色光标于 2022 年 1 月 1 日发布的首个数字虚拟人"苏小妹"，就是以传说中苏东坡的妹妹为创意原型，她热爱诗词歌赋，传承优秀传统文化，同时也融入贴合时代的崭新个性，是新潮国风虚拟偶像。随着 5G 技术的深度应用，以及即将到来的 6G 时代，曾经阻碍广告创意实现的网络速率问题逐渐全面解决。以 VR 设备为例，更高速的传输能够减少用户佩戴设备时的眩晕感和不真实感，使用户更加沉浸在广告世界中。可见，广告创意在元宇宙时代将得到进一步的激活。另外，还有学者从技术可供性的理论视角预测，元宇宙时代数字广告将会朝"传播形态的视频化与场景化、业务运作的高度智能化、传播效果的沉浸化、市场交易的诚信化"①等趋向发展。

目前，有不少企业已经开始布局元宇宙广告产业版图。2022 年，奢侈品牌 Gucci 在游戏 Roblox 中推出了一个永久的虚拟空间 Gucci Town（图 9-6、图 9-7、图 9-8），这是继 Gucci 与 Roblox 合作推出为期两周的限时空间 Gucci Garden 之后，两者的再度合作。Gucci Town 以中央花园作为互动中心，将咖啡馆、迷你游戏空间及虚拟商店连接在一起，游戏玩家可以在小镇里面喝咖啡、聊天、自拍、进行艺术创作和参观 Vault Plaza 展览，也可以为他们在游戏里的虚拟角色购买 Gucci 的虚拟服装。元宇宙概念火爆后，大批奢侈品牌开始涉足元宇宙市场，而 Gucci 则一直是奢侈品牌探索元宇宙的先行者。除了游戏之外，Gucci 还推出过数字球鞋板块 Gucci Sneaker Garage，与社交软件 Snapchat 合作让用户可以在线虚拟试穿 Gucci 运动鞋，携手 Genies 使用户可以创建个性化的虚拟 3D 形象，并为自己的虚拟形象购买心仪的 Gucci 虚拟服装（图 9-9）。从游戏共创、虚拟试穿到数字服装，Gucci 正在全力打造一个属于自己的时装元宇宙。②摩根士丹利的报告显示，当元宇宙到来时，奢侈品行业都会获益。对时尚及奢侈品牌

---

① 曾琼. 从平移到颠覆：技术可供视域下数字广告的发展演进[J]. 湖南师范大学社会科学学报，2023(2)：114-122.

② Gucci 要在虚拟空间里建小镇！奢牌为何都钟爱元宇宙？[EB/OL]. (2022-06-10). https://mp.weixin.qq.com/s?__biz=MzI1NjA0NzYxNw==&mid=2247493410&idx=6&sn=9c2e25bdca976f697d4c812f960c6665&chksm=ea2e084cdd59815ad2483fca0501809600849f18574a88ca40c09b2d2052da22181a57fe7f73&scene=27.

的数字需求将会从目前较低的水平反弹,从而使奢侈品行业的销售额在 2030 年之前增加 500 亿美元。①可以预见的是,未来将有更多不同的行业进军元宇宙,开展以广告营销为主的智能传播活动。

图 9-6　Gucci Town (1)

图 9-7　Gucci Town (2)

总之,元宇宙实现了麦克卢汉所说的"人类意识的延伸",它的诞生将促进现实世

---

① 奢侈品闯入元宇宙,是财富密码还是虚幻泡沫?[EB/OL].(2021-12-22). https://baijiahao.baidu.com/s?id=1719838285581099016&wfr=spider&for=pc.

界和虚拟世界的连接与融合，可能会成为人类社会发展的新形态，改变人们的生活方式。它是高度社会化的产物，被视为并行于现实社会，实际上又深深植根于现实社会；它在广义上而言就是一个媒介，同时又是一个被深度媒介化的社会。在未来，元宇宙必将深刻地影响智能广告的发展与变革。

图 9-8　Gucci Town (3)

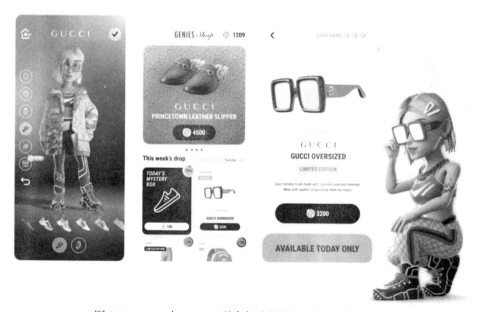

图 9-9　Gucci 与 Genies 联合打造的虚拟人物形象穿搭

案例

思考题

1. 简述多感官型广告的定义及其主要表现形式。
2. 简述 AR 广告、VR 广告的特点与优劣势。
3. 谈谈短视频智能算法推荐的主要特征。
4. 5G 技术在场景广告中发挥什么样的作用?
5. 元宇宙会对智能广告产生什么样的颠覆性影响?

第 10 章

智能广告伦理

本章从智能广告伦理的定义、伦理失范现象入手，探寻智能广告应当遵循的伦理原则。美国学者理查德·斯皮内洛（Richard Spinello）说过："技术往往比伦理学理论发展得快，而这方面的滞后效应往往会给我们带来相当大的危害"。智能广告学作为一门研究广告智能化实践及其发展规律的科学，技术实践已经领先于理论创新，智能广告作为技术主导下深具经济行为特征的人类信息传播活动，不仅带来了一场席卷全球的媒介科技革命，也对公民社会生活及国家的建设和发展有着深远的影响，注定是人类文明史上前所未有的社会伦理实验。智能广告的业务流程和运作机制完全有别于传统广告，运作过程中更具工具性、同步性、高效性和隐蔽性，并且其流程已经从线性转变为以算法为核心的数据平台，产生了诸多的溢出效应，出现了一系列违背广告伦理的新现象和新问题。

10.1 智能广告伦理的定义及失范

2005 年，美国通过计算机程序而非人工操作完成广告市场交易和广告主的媒介购买的程序化交易技术 ADX 诞生，标志着智能广告兴起，至今不足 20 年。然而智能广告较之传统广告，不仅极大地拓宽了广告的边界，重塑了广告运作的链条，而且彻底改变了广告产业生态，由此带来的伦理问题是全新、多元而复杂的。

10.1.1 智能广告伦理的定义

智能广告伦理是智能广告实践活动中必须遵循的道德准则和行为规范的总和，涉及技术伦理、传播伦理和商业伦理等诸方面；具体而言，是指智能广告参与者，包括广告主体，即需求方（广告主）与供应方（广告交易平台、广告制作公司、互联网平台、技术公司、广告媒介平台等）之间及其与广告客体（消费者和社会环境）之间，在智能广告活动中所发生的与数据和算法及其背后的利益相关的行为规范与准则。

从智能广告的技术背景来看，智能广告伦理离不开人工智能伦理的规制，并有必要对智能广告业务全流程算法进行伦理约定，包括数据采集分析处理算法、广告内容生成算法、广告推送算法和广告交易算法等;从智能广告的传播功能和商业背景来看,智能广告伦理必须回应经济利益、商业环境对广告的异化问题,包括恶劣品位、物质主义、利益至上等触发的一系列问题,需要加强广告供应方、广告需求方等广告主体积极承担社会责任的意识。

10.1.2 智能广告伦理的失范问题

智能广告不仅延续了传统广告时代的伦理问题,还出现了若干新的问题,智能广告具有智能人工物特点,其涉及失范问题的利益主体不仅包括人与人的关系,还有人机关系,甚至机机关系,伦理主体更具多元性和不确定性;传统广告产生作用的主要领域在于内容生产和媒介传播,智能广告深入技术开发与运用、广告交易过程、广告主商业竞争、消费者基本权利保障、行业违法违规行为监管、社会话语权力掌控甚至国家秩序等多个层级范围,其伦理问题呈现出深度化、层次化、个体化、隐蔽性的发展方向。

1. 广告数据采集中的用户隐私安全问题

数据安全专家布鲁斯·施奈尔(Brace Schneier)称:"互联网的主要商业模式都是建立在大规模的监视之上的。"[1]我国目前有关数据收集的法律法规中提到的数据收集主体很多,比较混乱,有:网络运营者,国家机关政务网络的运营者,网络产品、服务的提供者,个人信息获得者,关键信息基础设施的运营者,电子信息发送服务提供者,应用软件下载服务提供者,电信业务经营者,互联网信息服务提供者,大数据企业,网信部门和有关部门,甚至还提到任何个人和组织等。

一般来说,平台收集用户性别、爱好、设备及 ID、IP 地址、地理位置等生物性、文化性和社会性身份信息,利用用户浏览记录、购买信息、社交分享和点赞评论等渠道收集更具有商业价值的信息;由于单一来源的数据价值不高,平台还通过整合不同渠道的数据提高精准度,用户消费需求数据受到算法的格外重视。为了追求广告智能化的效果,平台通过不断地收集、分析处理和应用有价值的数据等流程,完成复杂的程序计算、规则设计,达到个性化精准推送广告效果。当用户数据成为一种重要的商业资产、具备财产属性后,对数据的需求助长了非法、违规采集数据,频繁出现个人数据信息隐私侵犯、违规定位和追踪、违规买卖贩售和泄露数据等行为。如有一些软件开发商,利用用户对个人信息不敏感,强行捆绑收集用户的个人信息,读取用户的短信、通信记录以及地理位置等信息,而这些信息与该软件本来功能的发挥并没有关系。还有的在消费者进入某商场时,广告主基于 LBS 技术获取消费者的信息,比如万

---

[1] 段淳林,宋成. 用户需求、算法推荐与场景匹配:智能广告的理论逻辑与实践思考[J]. 现代传播(中国传媒大学学报),2020,42(8):119-128.

达广场和百度曾经联合开发的大数据项目，就是利用这种方式给消费者推送信息。也许用户可以自由选择看什么内容，却无法躲避广告的追踪，互联网企业通过收集数据满足用户当前的消费需求，还借助大数据技术挖掘出用户的潜在需求，寻找用户、定位客户，诱导点击，形成转化，互联网企业之间形成了一个消费者无可回避的网，当你在电商平台上搜索了零食之后，360 弹窗就会出现给你推荐零食类商品；当你在百度搜索旅游信息时，你在其他 App 的开屏广告上就会看到机票广告；诸如此类。

利用人工智能进行的在线跟踪和定位，当特别地针对未成年人推送游戏、博彩等活动的广告时，有可能让未成年人沉迷于游戏和娱乐不能自制，甚至为不法分子利用，带来严重的后果。随着数据挖掘技术的进步，个人隐私受到侵害的可能性提升，可能受到侵害的环节也增多了，传统上我们觉得不是隐私的信息，也可能变成个人敏感信息。为了保证用户知情权，平台一般会提供用户隐私保护条款，隐私政策文本由企业发布，企业与企业之间，产品与产品之间的隐私保护标准存在差距；同时企业利用隐私声明积极地表达自身的权利而未详细说明企业的义务与用户的权利，存在着不平等性，甚至，隐私政策中关于用户权利的内容更像是用户通过"付出隐私代价"换取使用权利，没有社会责任的企业就容易时时将自身利益放在首要位置，不会站在用户立场在平等地位上制定隐私协议。

近年来，平台在用户隐私保护方面有了一些进步，如 2017 年 8 月，京东、支付宝相继出台隐私保护政策，在收集用户数据时进行明显提示；对于一段时期内未被使用的账号进行注销。[①]我国在 2021 年相继颁布了包括《中华人民共和国数据安全法》(以下简称《数据安全法》)、《中华人民共和国个人信息保护法》(以下简称《个人信息保护法》)在内的多项法律法规，对于数据信息采集作出了更为具体的规定。比如，采集 Cookie 等行为必须得到受众的许可，数据用途也需要明确说明等，以此保护消费者的个人信息权益不受侵害。但是，互联网企业的隐私声明中的专业术语难以理解且篇幅过长（一个人每年要花大约 201 个小时阅读他/她访问过的网站的所有隐私声明）。[②]用户不理解自己的数据会被用在哪些地方、更无法保障自身的隐私权利等问题仍然存在，致使很多人几乎都选择了不细读条款，在无奈之下直接同意请求。有的国家出台政策，不允许跨平台进行数据收集，有些则规定需要对收集到的数据进行"清洗"，剔除掉部分用户敏感数据或无意义的数据，才能在第三方平台上进行数据交易。

当然，在数据收集过程中还可能面对数据不完整、不规范的问题，比如数据被篡改过，可能存在固有偏见，或来源错误等，这些都会给智能广告活动带来挑战。

2. 广告推送算法侵害用户权益问题

智能广告普遍运用人群定向技术、程序化交易技术以及个性化推荐技术；将广告

[①] 刘燕南，吴浚诚. 互联网原生广告中隐私悖论的嬗变与规制[J]. 当代传播，2019(6)：84-87.

[②] 张曜. 中外大数据企业网站隐私政策比较研究[D]. 太原：山西大学，2017.

从传统内容定向转为人群定向，通过用户的人口属性、兴趣、意图和社交关系四个维度来精准匹配广告信息，并且可以持续追踪用户动向，广告效果更易于把控。[①]对广告主而言，不再担心一半的广告费是如何被浪费的，解决了广告效果最大化问题。广告推送算法存在的风险是由算法"黑箱"带来的，由于技术本身的复杂性以及媒体机构、技术公司的排他性商业政策，算法犹如一个未知的"黑箱"，用户并不清楚算法的目标和意图，也无从获悉算法设计者、实际控制者以及机器生成内容的责任归属等信息，更谈不上对其进行评判和监督。广告智能推送算法"黑箱"特性导致了算法治理困难，势必导致私人利益主观上俘获公共利益，以及资本主观上规避公权力约束等风险的产生，从而产生破坏公平性和隐私性的算法歧视、大数据杀熟、诱导沉迷等不合理算法的应用。

历史上从没有一个时代，像现代人一样生活在线上、线下的广告围城中。由于计算主义深入广告商业领域，算法歧视更加精准。算法能够对每个用户精准画像，被打上歧视标签的用户逃无可逃；算法歧视分析因素更加多元，在比较显性的性别、年龄、地域、社会身份等特征之外，能够挖掘出更加深层次的隐形特征作为歧视处理的依据，包括网页浏览记录、购物记录、行车路线等，这就导致算法歧视可能趋向更为片面，也更为隐蔽。

针对算法"黑箱"问题，AI所用数据集（包括用于训练的数据集和用于实际应用的数据集）可能会受到人为故意制造的偏见、无意识的偏见、数据不完整性和机器学习不良治理模型的影响，持续的社会偏见更加增加了间接或直接的歧视、偏见甚或引发不良行为。

第一，网购平台利用大数据"杀熟"引发的价格歧视。例如，推送同一款产品时，对价格敏感型的新用户报价比较低，而对老用户则报价更高，这样的现象屡见不鲜（图10-1）。

图10-1 "大数据杀熟"

[①] 马澈. 关于计算广告的反思——互联网广告产业、学理和公众层面的问题[J]. 新闻与写作, 2017(6): 20-26.

第二，同质化广告推送偏见，甚而制造信息茧房。如某用户浏览过一款产品，网站就反复向其推荐同款产品，而不论该用户是否真实需要。信息协同过滤推送算法商业思维泛化等。

第三，性别歧视。例如，某网站对男性求职者较女性求职者在广告推送上存在较明显的偏好。

第四，诱导沉迷，甚至涉嫌操纵。密歇根州立大学（Michigan State University）的一位助理教授萨利姆·阿尔巴沙（Saleem Alhabash）说："当广告利用消费者的个人信息诱导他们对不需要的东西产生狂热的购买欲望时，这才是操纵。"利用收集的青少年用户信息数据，向其推送容易上瘾的游戏、博彩娱乐等广告，就有诱导沉迷之嫌。如Facebook针对青少年用户、黑人、拉丁裔美国人在内的弱势群体进行的社交关系和情绪测试，被爆出涉嫌贩卖640万青少年"情绪状态"的丑闻等。

随着6G网络、物联网和智能家居的普及，智能广告将会变得更加难以识别，也许会以服务的形式无孔不入地进入个人生活，智能广告伦理问题会变得愈加私人化和生活化，对其进行规范会更加困难。

3. 广告内容生产算法价值沉沦问题

智能广告的内容生产为广告需求方提供广告创意、设计、制作等广告展示服务，连接广告需求方、媒介和消费者，不同平台的内容生产算法总在追求其用户群体审美的最大公约数，当产品的日活用户数量发生改变时，用户心智也产生了根本变化，其内容生产算法也会相应改变。

智能广告的高效率满足了广告内容多元化要求，但是缺少创意和美感且内容低劣弱智的恶俗广告、情色广告，一味诱导消费的广告，违背传统价值观甚至欺骗用户的广告，"杀熟"广告等频繁在互联网平台上演；广告内容同质化、广告茧房回音室效应现象严重。如某短视频平台上播出的网贷服务广告，内容充斥着拜金主义，其中利用贫富差距、城乡差距、美丑强烈对比等多个挑动网友神经的情绪点，形成了所谓的"网络营销的爆点"，而对于贷款的违约责任、后果、细则等闭口不谈，似乎钱可以随便借来随便花。这些广告中的放款公司，完全放弃了社会责任意识。再如，一些在文案、画面、声音和故事情节中暗含涉嫌"性诱惑"的情色广告，以及宣扬毫无思想价值或媚俗化、腐败、金钱至上的恶俗洗脑广告，利用女性、残疾人群体、某个民族存在偏见的歧视性广告，模糊新闻与广告界限的假新闻广告等。

互联网平台出现大量雷同的土味视频广告及所谓的"爆点"广告，它们往往将责任推给用户、推给算法，但实际上也与其对广告的片面认知，只关注广告收入和利润相关。广告的首要任务是为观众制造记忆点，而"恶俗"广告利用情色、暴力、攀比、虚荣、嫌贫爱富等人类最原始的欲望，往往可以迅速刺激观众的情绪——利用这种"极端情绪"，广告可以借机提升品牌的记忆度；人们对千篇一律的内容审美疲劳，不一样的东西——哪怕丑，只要独特、有趣，也乐于接受并传播；为了迎合人们碎片化生活需求，文案和视频也被要求做得越来越短、越来越精简，到后来直接就被简单粗暴、更容易吸引人的土味和低俗所替代，完全放弃了品牌声誉这条生命线；同时随着直播带货的兴起，带货文案被平台过于"神化""万能化"，具有转化效果的广告数据让甲方欣喜若狂，仿佛掌握了绝对武器，更加看不上没有"效果"的情怀广告。基于以上种种认知，再加上网络广告较之传统广告审核流程大大简化、弱化，恶俗土味营销获得了极大的可乘之机。曾琼表示：计算广告通过复杂算法实现了异质内容的匹配，却未能实现异质创意的匹配，在智能化广告创意内容上仍有很大的进步空间。[①]抖音、快手等短视频平台上广告创意枯竭、劣币驱逐良币、粗制滥造的流媒体广告层出不穷，网友眼中完全不具备常识，清一色的土味、低俗、辣眼、反常识的虚假广告，却能轻松收割流量。正是这种带有定向狙击意味的奇葩广告暗合了广告主心照不宣的套路：广告越奇葩、越醒目越好，最好能被反复骂上热搜，争议就意味着流量，而流量就意味着变现机会。

广告应该是科学和艺术的结合，功利性与伦理性的统一，互联网智能广告也不例外。吉姆戈尔登在谈到广告行业时说道："我们这个事业所拥有的就是创造力和创意，一旦有人侵害到这一点，就会动摇我们事业的根基，使我们的事业走向死亡。"[②]然而，在智能广告领域，当算法成为广告创作底层逻辑时，创作者的思维必将遭到冰冷的算法的禁锢。推演算法规则事实上已经占据了比想象、情感、艺术更为重要的位置。尤其在我们国家，人口众多、问题复杂、发展任务艰巨，广告除了讲究创意之外，更要讲究导向，不当的宣传将带来舆情危机与严重的负面影响。智能内容生产要兼顾各方利益，首先为广告需求方的利益考虑，为其开展有效的广告传播活动；其次为广告受众考虑，制作的广告要兼具真实性和创意性；最后还要为社会整体利益考虑，制作的广告要保证人文性，对建设社会主义精神文明起促进作用。

4. 广告交易算法滥用侵害多方权益问题

AI 技术最突出的特点就是能够让机器不断地"学习"，并且在没有人类介入的情况下机器能够自行作出决定和执行决定。尽管智能广告能精确计算出广告的点击率、跳出率，追踪到每一个点击广告的人群画像，但是因为错综复杂的利益关系，广告主面临着广告虚假计费、广告不透明、盲目扩大算法应用等交易算法滥用难题。

第一，算法设计者出于自身的利益，可能过度地依赖算法或者盲目地扩大算法的应用范围，甚至出现 KPI（关键绩效指标）造假、制造虚假流量、广告泛滥、广告无

---

① 曾琼，马源. 计算技术对广告产业发展的嵌入——基于技术可供性的视角[J]. 现代传播（中国传媒大学学报），2022，44(7)：128-136. DOI:10.19997/j.cnki.xdcb.2022.07.017.

② 段淳林，宋成. 用户需求、算法推荐与场景匹配：智能广告的理论逻辑与实践思考[J]. 现代传播（中国传媒大学学报），2020，42(8)：119-128.

效、广告无底线、违法违规广告等问题。智能广告可以精确统计广告展示次数、展示人数、点击次数、点击人数、转化量等数据，点击率预估是整个广告系统以及推荐系统中的核心算法，目前主要有利用机器作弊和通过雇用人员去刷单、点击广告等形式伪造高流量，由于掌握"技术黑箱"，部分 DMP 通过操纵技术的方式向广告主与品牌方展示虚假流量以获取高额利润。

第二，技术算法缺陷导致广告主利益受损。广告主在广告投放、广告效果归因中难以得到真实的数据，或者得到混乱的数据，还有的被延迟结算，甚至有时候非常漂亮的数据都不能带来购买的转化。

第三，广告泛滥，使用户利益受损。智能广告除了利用人工智能和网络技术侵犯用户隐私之外，还有制造垃圾广告、导致广告泛滥、带来视听暴力和恶劣品位广告、强制广告（不可撤销广告）等技术伦理问题。由于智能广告对点击率、购买率的过度关注，以及广告推荐技术算法的不成熟，消费者经常受到机器过度推荐的困扰；只要其浏览过某个商品信息，一段时间之内都会收到各种此类商品的推荐，哪怕在已经发生购买行为之后，这是因为算法只根据历史数据来预测过去的需求，却无法预知未来的想法，这种傻瓜式推荐忽略了人的想法是会随着季节、心情实时变化的，很少有固定的需求。每一个互联网用户基本都受到过邮件中的垃圾广告、恶意插件广告、病毒广告侵扰，遇到过"打扰型"广告，如"极难关闭"的弹窗型数字广告、找不到关闭按钮的"关不掉"广告，"非合规"的下载型数字广告，"被迫打开"的引导型广告等。用户遇上"非合规"的下载类广告，尽管没有单击专门的下载按钮，只要单击页面就会自动下载。还有一些下载型广告一旦安装，难以卸载，给用户带来困扰。

第四，违规、违法广告，带来市场信任危机。违规、违法广告主要是虚假广告、夸大广告、名人代言问题产品、点击诈骗广告等。比如：竞价广告与医疗广告不规范的结合带来的社会舆论问题；新兴的数字广告，邀请名人代言，出现了故意美化商品的不符合实际的宣传，或者刻意隐瞒了产品的缺点，尤其是在"三品一械"类的代言广告中，危害极大；商家利用人性中贪图小便宜的特点，发布带有欺骗性的诱导广告，通常是弹出广告的标题"恭喜你：获得了免费抽奖"，单击后进入一个新页面，可能需要输入隐私信息，如银行卡号等。还有各类无视相关法律法规的广告，如《广告法》明确规定，国旗、国歌、国徽都不能用于广告宣传，《关于中国少年先锋队队旗、队徽和红领巾、队干部标志制作和使用的若干规定》中指出，红领巾作为红旗的一角，不得用于任何商业活动，但算法设计人员有的不具备广告专业素养，有的则故意打擦边球，导致在设计广告创意的时候出现违法违规的问题。还有的平台发布精准定位软件广告，违规提供定位信息给用户，甚至针对用户推送一些不恰当的社交广告。有些互联网企业滥用人脸识别技术和机器自动学习结果，没有融入正确的价值观念意识。

总之，资本的趋利性和对技术的过分依赖与索求都可能威胁到交易算法公正，加剧社会的不公，带来市场信任危机。

世界杰出的政治专栏作家沃尔特·李普曼（Walter Lippmann）在其经典著作《舆论》中说："人类为适应环境做出的所谓调整往往是通过虚构中介而发生的。"随着6G的应用发展，VR/AR广告、原生广告、虚拟场景广告、元宇宙广告将会进一步拓展互联网广告亦真亦幻的未来，这些拟态环境、虚拟场景、全息呈现、实时交互等信息，是对现实环境的一种描绘、摹写、重构和再现，这些符号化的信息环境并不是将现实环境中的所有信息都加以表达，而是有选择地反映现实环境中的客观变化情况，通过信息的组织和构建，形成对现实环境的媒介映像，因此有可能受社会利益集团的操纵，给信息真实性带来消解；而且拟态环境可以创设出人们在现实条件下无法完成的信息获取、意见表达和情感宣泄，更有力地刺激人们的感官体验，对青少年用户的影响力更大，因此要求社会个体提升自身的媒介素养，来驾驭自己的社会生活。

智能广告伦理失范的根本表现就是技术霸权对个体权利、人文价值和社会公正的失衡。技术逻辑是应用逻辑，带来的是工具性理性，而广告和文案并不能单纯以能增加多少带货量为评价标准，要具有独特的情怀和信仰。任由技术一极壮大发展，个体权利、政府监管、行业自律、社会共治观念不及时跟进，就会放大技术的副作用，窄化、极化人们的认知，使其在资本趋利性的威胁下，影响到整体社会公平，助长社会面失衡。这种失衡体现在广告创意层面，就是出现了大量缺少创意、缺少人文关怀，同质化现象严重的恶俗广告、土味广告，为带货而广告；在广告交易层面，就是出现了"唯流量论"，大数据、AI都已被动加入流量造假大军。在个体用户层面，一方面，人们为了提高效率、获得眼前的既得利益，享受投喂式的便利，主动放弃一些隐私权利，随着个人数据作为资源进入广告交易链，广告伦理侵犯行为遍布个人手机端、PC端和任何智能设备，现实生活中的一言一行都有可能被各类软件监听，足够了解之后由算法偷偷地帮你做了决策，等到幡然醒悟的一天，追悔莫及。另一方面，人们的认知受广告信息茧房的影响，个体认知面越来越窄，思想片面、偏激，不能经历任何挫折和困难，陷入物质至上的误区难以自拔。从社会认知层面来看，影响范围更广、程度更深。

在智能广告时代，广告隐藏在各种文章、视频、应用软件乃至日常生活中，除非停止使用电子产品，否则逃不脱广告的追踪。由于技术的强势，人们习惯于从功利主义视角看待问题，从收益和付出的比较中评判得失，当技术给当下社会带来的便利超过其可见弊端时，相关利益群体往往会出现道德缄默现象，选择性忽视潜在的算法权力控制风险，使主流价值所拥有的话语权和主动权越来越小，等看到明显的不良社会影响再采取行动已为时过晚。因此对于智能广告伦理而言，除了算法、数据和广告应用三个维度之外，还要立足于时间维度，警惕人工智能应用带来的长期风险。

10.2 智能广告伦理失范的原因

鉴于 AI 技术的"黑箱"式推理、面对攻击时的脆弱性和不确定性，智能广告本应接受更广泛的测试和更严格的管理，但是在整个传播周期，技术打破了包括广告在内的诸多行业的边界，"把关"机制的失灵导致了违背伦理甚至违反法律的广告广泛扩散。

10.2.1 监管难，立法滞后

智能广告方面的法律法规不完善，目前《广告法》中的法律法规还比较宽泛；法律法规处罚力度构不成约束；监管体制机制尚不健全，网信部门具有较强的网络舆情管控能力，但其业务不专门针对广告，市场监管部门具有广告监管的专业能力，但技术手段还待提高，因此在监管执法时存在取证、存证难等问题，使监管具有不确定性。

10.2.2 广告违法责任难以区分，非法行为难以追踪

在智能广告产业链中，除传统广告主、广告代理商、广告媒介和广告用户之外，在广告运作环节新增了大数据挖掘与分析和大数据管理公司，在广告策划与创意环节新增了智能广告策划与创意公司，在广告投放环节新增了智能广告投放技术公司、智能广告媒体公司和智能广告效果评估公司等，新增的主体还有人工智能算法主体，算法"黑箱"和技术的不成熟也带来新的问题。在互联网传播权力扩张下，广告违法主体更难认定，责任更难分清，非法行为更难追踪，因此更有必要兼顾德治与法治。

10.2.3 广告边界模糊，属性难以界定

随着互联网的发展，数字技术将一切更紧密地联系在一起，传统广告和媒体预算的时代已经成为过去，数据与创意和媒介的融合成为显而易见的趋势。企业对营销一体化的需求越来越强烈，广告与咨询、营销的边界已经模糊，不能用传统广告的概念、理论来指导和界定智能广告，广告营销生态正变得前所未有的复杂，跨界竞争也越发普遍。广告学的许多理论、观念都是基于大时代背景下特定的问题而产生的，观念的变革总是落后于技术的变革，智能广告必须接受融合新媒体和新技术的观念指导，智能广告唯一不变的是要帮助企业解决问题。

10.2.4 消费社会价值沉沦

近些年来，不少人感叹，不只是节日被商业绑架，人生也被购物套牢。在一个日益沉沦的消费社会，似乎所有的故事只是用来绑架人的观念，让你做一个消费社会的

奴隶。世界万物不再神圣，而是工业体系和市场体系所控制的资源、图像和符号。受消费社会价值沉沦影响，消费者广告素养的提升不能与日新月异的智能广告技术和产业发展速度相匹配，消费者缺乏自我保护意识。另外，影响到从业者，利益至上、流量至上自然就成为职业信条。忽视伦理规制和道德建设，忽视法律法规，导致出现虚假广告、低俗广告、诈骗广告等泛滥的问题。

10.3 智能广告伦理原则

对智能广告的伦理原则研究也就是对智能广告活动应当秉持的价值原则、道德准则、伦理规范进行选择，探求如何使广告活动主体遵守具有共识的道德准则，从而在广告活动中遵循优良的道德规范。智能广告伦理原则的建构并非易事，这其中存在着文化困境、利益相关者的价值困境、技术困境等诸多方面的考量。任何问题都没有一劳永逸的伦理解决方案，面对日新月异的智能广告发展景象，需要以"实践智慧"为核心，遵循人类根本利益和责任原则。在这一根本原则指引下，还要根据智能广告的流程和环节，在数据收集环节遵循知情同意原则，在内容制作方面遵循创意安全原则，在广告推送环节遵循公正适度原则，在平台交易环节遵循诚实守信原则。

10.3.1 人类根本利益和责任的总原则

不仅要从个人的角度来考虑，还应当从整个社会的角度来考虑。智能广告在提供信息、便捷生活的同时，也能导致人们对物质的过分崇拜，甚至导致人类社会技能的退化。也就是说，智能广告必须接受人文考察、技术审查和社会考量。

首先，要做到以人为本，增强人的自主性和保障人的基本权利，帮助个人根据目标作出更好、更明智的选择，进而促进整个社会的繁荣与公平，而不是降低、限制或者误导人的自主性。

其次，可信赖的智能广告必须具有一定的技术基础，就是在技术上保障安全可靠，避免因为技术的不足造成意外的伤害。第一，要完全能够应对和处理人工智能整个生命周期内其自身产生的各种错误结果，也就是要求对在 AI 运行过程中产生的各种意外后果和错误都必须进行最小化处理；第二，能够抵御来自外部的各种攻击和不当干扰，不仅能够抵御那些公开的网络攻击行为，也同样能够抵御那些试图操控数据或算法的隐蔽行为；第三，其决定必须是准确的，或者至少能够正确地反映其准确率，并且其结果应该是可重复的，即在可能情况下可进行可逆性处理、追责。

最后，要尊重人类价值选择和所在国家的基本规章制度与核心的原则及价值观，在我国就是要服从于社会主义核心价值观。价值选择就是回答我们想要怎样的生活、想将怎样的未来传给后代，以怎样的价值选择和理论基础来建构商业伦理与科技伦理理论和规范体系，以何种态度对待自然环境、人类生存状况、前沿科技进展及趋势和人类可持续发展等问题。

10.3.2 数据收集的知情同意原则

在智能广告活动中，即使合法地获取和利用数据也会对安全与隐私产生威胁，比如根据人们行为信息的数字化记录，人工智能不仅可以推断出个人的偏好、年龄和性别，还可以推断出他们的性取向、宗教信仰或政治观点。因此数据安全问题成为人工智能技术可持续发展首要面对的难题，保障用户的安全权、知情权，尊重用户的隐私权将始终是广告数据收集分析处理环节的根本前提，而知情同意原则可以有效地解决用户与互联网数字企业在技术实力上严重不对等的问题，应当作为广告数据收集处理环节的伦理原则。

首先，知情同意权要让用户知情：知道自己让渡的权利是什么。智能广告数据收集环节应向用户说明的情况不仅包括一般性通用要素，还要就数据收集与存储、数据处理与使用、信息安全与保护、用户权利等诸方面作出说明：对产品核心业务功能及功能必须收集的个人信息作出说明；对产品附加业务可退订、可选择等进行提示，对是否会对核心功能造成影响作出说明；对数据存储期限、数据保存地点，是否提供使用 Cookie 及同类技术作出解释说明；说明数据收集目的、储存数据的类型，对个人信息将（不）用于商业广告/用户画像及用途；说明个人信息将（不）用于公开披露的情况；说明个人信息是否向第三方共享；说明个人信息完整性保护措施；说明数据安全管理能力是否提供相关合规证明（权威认证）；提醒用户在使用产品或服务时（主动向他人共享信息）保护好个人信息；说明在发生安全事件后，信息控制者所承担的法律责任。

其次，知情同意权还要让用户知道自己让渡的权利可能给自己带来何种影响。利益背后暗藏风险，风险之中利益同在，不管技术管控多么严谨，数据和隐私信息泄露都可能给用户带来被骚扰、被歧视、被伤害、被侵犯等风险，而这些显性和隐性甚至潜在的影响也应该提前告知用户。

最后，知情同意权还要保障用户说"不"的权利，即用户的自由选择权得到落实，用户可以因为让渡权利而获得额外的利益，也可以因为拒绝而不影响合理合法的权利。

为了保障用户数据安全，政府和企业均加强了对管控数据的访问权责管理；在隐私保护领域，舍恩伯格明确提出了"数字遗忘权"概念，指的是数据主体要求数据控制者删除关涉自己的个人信息，以防止其进一步传播的权利。这个提法为用户隐私保护缺位带来的安全难题提供了理论依据，即用户可以主动选择删除哪些个人信息，以免个人信息被泄露或被商业使用，这将更有效地促进知情同意原则落到实处。

10.3.3 内容制作的创意安全原则

智能广告超越了文字单一晦涩、图片静止重复等弊端，以自身低成本制作、快速化传播、全民化内容、社交化属性等特点成为人们传播与获取内容的重要载体。然而广告文案和内容虚假化、低俗化、程式化、物质至上、消费至上、缺乏创意等问题也随之而至。在互联网受众主体地位提升的今天，很多人对智能广告已经形成了"广告即干扰"的刻板印象。失去创意，广告就失去了灵魂。莱文森指出："许多技术过于适合第二阶段镜子的任务，根本就没有能力完成第三个阶段艺术飞跃的任务。"[①]

互联网智能广告内容生产要立于真实、正确导向、突出创意，遵循创意安全的伦理原则。

首先，要解决广告信息的真实性问题，不能让虚假广告横行。互联网企业生来自带进化的基因，学习能力与生俱来，如果互联网企业眼中只有牟利，就容易忽视商业道德和法律规定，缺少对违法、违规和产品企业信息真实性的把关机制。企业要事先做好广告对象识别、内外部审核程序审查等工作，对于弄虚作假的广告要一票否决；要设置消费者广告信息反馈渠道，及时发现虚假广告问题；要具有虚假广告不良影响补偿机制，对其产生的不利影响设置有效及时的补救措施，并做到负面影响最小化处理。

其次，要解决导向问题，习近平总书记在新闻舆论工作座谈会上指出："广告宣传也要讲导向"，这就要求广告传播正能量，弘扬社会正气，倡导正确的价值观，引导健康的消费观。不能让低俗暴力色情、物质至上、娱乐至死的强刺激感官广告、青少年不宜广告内容占据公共传播阵地。不良的广告不仅误导消费者，助长奢靡之风，败坏社会风气，甚至给消费者带来财产损失，最终损害媒体的公信力；广告应当真实、合法，以健康的形式表达广告内容，符合社会主义精神文明建设和弘扬中华民族优秀传统文化的要求。

最后，针对广告内容同质化现象，要坚持"内容为王"，注重提升创意水平。各个互联网公司的重心可以从单纯重视技术向创意回归，通过创意凸显出差异性，并使之成为互联网公司广告平台的核心竞争力。可以用进一步细分用户场景，来提高广告的柔性动态创意性；也可以用重视多元文化融合空间和创意表达的方式来增强程序化创意，从而解决"灵魂"缺失问题；还可以用不断加强 6G、物联网等新传播技术的应用发展、优化平台算法推荐技术等方法加强广告的创意效果，不断降低广告的干扰度、优化原生广告的内生动力，提升智能广告的综合影响力。现在，市场上出现了一些"小而美"的创意工作室，它们弥补了广告行业偏重技术的片面性，让创意通过人类情绪

---

① 莱文森. 莱文森精粹[M]. 何道宽，译. 北京：中国人民大学出版社，2007：12.

之间的共同性产生共鸣,从而达到一定的艺术效果。

10.3.4 广告推送的公正适度原则

目前,无论是基于关键词匹配的广告信息检索和精准推送,还是基于用户画像作出的广告推送,其背后主要是人工智能机器自动学习算法,基于用户点击反馈的机器学习算法和基于在线学习的机器深度学习算法相结合,在瞬间之中完成广告智能推送。智能广告的最大优势就是实现广告、情境与用户的精准匹配,但个体认知总是存在局限性,在移动互联网时代,平台企业如果只投其所好,广告传播只想方设法吸引流量,就会助推消费者认知的窄化,甚至极化、弱化消费者认知,对个人思维水平的提升和社会的进步具有极负面的作用。算法思维极易带来信息茧房问题,即人们习惯性地被自己的兴趣所引导,从而将自己的生活桎梏于像蚕茧一般的"茧房"中的现象。另外,协同过滤算法是广告推荐系统中经典而常用的算法,是"群体的智慧"的结晶,但也可能带来匹配精准度不高、过度试探和广告打扰等问题。因此,智能广告推送算法要在广告精准推送与促进个体认知全面之间遵循公正适度原则。

首先,要推动算法公开透明,特别注意避免 AI 开发商、制造商、供应商,甚至使用者,故意利用偏见或者从事不公平竞争造成对用户的伤害,算法模型要保障人的自主性、多样性、非歧视性需求和可持续发展,AI 所用数据集(包括用于训练的数据集和用于实际应用的数据集)要避免受到无意识的偏见、不完整性和不良治理模型的影响。搜索竞价排名和为黄赌毒导流的广告等唯流量广告曾经都是互联网广告业的常态,这些现象不仅损害了用户利益,且触及公众道德底线,让互联网这样一个公共空间陷入"公地的悲剧"。《互联网广告管理办法》第九条规定,互联网广告应当具有可识别性,能够使消费者辨明其为广告。对于竞价排名的商品或者服务,广告发布者应当显著标明"广告",与自然搜索结果明显区分。除法律、行政法规禁止发布或者变相发布广告的情形外,通过知识介绍、体验分享、消费测评等形式推销商品或者服务,并附加购物链接等购买方式的,广告发布者应当显著标明"广告"。

其次,要注重适度和得当,广告推送的频次适度,引发的注意力适度,广告形式给人以健康、美好与愉悦,不能靠拉低人的审美、强刺激感官、打扰生活来获取流量,不要让广告成为打扰、欺骗和低俗的代名词,而要让广告更像高品质服务,不断提升消费者的广告体验感。例如,《互联网广告管理办法》第十七条明确规定,利用互联网发布、发送广告,不得影响用户正常使用网络,不得在搜索政务服务网站、网页、互联网应用程序、公众号等的结果中插入竞价排名广告。未经用户同意、请求或者用户明确表示拒绝的,不得向其交通工具、导航设备、智能家电等发送互联网广告。不得在用户发送的电子邮件或者互联网即时通信信息中附加广告或者广告链接。另外,适度也意味着对用户"反连接"（anti-connection）权利的重视与回归。今天，当"连接一切"成为互联网界的一句口号时，我们也需要关注过度连接带来的问题。①虽然智能广告无孔不入，但这并不意味着用户在任何场景下都必须无条件与智能广告连接。当过度连接成为个体不能承受之重时，基于某些情境的适度不连接或"反连接"思维变得必要，也可能成为互联网未来发展中的另一种法则。②也就是说，在某些场景下，应该对那些用户不需要、不能满足其信息需求与精神需求、对其日常生活造成过度困扰的智能广告"断连"。对于网络服务商等权力的拥有者来说，反连接意味着对其权力的限制，特别是对信息推送权力的约束。无论是无差异的信息推送，还是个性化信息推送，都需要有一定的约束，以避免信息泛滥对用户的干扰与压迫。①

最后，要防范算法滥用风险。为了保障推送多样性，尽量避免歧视和社会偏见带来的不良影响，智能广告开发商要完善算法设计、监测、评估和审查方面的多方参与机制，政府和行业要进行算法安全风险监测、算法安全评估、科技伦理审查，算法备案管理。开发商要不断收集在智能广告生命周期内可能直接或间接受到系统影响的利益相关者意见，咨询专家和研究人员的意见；要全面考虑不同人群的能力和需求，确保智能广告具有易用性，并尽力保障残疾人等弱势群体也能够便利地从智能广告中获益，自控能力差的人也不会受到虚假广告的诱骗和伤害。

10.3.5 平台交易的诚实守信原则

受商业利益裹挟，互联网平台可能在智能广告交易算法中添加虚假数据，甚至利用大数据杀熟，给正常的市场秩序和传播秩序带来影响；广告需求方、广告信息交换平台与媒介方平台也可能联手，利用机器作弊和雇用人员去刷单、点击广告等形式伪造高流量，带来广告虚假计费、KPI造假、广告业务恶性竞争、广告没有购买转化等交易难题；还可能产生利益共同体的"人"的共谋、机器"算法"共谋和"人机"算法共谋，带来价格垄断、市场垄断甚至影响正常的社会秩序等问题。交易算法和环节的高技术壁垒和共谋的隐蔽性、智能化、高频化，提高了治理和管控的难度，侵害了相关市场主体的合法权益。广告交易是经济行为也是道德行为，企业要遵循诚实守信的伦理原则，做到互利、诚信交易，广告参与各方要树立自觉的守法意识、增强企业自身的诚信交易观念、维护企业间的契约交易关系。

首先，智能广告参与方要树立自觉的守法意识。目前除了《广告法》《互联网广告管理办法》之外，国家还制定出台了《关于加强互联网信息服务算法综合治理的指导

---

① 彭兰. 连接与反连接:互联网法则的摇摆[J]. 国际新闻界，2019(2)：20-37.

② 彭兰. 连接与反连接：互联网法则的摇摆[J]. 国际新闻界，2019（2）：20-37.

意见》《中华人民共和国网络安全法》《数据安全法》《个人信息保护法》等法律法规，制定了涵盖互联网智能广告服务安全方面的政策法规，尽管在交易算法细节上还存在主体权责不够明确、管理要求和法律责任不够完善、治理结构不够高效等不足，但是已经基本呈现了有法可依的局面。企业应该重视广告的社会效益，提高广告公司从业人员与广告媒介从业者的道德素质，提升整个广告行业的道德水平；行业组织要助力提升广告受众甄别虚假广告的基本素养，提升防范能力，提升保护自我隐私的意识；政府要加强算法治理规范，力促形成权责分明、多元协同、多方参与的治理机制，完善算法安全治理的措施、标准、指南等配套文件。

其次，增强企业自身的诚信交易观念。诚信是人类社会运行的润滑剂，数字社会的虚拟化特征改变了传统信用根植的社会生态环境，社会经历了从人格信任到实体信任到虚拟算法信任的变迁，技术霸权和"算法黑箱"导致权力异化。技术企业要大力倡导商业诚信伦理和算法诚信导向，建立算法安全责任制度和科技伦理审查制度，健全算法安全管理组织机构；倡导网民监督参与，自觉接受社会监督并及时提供结果反馈；强化责任意识，加强风险防控和隐患排查治理，提升应对算法安全突发事件的能力和水平，使算法应用始终朝着公平公正、公开透明的方向发展。在算法所创设的虚拟社会生态中建立诚信的道德价值与社会情感等软性约束，可以克服"不在场"主体的弱参与感和不信任感，提高企业践行诚信道德。

最后，维护企业间的契约交易关系。契约意味着平等，是独立的双方或多方间的制度性安排，各方按照达成的共识和协议开展商业活动，遵守责任，履行义务。契约是在既有规定基础之上的有知之约，智能广告这一新兴科技的发展具有开放性与不确定性，相应的伦理原则和治理理念也应该是开放与未完成的。市场主体除了尊重契约，更应寻求开放性共识和互谅性合作，加强相互间理解和尊重、沟通和交流，在尚未开拓的自主创新领域和事宜上施以适应性约定与共识性条款。维护契约关系，要以政府守信建设为核心，建成多主体协同的诚信机制，提升整个广告行业的道德水平，营造良好的广告氛围。

近年来，在我国数字广告已经占据半壁江山的情况下，互联网企业纷纷表态承担社会责任，腾讯企业提出了"科技向善，数据有度"的价值理念；百度倡导"同意、透明、可控"的数据隐私保护价值观；字节跳动承诺"用户知情，数据可控"，并将抽象的伦理原则和规范体系落实到管理实践与技术细节中。智能广告是人工物，从其诞生的第一天起，即具有先天的不完备性。随着6G、物联网、VR/AR/MR等技术进步，智能广告除了精准化、个人化之外，还将在内容力、社交力、场景力上产生更大的影响。因此，在设计智能广告时，应自觉地把公共善嵌到其中，构建维护人的根本利益、负责任、安全可信的算法。

案例

思考题

1. 什么是智能广告伦理?
2. 你认为当前智能广告最突出的伦理问题是什么?为什么?
3. 简述当前智能广告伦理失范的主要原因。
4. 智能广告伦理原则具体包括哪些原则?

第 11 章

智能广告监管

研究者普遍认为,广告监管体制是指为实现规范广告市场秩序、发挥广告积极作用的目标而对广告活动施行管理的一整套机制和组织机构的总和。[①]广告监管制度设计主要从如何规范、协调智能广告的各类参与者及其之间的利益关系等方面进行思考。智能广告受信息领域新技术深刻改变,是推动广告产业以创新驱动高质量发展,进而满足人民对美好生活向往的广告新形态。智能广告监管应该以广告导向监管为指导,以广告道德监管为辅助,以广告技术监管为保障,以广告协同监管为支撑,以广告信用监管为补充,形成广告监管共建、共享、共治新理念和新局面。

11.1 智能广告监管现状

为了更好地了解各国智能广告监管现状,本章选取在世界广告业中排名靠前的国家进行分析讨论,这些国家包括美国、英国、法国、加拿大、日本、韩国、新加坡、澳大利亚等,主要对智能广告监管体制、智能广告监管机关、智能广告监管自律组织、智能广告监管处理程序、智能广告审查制度以及智能广告监管内容进行比较研究,论述如下。

11.1.1 国外智能广告监管现状

1. 国外智能广告监管体制

一般认为对广告的监督管理体制有自律管理、国家监督管理和社会监督管理三种。基于各国国情,国外在综合运用三种体制中主要呈现出自律主导型和政府主导型两种模式,其特点是以广告行业自律为主,政府机构行政监督管理为辅,以司法机关的民事赔偿、刑事制裁为保障手段。首先,在准入机制上,实行比较宽松的登记制度,而不是实行备案制;其次,在监管机构上,尽可能少设置新的独立行政机构,而是将原有政府管理部门的职能相对地做延伸来适应新情况,再积极利用各种自发的非政府组织、自律组织和企业等;最后,在监管的法律依据上,主要是修改原有法律,单独网络立法的并不多。[②]

---

① 刘凡. 中国广告业监管与发展研究[M]. 北京:中国工商出版社,2007:92.
② 徐凤兰,孙黎. 国外网络广告监管经验及启示[J]. 传媒评论,2012(12):63-65.

自律主导型即以行业自律为主（通过广告行业的自治组织实现对广告的监督管理），国家监督管理、社会监督管理为辅的广告监督管理模式。美国是自律主导型管理模式的代表。美国拥有较为成熟的广告市场。其监管制度也相对完善。除政府的管理外，其行业的自我规制、跨行业非政府组织机构的管理以及相关广告赛事的推动促进美国广告业的发展。在美国，最权威的广告管理机构是联邦贸易委员会（Federal Trade Commission, FTC）（图11-1）和联邦通信委员会（Federal Communications Commission, FCC）。按照美国的法律，任何监管广告的法律法规对各种媒体广告均具有同等约束力，不因为广告媒介形式不同而有所差别，互联网广告的法律限制与其他广告形式相同。美国广告监管是为了维护用户、消费者的权益和促进广告行业的健康发展，美国主要在虚假广告、电子邮件广告、儿童广告等方面进行了有效管制。[1][2]

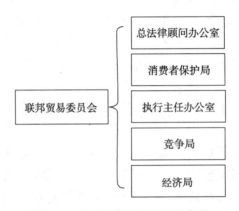

图 11-1　美国联邦贸易委员会架构

英国广告监管体制是典型的政府监管与行业自律相结合的"强社会-弱政府"管理模式。英国广告业的发展，从17世纪初到19世纪50年代一直处于世界广告发展的前列，备受世界各国尊重，这不仅仅是因为它出色的广告创意，还源于它长期以来所建立的政府管理和行业自律相结合的监管模式，尤其是其行业自律方式独具特色。[3]

政府主导型，即以政府监督管理为主，自律和社会监督为辅的广告监管模式。政府主导型以法国为代表。法国制定了完善、严格的法律对广告进行管理，实行广告发布前审查制度，未经审查机构批准的广告，任何媒介不得发布。广告审查不收费，审查机构主席由政府指定的法律专家担任。法国对广告实行严密的监督管理，设有政府管理广告的主要机构，其任务是监督广告活动，监视违反各种法律规章制度的行为。

---

[1] 赵洁，骆宇. 美国网络广告监管以及对我国的启示[J]. 中国广告，2007(11)：19-21.

[2] VERGEER L, VANDERLEE L, KENT M P, et al. The effectiveness of voluntary policies and commitments in restricting unhealthy food marketing to Canadian children on food company websites[J]. Applied physiology nutrition and metabolism, 2018, 44(1): 74-82.

[3] 国家工商总局国际合作司. 英国的广告监管[J]. 工商行政管理，2016(19)：65-68.

在事后救济方面,加强对违反《广告法》等法律法规行为的查处力度,建立受害人救济途径,对违反《广告法》等法律法规的行为实行严厉惩罚。[①]

日本广告监管不仅有法律制度方面的规制,也有政省令和官厅的解释、运用基准及以此为基础的行政指导,更重要的是以广告主为核心制定的行业自律规则。另外,各种媒体企业也通过运用独自的广告发布基准及放送基准对广告进行审查。从整体上讲,日本的广告监管是采取了"企业和行业的自律为主,相关法律法规为辅"的监管模式。[②]

韩国的网络广告监管采取综合性立法加专门立法的模式,监管体系因此也包含了综合监管和自律监管。公平交易委员会(Korean Fair Trade Commission,KFTC)承担了综合监管的主要职能,它既是中央行政机关,也是准司法机关。自律监管通过行业自律与企业自律相结合的方式进行。行业自律由法定审议和自律审议的二元模式构成,是自律监管的主要方式。[③]公平交易委员会机构设置如图11-2所示。

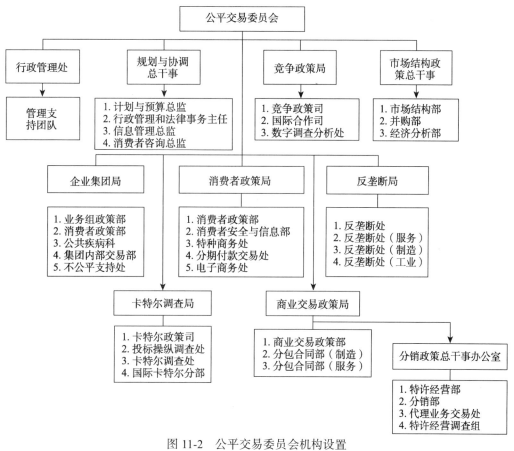

图11-2 公平交易委员会机构设置

---

① 饶世权. 论广告的监督管理制度[J]. 商业研究, 2004(3): 24-27.
② 范志国. 日本广告监管给我们的启示[J]. 声屏世界: 广告人, 2008(1): 82-83.
③ 黄宇宸, 周辉. 韩国互联网广告监管研究报告[J]. 网络法律评论, 2016(2): 227-240.

2. 国外智能广告监管机关

如表 11-1 所示，美国智能广告监管机关包括联邦贸易委员会、联邦通信委员会、美国食品药品监督管理局（U.S. Food and Drug Administration，FDA）、消费品安全委员会（Consumer Product Safety Commission，CPSC）、联邦证券交易委员会（U.S. Securities and Exchange Commission，SEC）、美国专利商标局（United States Patent and Trademark Office，PTO）以及国会图书馆、美国邮政总局（United Statess Postal Service，USPS）、美国农业部（U.S. Department of Agriculture，USDA）和美国互动广告局（Interactive Advertising Bureau，IAB）。就监管机关及其职责权限而言，根据《联邦贸易委员会法》，联邦贸易委员会职责范围包括：收集和编纂情报资料，对商业组织和商业活动进行调查，对不正当的商业活动发布命令阻止不公平竞争。它具体负责广告的法律指导与执行，通过法案、消费者投诉、判例等因素来判断广告是否违法，如公布的食品广告施行细则。随着互联网技术的发展，直到 2013 年，联邦贸易委员会仍未致力于制定具体的监管规则来处理在线领域中的广告问题，但时至今日，以大数据、5G、互联网 4.0 等信息领域新技术为代表的智能广告，成为联邦贸易委员会强力介入的监管领域。比如，在 2022 年，联邦贸易委员会对《广告代言指南》（Endorsement Guide）进行了新一轮修订。本次修订将进一步加强对广告商的管控，禁止广告商发布虚假好评或通过压制差评来操纵评论，并对社交媒体平台可能存在的披露工具不足、监管机制不到位等问题予以警告。由于广告商当前主要是通过社交媒体意见领袖代言和社交媒体平台广告等新方式向消费者推广产品和服务，联邦贸易委员会希望通过此次修订提高指南对社交媒体的针对性[①]；2023 年 11 月 15 日，联邦贸易委员会

表 11-1　美国智能广告监管机关及其职责权限

监管机关名称	职责权限
联邦贸易委员会	制定广告管理政策指南，处理严重违法广告，对广告管理采取广告凭证、矫正广告、禁止误导等方式
联邦通信委员会	总任务是主持全国广播电视通信事业的设计、协调及管理
美国食品药品监督管理局	负责有关食物和药品广告管理的问题
消费品安全委员会	可以依据联邦有关保护消费者的法律，对侵犯消费者利益的广告和广告主起诉
联邦证券交易委员会、美国专利商标局、国会图书馆	对股票和证券广告、商标广告和所有涉及版权方面的资料性广告进行监督，协助联邦贸易委员会等广告管理部门对违法广告进行查处
美国邮政总局	负责防范和查处通过邮递的广告是否有欺诈与违法行为
美国农业部	对涉及国计民生的种子广告和酒精饮料广告的真实、合法性进行监督与认定
美国互动广告局	积极推动互动广告行业标准的建立，并组织互动广告领域的重要研究

---

① 域外动态‖美国联邦贸易委员会拟修订《广告代言指南》 [EB/OL]. (2022-05-23). https://www.sohu.com/a/549757510_121124603.

向两家食品和饮料行业组织以及十几名健康博主发出警告，因为他们未能在宣传甜味剂和含糖食品的帖子中充分披露有关付费推广的信息。这一举措旨在对企业和自媒体标注付费广告的方式实施更严格的标准。① 根据《传播法》，联邦通信委员会是美国政府机构，管理全国广播、电视、通信事业。涉及广播、电视、通信事业中的广告相关问题自然由其进行监管，如广播非营利性的独立节目、地方性直播节目、公共话题讨论的电台中"广告过度"的问题②，详见图11-3。

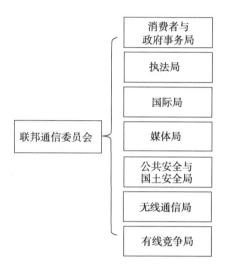

图11-3 美国联邦通信委员会架构

美国食品药品监督管理局由美国国会即联邦政府授权，是专门从事食品与药品管理的最高执法机关，其也负责有关食物和药品广告管理的问题，例如，新烟草产品推出市场前必须接受局方审核和获局方授权，烟草产品包装和广告必须附有健康警告。③

消费品安全委员会是美国一个重要的消费者权益保护机构，它的责任是保护广大消费者的利益，通过减少消费品存在的伤害及死亡的危险来维护人身及家庭安全，可以依据联邦有关保护消费者的法律对侵犯消费者利益的广告和广告主起诉,如根据《消费者产品安全改善法案（2008年版）》对玩具与游戏器具的广告标签提出要求，进行监督管理。④

---

① 美国联邦贸易委员会警告网红：要标明哪些内容收了钱[EB/OL]. (2023-11-17). https://baijiahao.baidu.com/s?id=1782763976244505500&wfr=spider&for=pc.
② COASE R H. The Federal Communications Commission[J]. Journal of law and economics, 2013, 56(4): 879-915.
③ 香港贸发局[EB/OL]. http://economists-pick-research.hktdc.com/business-news/article/Business-Alert-US/FDA-Expands-Regulatory-Authority-to-Cover-E-Cigarettes/baus/en/1/1X300W0C/1X0A674B.htm.
④ 美国消费品安全委员会. 消费品安全改进法案（CPSIA）[EB/OL]. https://www.cpsc.gov/Regulations-Laws-Standards/Statutes/The-Consumer-Product-Safety-Improvement-Act.

联邦证券交易委员会、美国专利商标局以及国会图书馆可以对股票和证券广告、商标广告以及所有涉及版权方面的资料性广告进行监督,例如美国专利商标局依据《美国商标法》对商标进行广告宣传开展监督管理工作。

美国邮政总局负责防范和查处通过邮递的广告是否有欺诈和违法行为,如针对美国保险广告的监督与管理。①

美国农业部对涉及国计民生的种子广告和酒精饮料广告的真实、合法性进行监督和认定,如基于农产品贸易促进计划(ATP)为符合条件的美国组织提供成本分摊援助,用于消费者广告、公共关系、销售点演示、参加交易会和展览、市场研究和技术援助等活动。

值得注意的是,面对智能广告监管的网络化、复杂化,美国成立美国互动广告局,其与 Google、Yahoo、Microsoft 等网络广告行业参与者联合制定《IAB 点击计算指南》,保障网络广告产业中的网络安全问题。

英国智能广告监管机关包括独立电视委员会(Independent Television Commission,ITC)、竞争与市场管理局(Competition and Markets Authority,CMA)、电信办公室、无线广播局(Radio Authority,RA)(表 11-2)。就监管机关及其职责权限而言,独立电视委员会除监督、管理全部地面商业电视业务外,也负责对卫星和有线电视的管理。独立电视委员会的职责是掌管商业电视网的发射设备,发放商业电视经营许可证,审查节目和广告等。竞争与市场管理局前身之一为英国公平交易办公室,其依据 1988 年《竞争法》促进市场竞争、保护消费者,如竞争和市场管理局发布数字市场策略,其中的重要内容是开放对线上平台的市场研究,包括被数字广告支持的脸书、谷歌等。依据 2003 年《英国电信法》的有关规定,电信办公室是英国电视广告的法定监管机构,负责监管广播、电视和通信服务等领域的广告经营行为,并负责建立相应的关于广告监管的法律、法规。无线广播局根据 1990 年《英国广播法》成立,管理全国商业性的无线广播电台。无线广播局在无线广播范围内负有与独立电视委员会同样的任务和管理职能,即可以对无线广播广告进行监管。

表 11-2 英国智能广告监管机关及其职责权限

监管机关名称	职责权限
独立电视委员会	对电视广告进行监管,负责制定和实施《独立电视委员会广告行业行为准则》,监督规范电视广告
竞争与市场管理局	促进市场竞争、保护消费者
电信办公室	负责监管广播、电视和通信服务等领域的广告经营行为,并负责建立相应的关于广告监管的法律、法规
无线广播局	管理全国商业性的无线广播电台

---

① 章俐. 美国保险广告监管及启示[J]. 中国保险,2005(7):60-61.

法国智能广告监管机关包括：电视、广播广告审查机构（RFP），广告监察委员会，卫生制品安全局，法国金融市场管理局（Autorité des Marchés Financiers，AMF）（表11-3）。电视、广播广告审查机构负责审查全国所有广播、电视广告内容，以保障广告的真实性，防止利用广告进行欺骗。广告监察委员会主要监管广告业内部的不正当竞争，处理违反国家禁止性、限制性的广告，以及有损社会风化的广告[①]，例如其下令谷歌公司重新审查广告政策。卫生制品安全局负责药品广告的监督管理。按照规定，法国的任何药品广告均要通过一系列严格的申请与审查制度才能出现在消费者面前。[②]法国金融市场管理局负责监督管理金融领域的广告，例如依据欧盟新版《金融工具市场法规》（MiFID），衍生品不能通过电子形式合法宣传，因此法国金融市场监管局要求数字货币衍生品不得出现在线上广告中。[③]

表11-3　法国智能广告监管机关及其职责权限

监管机关名称	职　责　权　限
电视、广播广告审查机构	负责审查全国所有广播、电视广告内容，以保障广告的真实性，防止利用广告进行欺骗
广告监察委员会	主要监管广告业内部的不正当竞争
卫生制品安全局	负责有关药品广告审查的问题
法国金融市场管理局	负责监督管理金融领域的广告

加拿大智能广告监管机关包括加拿大竞争局（Competition Bureau Canada）、加拿大证券管理委员会（Canadian Securities Administrators，CSA）、广播电视及电信委员会（Canadian Radio-television and Telecommunications Commission，CRTC）（表11-4）。加拿大竞争局负责调查与误导广告和其他市场欺诈行为的有关犯罪行为，如2013年12月加拿大竞争局针对谷歌发起的反垄断调查，确定谷歌是否利用其在互联网搜索市场的主导地位，阻碍竞争和推动数字广告价格上升。[④]加拿大证券管理委员会主要保护投资者免受不公平、不正当或欺诈广告，如该机构将联合全球数字平台，禁止数字货币广告的投放。[⑤]广播电视及电信委员会是加拿大负责监管广电和电信的机构，依据《广播电视法》对所有广播电视节目内容包括广告是否符合法律法规的标准负监督责任，如依据2014年生效的《加拿大反垃圾邮件法》（CASL）的规定，在其历史上首次对含恶意软件的在线广告安装实施制裁。[⑥]

---

① 刘凡. 中国广告业监管与发展研究[M]. 北京：中国工商出版社，2007：100.
② 法国严格管理电视药品广告[EB/OL]. (2009-02-19) https://www.gmw.cn/01gmrb/2009-02/19/content_889390.htm.
③ 法国金融市场监管局："数字货币衍生品"必须监管　禁止线上投放广告[EB/OL]. (2018-02-23). https://baijiahao.baidu.com/s?id=1593146784203303580&wfr=spider&for=pc.
④ 加拿大细分反垄断体系　高效且维护市场公平[EB/OL]. (2018-08-13). http://www.chinanews.com.cn/gj/2014/08-13/6488609.shtml.
⑤ 加拿大证券管理局：将联合全球数字平台禁止数字货币相关广告[EB/OL]. (2018-07-11). https://www.sohu.com/a/240521372_115060.
⑥ 加拿大反垃圾邮件法终于在7月完全生效了[EB/OL]. (2017-08-22). https://www.sohu.com/a/166350335_739899.

表 11-4　加拿大智能广告监管机关及其职责权限

监管机关名称	职责权限
加拿大竞争局	反价格垄断、串通投标、虚假不实和带有误导性的宣传、欺骗性中奖通知、滥用市场优势地位、独占经营、捆绑销售以及欺骗性营销等行为
加拿大证券管理委员会	保护投资者免受不公平、不正当或欺诈广告
广播电视及电信委员会	依据《广播电视法》对所有广播电视节目内容包括广告是否符合法律法规的标准负监督责任

日本智能广告监管机关包括公正交易委员会（Japan Fair Trade Commission，JFTC）、厚生劳动省（Ministry of Health, Labour and Welfare，MHLW）、日本广告业协会（Japan Advertising Agencies Association，JAAA）（表 11-5）。就监管机关及其职责权限而言，公正交易委员会有权从公平竞争的角度，对不正当的表述、虚假广告等进行监督管理和查处，如 2020 年拟通过向国会提交《数字平台交易透明化法》，提高交易的公平性和透明度并确保公平的竞争环境，如果搜索排名中的产品是广告或本公司相关产品，应该告知消费者。[①]厚生劳动省监督管理有关食品、药品广告的问题，例如由于夸大保健食品效果的虚假广告横行，日本内阁府的消费者委员会要求消费者担当相和厚生劳动大臣在 30 日之内提出加强监管对策的建议，并于 7 月之前提出改善状况的报告。[②]日本消费者厅负责收集消费者的相关信息，有权指导政府的消费者工作，统筹管理消费者事务，重点是维护消费者的合法权益，尤其是涉及广告领域的消费者权益。日本广告业协会由通产省授权，负责广告的日常监督管理工作，具体工作如合理化广告业务和措施的管理、促进与广告交易现代化、提高广告道德、研究和改进广告技术等。

表 11-5　日本智能广告监管机关及其职责权限

监管机关名称	职责权限
公正交易委员会	有权从公平竞争的角度，对不正当的表述、虚假广告等进行监督管理和查处
厚生劳动省	监督管理有关食品、药品广告的问题
日本消费者厅	负责保护消费者权益，可对侵犯消费者利益的广告和广告主起诉
日本广告业协会	促进调查和研究措施，以合理化广告业务和措施的管理；促进与广告交易现代化有关的措施；开展运动以提高广告道德；研究和改进广告技术

韩国智能广告监管机关包括公平交易委员会和韩国放送广告振兴公社（Korea Broadcasting Advertising Corporation，KOBACO）（表 11-6）。公平交易委员会，它是中央领导下的部长级中央行政组织，由下属的广告科负责对所有广告的监督管理，具体

[①] 日本拟出台新法给电商上紧箍咒：随意操纵商品显示顺序属违规[EB/OL]. (2019-11-04). https://baijiahao.baidu.com/s?id=1649261669598052743&wfr=spider&for=pc.

[②] 日本消费者委员会要求加强保健食品广告监管[EB/OL]. (2013-01-04). https://www.cnr.cn/advertising/ggjiangguan/201303/t20130322_512209162.html.

负责处理虚假广告、欺骗性广告、不正当比较广告、诋毁性广告等,如公平交易委员会就电视面板涉嫌广告夸大问题处理三星、LG之间的纠纷。[①]韩国放送广告振兴公社是韩国公益广告的管理和运作公司,是政府文化体育观光部下属的公营企业,也是韩国最具实力的公益广告制作机构,其与中央电视台联合制作公益广告《孝道》。

表 11-6 韩国智能广告监管机关及其职责权限

监管机关名称	职 责 权 限
公平交易委员会	对虚假广告、欺骗性广告、不正当比较广告、诋毁性广告作为不正当交易行为加以处理
韩国放送广告振兴公社	负责韩国公益广告的管理和运作

澳大利亚智能广告监管机关包括竞争与消费者委员会(Australian Competition and Consumer Commission,ACCC)、治疗产品管理局(Therapeutic Goods Administration,TGA)、治疗产品标准委员会(Therapeutic Goods Advertising Code Council,TGACC)和投诉解决小组(Complaints Resolution Panel,CRP)(表 11-7)。竞争与消费者委员会是一个独立的英联邦法定机构,其职责是执行《2010 年竞争与消费者法》和一系列其他法规,促进竞争、公平交易并规范国家基础设施,以造福所有澳大利亚人,其职能是采取最能促进澳大利亚市场正常运作、保护竞争、改善消费者福利并停止反竞争或对消费者有害的行为的行动。例如,2018 年竞争与消费者委员会起诉三星,指控其广告以错误且存在误导性的方式呈现 Galaxy 手机不会受到任何类型水质的影响,而事实情况并非如此。[②]治疗产品管理局由下设的补充药物办公室(Office of Complementary Medicines,OCM)组织开展具体业务,而补充药物办公室下设广告和出口中心(Advertising & Export)对有关药品进行监督管理。治疗产品标准委员会、投诉解决小组均是由政府代表与各利益相关者代表组成的综合性部门[③],分别负责关于药品广告的审批与投诉处理。

表 11-7 澳大利亚智能广告监管机关及其职责权限

监管机关名称	职 责 权 限
竞争与消费者委员会	对于广告方面的违法行为,从保护消费者的角度进行处理
治疗产品管理局	负责监管澳大利亚治疗产品的机构,通过其下属机构广告和出口中心对药品广告进行监管
治疗产品标准委员会、投诉解决小组	负责关于药品广告的审批与投诉处理

① 三星 LG "电视互撕大战":监管结束调查 双方互撤投诉[EB/OL]. (2020-06-06). https://new.qq.com/rain/a/20200606A07SFQ00.
② 三星广告被起诉[EB/OL]. (2019-07-04). https://weibo.com/3626485974/HBVP8bL4n?sudaref=www.baidu.com&display=0&retcode=6102&type=comment.
③ 田圆圆. 澳大利亚药品广告监管模式简介及对我国的启示[J]. 中国新药杂志,2011(5):17-21.

新加坡智能广告监管机关包括新加坡卫生部（Ministry of Health，MOH）、新加坡卫生科学管理局（Health Sciences Authority，HSA）、新加坡资讯通信媒体发展管理局（Infocomm Media Development Authority，IMDA）、新加坡农业食品和兽医局（Agri-Food and Veterinary Authority of Singapore，AVA）（表11-8）。新加坡卫生部对于广告方面的误导、违法行为，从保护消费者健康的角度进行监督管理，例如新加坡卫生部于2019年10月宣布，"最不健康的"含糖饮料不得在电视、印刷品和网络上做广告宣传。①新加坡卫生科学管理局主要负责监督管理有关保健产品广告的问题，为司法服务，确保国家的血液供应和维护公共健康。②新加坡资讯通信媒体发展管理局根据《信息通信媒体发展管理局（IMDA）法案》，由新加坡资讯通信发展管理局（IDA）和媒体发展管理局（MDA）正式合并，负责协调对媒体业各个领域广告的管制，并推动其长期发展。新加坡农业食品和兽医局负责关于农业食品广告的审批与投诉处理。

表11-8　新加坡智能广告监管机关及其职责权限

监管机关名称	职责权限
新加坡卫生部	对于广告方面的误导、违法行为，从保护消费者健康的角度进行监督管理
新加坡卫生科学管理局	明智地管理保健产品广告，维护公共健康
新加坡资讯通信媒体发展管理局	协调对媒体业各个领域广告的管制
新加坡农业食品和兽医局	负责关于农业食品广告的监督管理

3. 国外智能广告监管自律组织

在绝大多数市场经济较为发达的西方国家，并没有单独成立对智能广告进行监管的自律组织，其对智能广告的监督管理还是依托传统的广告监管自律组织。在西方市场经济体制下，国外广告监管自律组织在广告行业中的地位举足轻重。刘凡认为，一是具有完整的组织体系，二是具有较高的权威性。广告自律组织在规范市场秩序方面发挥着其他政府机关不可替代的作用，所以本节根据现状对国外广告监管自律组织进行梳理。③

美国广告的自律体系主要分为全国广告业自律机构、地方广告业自律机构、行业自律委员会和消费者组织。其中负责审查的是美国全国自律机构，即广告审查理事会，其下设两个广告管理部门：一个是全国广告部（National Advertising Division，NAD），另一个是全国广告审查委员会（National Advertising Review Board，NARB）。全国广告部负责监视、监听各种全国性的广告，并受理来自消费者、品牌竞争者等的申诉。

---

① 新加坡，首个禁止高糖饮料广告的国家[EB/OL]. (2019-10-12). https://baijiahao.baidu.com/s?id=1647162658862500240&wfr=spider&for=pc.
② 新加坡卫生科学局. 我们是谁[EB/OL]. https://www.hsa.gov.sg/about-us.
③ 刘凡. 中国广告业监管与发展研究[M]. 北京：中国工商出版社，2007：101.

如在解决申诉中找不到满意的解决方案，全国广告部便将案件交给全国广告审查委员会。其主要是在全国广告部调节无效的情况下，负责仲裁经过全国广告部调查和调节上诉的案件。两个部门相互配合，再加上地方广告业自律机构的有效支持，使得美国的广告审查工作天衣无缝，能够有力地避免和打击违法广告。[1]

英国广告标准管理局（Advertising Standards Authority，ASA）是英国广告行业自律组织最高机构，负责对媒体广告进行管理，其职责是代表公众利益、仲裁和处理所有的广告申诉。该机构还负责与政府部门和其他组织保持联系，并负责广告界的自律活动。广告标准管理局不属于政府部门，不纳入政府编制，但有一定执法权，所有广告商、代理商、传媒公司均受其管理，其经费来源由广告商提供。广告标准管理局的主要职责是制定广告业行为标准准则、审查广告和受理投诉。[2]

加拿大广告自律组织包括加拿大广告基金会、加拿大广告标准委员会、加拿大广告主协会、加拿大广告公司协会、加拿大广播电视台联合会、加拿大日报出版商协会、加拿大社区报协会、加拿大杂志出版商协会、加拿大户外广告联合会等。加拿大广告基金会是加拿大广告业最具权威性和影响的全国性自律组织，其旨在通过利用广告对社会公众兴趣的影响力改善广告行业的形象。加拿大广告标准委员会是一个全国性的非营利行业组织，其使命是通过促进行业自律，确保广告的真实性和生命力。上述其余行业性自律组织和加拿大广告基金会没有直接的隶属关系，它们在各自专业领域维护其会员的利益，并开展自律活动。

随着法国社会日新月异的变化，法国的广告自律实践也出现了多次重大改革和调整，行业自律从相对封闭的自我管理（self-regulation）逐渐走向更加开放的联合管理（co-regulation）。法国专职广告审查局（ARPP）是法国的广告自我监管组织，其目标是在合法、诚实和真实的广告方面保持高标准，这符合消费者和广告商的利益。它的任务是在创造力、广告商的表达自由以及对消费者的责任和尊重之间保持平衡。法国专职广告审查局是一个私人协会，完全独立于公共权力。从法律上讲，法国专职广告审查局将成员分为三类：广告商、广告中介、媒体公司，下设三个常规性机构（表11-9），分别是广告道德委员会（Conseil de l'Ethique Publicitaire，CEP）、联合广告委员会（Conseil Paritaire de la Publicité，CPP）和广告伦理陪审团（Jury de Déontologie Publicitaire，JDP）。

德国广告自律组织包括德国广告理事会和德国反不正当竞争中心。德国广告理事会制定广告准则和竞争规则；提升广告的创意、制作水平，提高广告的品位；制止广告中的不良倾向，保护消费者的合法权益。德国反不正当竞争中心主要负责推进市场及广告公平竞争，其手段主要是提升公众意识、参与法律调查，并在适当的情况下，

---

[1] 最发达的国家美国的广告审查制度[EB/OL]. (2016-08-28). http://www.maxlaw.cn/z/20160828/857495714113.shtml.

[2] 李彬. 英国广告业管理模式和法律规制及对我国的启示[J]. 工商行政管理，2013(4)：69-71.

表 11-9　法国专职广告审查局下设机构介绍

机构名称	目的	组成	任务
广告道德委员会	追踪社会提出的迅速发展的敏感问题和价值观	该机构的主席应是独立于该行业的独立人士。然后，此人从民间团体中选出 7 名专家，他们也必须独立于行业。主席确保 CEP 成员代表社会的多样性，并在广泛的领域（如社会学、物理学、心理学、教育学、语言学和政治学）中拥有广博的知识	在两种类型的问题上公开审查并发表意见：一是在与广告道德相关的新问题上，CEP 制作报告，以研究和预测有关广告的社会发展，并提出新的或适应性的广告道德标准。二是 CEP 本身就是对自我调节的评估，它是批评和判断自我调节效率的机构，它指出了需要提高警惕的行业。因此，CEP 对广告与其社会环境之间的关系具有客观和专业的观点
联合广告委员会	提供民间社会（消费者协会和环境协会）代表与广告业代表之间进行对话与合作的地方	该机构拥有 18 名成员（9 名专业人员，9 名协会人员），并由一名必须来自协会领域的成员担任主席	提醒 ARPP 董事会注意不同协会或组织对广告内容的期望，有助于讨论对自律守则的不断重新评估
广告伦理陪审团	处理消费者对可能违反规范的广告投诉	独立公正的成员	该机构无权处理有关违法广告的投诉。在这种情况下，应与相关的政府机构或法院联系。任何人可以将案件转给陪审团（私人，协会，政府部门……）

与有关司法机关合作，反对不正当竞争。①

日本广告自律组织包括日本广告审查机构（Japan Advertising Review Organization，JARO）、全日本 CM 放送联盟（All Japan Radio & Television Commercial Confederation，ACC）。日本广告审查机构是行业自律的中央机构，主要负责协调行业内各自律团体之间的活动，经费来源由各成员提供。绝大部分有影响的报纸、杂志、广告公司、广播公司和许多主要的广告主都是该机构的成员。全日本 CM 放送联盟由日本广告主协会（Japan Advertisers Association，JAA）、日本广告业协会、放送广告代理店中央联盟、日本电视商业制作公司联盟（Japan Association of TV Commercial production companies，JAC）、日本民间放送联盟（National Association of Commercial Broadcasters in Japan，NAB）等各业界团体组成，以增加社会文化的贡献为目标，培育广告的健全发展为目的。②

澳大利亚广告自律组织是广告业委员会。广告标准局是具体承担澳大利亚广告行业自律具体事务的机构，并负责具体实施全国广告主协会颁布的《广告道德准则》。广告宣传争议委员会负责解决广告竞争中的纠纷。①

通过对现有文献、资料的梳理，研究发现欧美发达国家广告自律组织架构完整、层级分明，职责较为明确，如美国广告的自律体系既有全国广告业自律机构，又有地

---

① 刘凡. 中国广告业监管与发展研究[M]. 北京：中国工商出版社，2007：104.
② 全日本 CM 放送联盟[EB/OL]. (2023-05-18). https://baike.baidu.com/item/全日本 CM 放送联盟/6887921?fr=aladdin.

方广告业自律机构、行业自律委员会和消费者组织。许多国家设有专门的广告自律组织对广告行业进行管理，如英国广告标准管理局、加拿大广告基金会和法国专职广告审查局等。值得注意的是，法国专职广告审查局下设广告道德委员会，目的是追踪社会提出的迅速发展的敏感问题和价值观，其成员代表社会的多样性，并在社会学、物理学、心理学、教育学、语言学和政治学等领域中拥有广博的知识和影响力，这是值得我国借鉴学习的。

日本广告自律组织与欧美国家的较为类似，日本设立行业自律的中央机构广告审查机构协调行业内各自律团体之间的活动，韩国、新加坡等国家也设立韩国广告团体联合会和新加坡广告标准局等广告自律组织，但在层级、架构方面与欧美发达国家存在一定差距。本节通过对上述广告自律机构的进一步研究，不论是欧美国家的广告自律机构，还是亚洲国家的广告自律机构，均未发现其自律组织中设有专门的下属机构来关注以信息领域新技术为突出表现的智能广告。

值得注意的是，网络平台的自我规制也为广告自律，尤其是互联网广告自律作出很大贡献。对于 Google、Facebook、新浪微博、微信为代表的国内外网络广告平台而言，它们在推动商业模式创新的同时，也在构建和实施自己平台上的"游戏规则"[1]，如在 Google 的 AdWords 和 AdSense 两大部分中，规定了很多有关平台上广告发布的相关禁止或限制的行为。[2]鉴于网络平台的技术优势及其在社会化媒体时代的强大影响力，这股平台力量应该被纳入智能广告自律组织体系中来，进而为广告自律组织的发展壮大贡献力量。

4. 国外智能广告监管处理程序

总体上看，国外政府在智能广告监督管理方面的工作主要是支持广告行业自律组织的自律工作，对重大的虚假违法广告或者行业自律组织难以处理的广告进行处理。值得注意的是，在广告主、广告市场主体、广告发布者中，随着互联网技术的发展，众多在传统媒体时代不从事广告设计、制作、代理、发布的市场主体和个体（如互联网公司、自媒体等）也涉足智能广告领域（如互联网广告、数字金融广告），其借助自身技术优势也积极参与到智能广告的监管工作中，在社会化媒体时代的作用举足轻重。

国外对违法广告尤其是虚假广告的处理步骤如表 11-10 所示。国外广告自律组织具体处理手段有：发表对投诉的裁决，公开对被投诉者进行批评，对违法广告实行黑名单制度，要求违规广告主今后在广告发布前将广告提交自律组织强制性审查，媒介拒绝刊播自律组织认为投诉成立的广告，撤销贸易特惠。当其他一切方法无效时，作

---

[1] 周辉. 美国网络广告的法律治理[J]. 环球法律评论，2017(5)：142-161.
[2] 宋泽蓉，张艳. 美国互联网广告业自我规制的特色与启示[J]. 传播力研究，2019(27)：179.

为最终制裁,将案件移送政府有关部门,对违法者采取法律制裁。[1]

表11-10 国外广告监管处理程序

监管机关/单位类别	处理程序
自律组织	(1)受理投诉、评审投诉内容、决定制裁,这类违法案件一般不是特别严重; (2)对于严重的违法案件交由政府机关处理
政府机关	(1)处理当事人不服从自律组织劝诫或处罚措施的案件; (2)特别严重的违法行为
广告主、广告市场主体、广告发布者	联合抵制行为不轨者,共同对违法者施压

5. 国外智能广告审查制度

世界上大多国家都建立了不同形式的发布前审查制度,但是在机构组成、审查程序等方面有所不同。就政府监管程序而言,有事前管理、事中管理、事后救济三种方式,事前管理即在广告发布前,政府对广告的内容、用语等进行审查,许多国家对特种广告一般都实行广告事前审查制度。事中管理即对发布的广告进行监督管理。事后救济是当人们因为广告侵害而向政府有关机构投诉后,政府对广告予以查处的管理方式,各国立法几乎都建立了这种制度,以惩罚广告主,救济受害人。自律主导型与政府主导型中政府监督管理的不同在于,自律主导型中的政府监督管理方式是事后救济,而政府主导型中的政府监督管理主要是事前管理和事中管理[2],主要是针对重点商品和媒介进行必要的审查。广告审查机构一般是广告行业的自律组织,也有一些政府部门。一般邀请有关代表、专家、政府工作人员按照程序对规定的商品广告和媒介服务形式进行审查。例如在美国,广告的审查主要是通过行业自律体系来完成,政府通过行业组织审查广告、处理纠纷,收到了良好的效果。

智能广告的审查以及广告审查流程,在具体的权限分配以及审查监管范围的界定上,仍旧需要进一步厘清与确定。同时,针对利用新信息技术衍生出的新的违法广告行为要予以跟进,确保广告审查流程更加完善,能够应对更加新型、隐蔽的违法网络广告。

6. 国外智能广告监管内容

各国广告监管内容与智能广告的监管内容基本相同。从所有商品、服务广告的内容要求角度看,各国广告监管法规对所有的商品广告都提出了内容方面的基本要求,主要包括规制虚假广告、误导性广告、竞价广告和违法公序良俗的广告,特别是虚假广告,成为各国广告监管的重中之重,例如联邦贸易委员会是美国最权威和最核心的广告管理部门,主要任务就是接受消费者对虚假广告的投诉,进行调查并进行法律起诉。一旦联邦贸易委员会判定某一广告为欺骗性广告,它可以要求广告商马上停播广

---

[1] 刘凡. 中国广告业监管与发展研究[M]. 北京:中国工商出版社,2007:105.
[2] 饶世权. 论广告的监督管理制度[J]. 商业研究,2004(3):24-27.

告，并责令其发布更正广告[1]；从广告监管涉及的商品及服务类别角度看，各国对广告监管涉及的商品、服务类别大致相同，尤其是食品、香烟、药品等特殊商品（表11-11）。

表11-11 特殊性的监管内容[2]

国家	从广告发布媒介角度	从广告一般要求角度	从商品类别角度
美国	互联网广告	证人证言	减肥产品广告、儿童广告
英国	悬赏提供赠品广告	晚上9点禁止播出电视"垃圾食品"广告	严格限制医疗广告内容
德国	关于赠品的规定	不正当竞争广告	严格限制医疗广告内容
法国	悬赏销售广告	淫秽色情广告	禁止医疗广告
加拿大	网络广告	不正当竞争广告	儿童广告、非酒精饮料广告

萨维尔和福克斯的研究系统性回顾了美国酒精行业的营销监管，结果表明酒精行业通过质疑法定监管的有效性、强调行业责任和自我监管的有效性、关注个人责任来反对市场法规。该行业主要通过基础证据、推广无效的自愿性法规（ineffective voluntary codes）和非监管措施来表达自己的观点。[3]同样，诺埃尔等在研究中指出，在某些媒体（如互联网媒体）中违反自律性酒精市场法规的内容准则非常普遍。酗酒在年轻人中间尤其普遍。研究结果表明，目前管理酒类广告营销实践的自我监管系统没有达到保护脆弱人群的预期目标。[4]卡琳等的研究则收集了互联网上的酒精广告曝光度以及对最近广告的接受度（吸引力、饮酒动机等）的信息。研究结果表明，2015年版的法国《埃文法》（*Loi Évin*）似乎并未有效地保护年轻人，使其免于接触法国的酒精广告。[5]诺埃尔、凯特等的研究认为，酒精行业已将提倡自我调节作为调节酒精营销活动的充分手段。但是，有证据表明，其经常会违反自律性酒精营销守则的准则，从而导致青少年对酒精营销的过度暴露，以及使用可能对青少年和其他弱势人群有害的内容。[6]此外，亚当等的研究认为，酒精行业违反了他们针对Twitter和Instagram上的数字营销传播的自我监管准则。尽管Twitter的年龄限制措施有效地阻止了电话更新，但用户仍可以不受阻碍地访问帖子。普通的用户，甚至是13周岁以下的用户，都被酒类行业的广告信息和促销材料所包围。[7]席尔瓦等的研究指出，专家和公众都认为

---

[1] 孟兆平：从美国经验看互联网广告的中国之路[EB/OL]. (2016-08-29). http://it.people.com.cn/n1/2016/0829/ c1009-28673771.html.

[2] 刘凡. 中国广告业监管与发展研究[M]. 北京：中国工商出版社，2007：117.

[3] SAVELL E, FOOKS G, GILMORE A B. How does the alcohol industry attempt to influence marketing regulations? A systematic review[J]. Addiction, 2016, 111(1): 18-32.

[4] NOEL J K, BABOR T F, ROBAINA K. Industry self-regulation of alcohol marketing: a systematic review of content and exposure research[J]. Addiction, 2017(S1): 28-50.

[5] GALLOPEL-MORVAN K, SPILKA S, MUTATAYI C, et al. France's Évin Law on the control of alcohol advertising: content, effectiveness and limitations[J]. Addiction, 2016, 112(1): 18-32.

[6] NOEL J, LAZZARINI Z, ROBAINA K, et al. Alcohol industry self-regulation: who is it really protecting?[J]. Addiction, 2016, 112(S1): 57-63.

[7] BARRY A E, BATE A M, OLUSANYA O, et al. Alcohol marketing on Twitter and Instagram: evidence of directly advertising to youth/adolescents[J]. Alcohol & alcoholism, 2015, 51(4): 487-492.

样本中的啤酒广告违反了巴西酒精广告的自律标准。应考虑采取公共政策，对酒精广告进行更有效的限制和禁止。①

克拉克和琼斯等学者认为，由于电子烟对健康的未知但不可忽视的长期不利健康影响，以及令人震惊的青年消费量的增加，对这些产品进行监管是必要的，对其进行社交媒体商业化管理应与公共卫生和政策议程相关。②科林斯等研究表明，随着时间的流逝，电子烟的营销支出和通过社交媒体的在线参与度不断提升，电子烟通常被设计成可燃香烟的替代品，并且电子烟广告暴露可能与电子烟的试验有关。③学者伊等的研究旨在评估公众对香港新电子烟法规的支持及其影响因素。调查结果表明，公众强烈支持香港对电子烟的进一步监管，目前对烟草和电子烟的严格措施以及媒体对电子烟危害性的报道可能会对该法规的实施提供支持。④

泽特奎斯特等的研究比较了英国和瑞典可能改善药品信息质量的监管改革，例如预先审查和加强对促销的积极监控、更高的罚款，并加大对裁决的宣传力度。但仅凭这种努力是不够的，因为仅仅改善监督和增加处罚并不能解决行业中的所有问题。⑤

11.1.2　我国智能广告监管现状

广告行业是一个国家或地区经济发展的晴雨表，广告行业的发展与经济的增长密切相关，所以对我国广告业进行监督管理是十分必要的。与其他国家不同的是，我国政府广告监管部门除对广告业进行监督管理之外，还兼具指导广告业发展的职能。我国将智能广告监管纳入广告监管体系中，采取了一定手段对其进行监督管理。

从广告监管看，首先，我国及时清理废止、过时的法律法规，逐渐建立起比较完善的广告法律体系，如《化妆品广告管理办法》《兽药广告审查办法》《农药广告审查办法》《酒类广告管理办法》，建立完善如《互联网广告管理办法》等法律法规；其次，通过监管、查处大量虚假违法广告，维护了市场广告秩序，保护了消费者的合法权益。例如，2022年以来，市场监管总局聚焦医疗、药品、医疗器械、保健食品等民生重点领域的广告突出问题，持续保持高压严管态势，深入开展打击"神医神药"广告"铁拳"行动，督促指导各地市场监管部门集中清理整治冒充专家名医开展广告宣传、违

---

① VENDRAME A, SILVA R, PINSKY I, et al. Self-regulation of beer advertising: a comparative analysis of perceived violations by adolescents and experts[J]. Alcohol & alcoholism, 2015, 50(5): 602-607.

② CLARK E M, JONES C A, WILLIAMS J R, et al. Vaporous marketing: uncovering pervasive electronic cigarette advertisements on Twitter[J]. Plos one, 2015(7): e0157304.

③ COLLINS L, GLASSER A M, ABUDAYYEH H, et al. E-cigarette marketing and communication: how E-cigarette companies market E-cigarettes and the public engages with E-cigarette information[J]. Nicotine & tobacco research, 2019, 21(1): 14-24.

④ YEE C, MAN W, SAI H, et al. Public support for electronic cigarette regulation in Hong Kong: a population-based cross-sectional study[J]. International journal of environmental research and public health, 2017, 14(7): 709-721.

⑤ ZETTERQVIST A V, MERLO J, MULINARI S.Complaints, complainants, and rulings regarding drug promotion in the United Kingdom and Sweden 2004-2012:a quantitative and qualitative study of pharmaceutical industry self-regulation[J]. Plos med, 2015, 12(2): e1001785.

法违规宣传药品疗效、虚构或夸大保健食品功效等广告乱象，共查处医疗、药品、医疗器械、保健食品等虚假违法广告案件 7 794 件，罚没 1.26 亿元。①广告市场有序竞争、良性竞争的良好行为规范和市场环境有待进一步培育。

通过上述数据，本节主要从智能广告监管体制、智能广告监管机关、智能广告监管自律组织、智能广告监管处理程序、智能广告审查制度以及智能广告监管内容等方面对我国智能广告监管现状进行梳理，叙述如下。

1. 我国智能广告监管体制

我国智能广告监管体制依托于原有广告业监管体系，实行政府监管与行业自律相结合的监管体制。我国政府建立从中央到地方的完整广告监管体系，从中央层面看，由国家市场监督管理总局（State Administration for Market Regulation，SAMR）下设的广告监管司主管广告监督管理相关工作；从地方层面看，各省、自治区、直辖市及计划单列市、副省级城市、新疆生产建设兵团市场监管局（厅、委）在广告监管司的指导下有序开展广告监督管理工作，并推动广告业高质量发展。此外，我国广告自律组织和社会监督力量也是我国广告监管体系的重要补充。与西方发达国家智能广告监管体制有所区别的是，我国智能广告监管体制是典型的政府监管与行业自律、社会监督相结合的"强政府-弱社会"管理模式，该模式是在长期实践中发展形成的，是符合我国基本国情的智能广告监管体制。

2. 我国智能广告监管机关

我国智能广告监管机关包括市场监管部门、国家互联网信息办公室（Cyberspace Administration of China）、新闻出版广电部门、通信主管部门、公安机关、卫生健康委员会、食品药品监管部门、中医药管理部门、中国人民银行、国家金融监督管理总局（表 11-12）。国家级市场监管部门为国家市场监督管理总局，具体由其下属机构广告监督管理司开展智能广告监督管理相关工作，如图 11-4 所示。

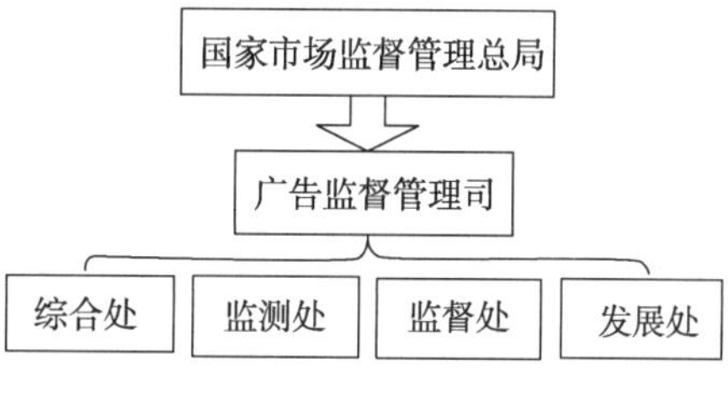

图 11-4　智能广告监管主管部门组织架构

广告监督管理司主要负责拟订广告业发展规划、政策并组织实施，如牵头拟定、实施《广告产业发展"十三五"规划》（工商广字〔2016〕132 号）和《国家广告产业园区管理办法》（工商广字〔2018〕8 号）等。拟订实施广告监督管理的制度措施，组织指导药品、保健食品、医疗器械、特殊医学用途配方食品广告审查工作，如拟定《农药广告审查发布标准》（国家工商行政管理总局令第 81 号）、《兽药广告审查发布标准》

---

① 市场监管总局广告监管司:规范广告市场秩序,有力回应群众关切[EB/OL]. (2023-03-15). http://www.chinatt315.org.cn/act/wcrd/wdnews/234705.html.

表 11-12　我国智能广告监管机关及其职责权限[①]

监管机关	职责权限
市场监管部门	协调组织对影响较大、涉及多部门监管职责的重点案件开展联合约谈、联合惩戒；适时组织开展联合调研、联合督查；部署开展虚假违法广告整治考评工作，加强综合治理和社会共治；加强广告监管，严厉查办涉及导向问题、政治敏锐性问题、具有不良影响的广告；重点查处事关人民群众身体健康、生命财产安全的虚假违法广告
国家互联网信息办公室	配合相关部门进一步加强互联网广告管理，大力整治网上虚假违法违规信息，开展联合执法，严厉查处发布虚假违法广告信息的网站平台，营造风清气正的网络空间
新闻出版广电部门	督促指导媒体单位履行广告发布审查职责，建立健全广告业务的承接登记、审核、档案管理等制度，严格规范广告发布行为；强化指导，提升广告内容的艺术格调；清理查处违规媒体和广告，对广告条次违法率、时长违法率高的媒体单位加大查处问责力度；研究解决县级（广播）电视台刊播广告有播无证的问题；及时受理群众对虚假违法广告的投诉举报；进一步规范电视购物节目播放，清理整治各种利用健康资讯、养生等节（栏）目、专版等方式，变相发布广告的行为；对不履行广告发布审查责任、虚假违法广告问题屡查屡犯的广播电视报刊出版单位以及相关责任人，依法依规予以处理
通信主管部门	加强互联网基础管理；积极组织或者参与各专项整治行动；配合有关部门依法处置发布虚假违法广告、涉嫌仿冒他人网站发布互联网广告的违法违规网站
公安机关	对有关部门移送的涉嫌虚假广告犯罪的案件，经审查符合立案条件的，依法立案查处；在工作中发现的违法行为，虽不需要追究刑事责任，但依法应当追究违反行政管理责任的，应当及时移送行政执法机关处理；对阻碍市场监管部门开展广告执法工作，构成违法犯罪的，依法予以查处
卫生健康委员会	加强事中事后监管，引导医疗机构诚信经营、公平竞争；配合修订《医疗广告管理办法》；配合有关部门加大对违法医疗广告的监测力度，继续做好市场监管部门移送案件的依法查处工作
食品药品监管部门	严格药品、医疗器械、保健食品和特殊医学用途配方食品广告的审查；会同市场监管部门加快推进相关广告审查发布规定的修订工作；加大对发布违法广告的食品药品生产经营企业的惩治力度，对严重违法违规的企业和产品，在移送的同时，采取曝光、撤销或收回广告批准文号和暂停销售等措施，并将其列入重点监管对象
中医药管理部门	加强中医疗广告审查；规范中医医疗广告宣传行为；开展虚假违法中医医疗广告监测；配合有关部门查处违法中医医疗机构
中国人民银行	研究解决金融领域广告管理工作中遇到的突出问题；推动金融领域营销宣传行为规范的制定与出台；在法定职责范围内，按照部际联席会议统一部署，依法做好相关工作
国家金融监督管理总局	重点是规范金融产品广告代言活动，打击违法违规金融广告，比如对金融机构开展金融产品广告代言的原则、相关管理制度安排、合作对象、负面舆情应对、监督管理、风险合规等多方面作出约束

（国家工商行政管理总局令第 82 号）等。组织监测各类媒介广告发布情况，如《公益广告促进和管理暂行办法》、《互联网广告管理暂行办法》（国家工商行政管理总局令第 87 号）。组织查处虚假广告等违法行为，指导广告审查机构和广告行业组织的工作[②]，如召开整治虚假违法广告部际联席会议，严厉查处侵害人民群众身体健康和生命财产安全的虚假违法广告，维护公平竞争的广告市场秩序。各省、自治区、直辖市和新疆

[①] 中央网络安全和信息化委员会办公室. 十一部门关于印发《整治虚假违法广告部际联席会议 2020 年工作要点》和《整治虚假违法广告部际联席会议工作制度》的通知[EB/OL]. http://www.cac.gov.cn/2020-03/22/c_1586425988198375.htm?from=timeline.

[②] 国家市场监督管理总局广告监督管理司. 广告监督管理司[EB/OL]. https://www.samr.gov.cn/ggjgs/sjjs/.

生产建设兵团都设有市场监督管理局，如北京市市场监督管理局、上海市市场监督管理局、江苏省市场监督管理局、湖南省市场监督管理局、深圳市市场监督管理局、新疆生产建设兵团市场监督管理局等，这些市场监管局下设广告处，在广告监督管理司的指导下开展智能广告监督管理工作。目前，大部分省、自治区、直辖市及计划单列市、副省级城市、新疆生产建设兵团市场监管局（厅、委）成立了广告监测处室，但监测水平并不均衡，在监测人员、监测设备、监测制度等方面还有待进一步加强和完善。同时，各市、县市场监督管理部门也有相关处室或人员负责各自辖区内广告监督管理具体工作。

国家互联网信息办公室配合相关部门进一步加强互联网广告管理，大力整治网上虚假违法违规信息，开展联合执法，严厉查处发布虚假违法广告信息的网站平台，营造风清气正的网络空间。如《网络信息内容生态治理规定》第十四条规定：网络信息内容服务平台应当加强对本平台设置的广告位和在本平台展示的广告内容的审核巡查，对发布违法广告的，应当依法予以处理。习近平总书记在新闻舆论工作座谈会上指出："新闻舆论工作各个方面、各个环节都要坚持正确舆论导向。各级党报党刊、电台电视台要讲导向，都市类报刊、新媒体也要讲导向；新闻报道要讲导向，副刊、专题节目、广告宣传也要讲导向；时政新闻要讲导向，娱乐类、社会类新闻也要讲导向；国内新闻报道要讲导向，国际新闻报道也要讲导向。"[1]依据习近平总书记关于广告宣传的重要阐述，各级新闻出版广电部门都对广告导向宣传负有一定监督管理责任，这与国外的广告监管有所区别。

从中央到地方各级的新闻出版机构以及广播电视局要把好智能广告的政治导向关，具体职责主要有：督促指导媒体单位履行广告发布审查职责，建立健全广告业务的承接登记、审核、档案管理等制度，严格规范广告发布行为；强化指导，提升广告内容的艺术格调等。

各级工业和信息化机构作为我国通信主管部门，主要职责包括：加强互联网基础管理；积极组织或者参与各专项整治行动；配合有关部门依法处置发布虚假违法广告、涉嫌仿冒他人网站发布互联网广告的违法违规网站。

我国公安机关对有关部门移送的涉嫌虚假广告犯罪的案件，经审查符合立案条件的，依法立案查处。在工作中发现的违法行为，虽不需要追究刑事责任，但依法应当追究行政责任的，应当及时移送行政执法机关处理。对阻碍市场监管部门开展广告执法工作，构成违法犯罪的，依法予以查处。

国家卫生健康委员会要加强事中事后监管，引导医疗机构诚信经营、公平竞争。配合修订《医疗广告管理办法》。配合有关部门加大对违法医疗广告的监测力度，继续

---

① 广告宣传也要导向正确[EB/OL]. (2016-04-28). http://www.wenming.cn/wmpl_pd/zmgd/201604/t20160428_3322115.shtml.

做好市场监管部门移送案件的依法查处工作。

食品药品监管部门严格药品、医疗器械、保健食品和特殊医学用途配方食品广告的审查，例如国家药品监督管理局（National Medical Products Administration，NMPA）要求各地药品监管部门加强药品广告的监督管理，在药品广告中使用规范的药品名称。

中医药管理部门加强中医医疗广告审查，规范中医医疗广告宣传行为，开展虚假违法中医医疗广告监测；配合有关部门查处违法中医医疗机构。

值得注意的是，随着我国经济的发展，金融领域的广告，尤其是互联网广告层出不穷，已有的部分研究中并未将金融领域的监管部门纳入智能广告监管体系中来。针对金融领域的广告问题，中国人民银行（The People's Bank of China）和国家金融监督管理总局都参与到监督管理中来。其中，中国人民银行研究解决金融领域广告管理工作中遇到的突出问题，推动金融领域营销宣传行为规范的制定与出台，国家金融监督管理总局则针对涉及非法集资内容的广告加强整治力度，加强与相关部门的信息互通和联合执法。例如，2022年1月，人民银行会同工业和信息化部、国家网信办、银保监会、证监会、外汇局、国家知识产权局等相关部门，起草了《金融产品网络营销管理办法（征求意见稿）》。征求意见稿明确了金融产品网络营销宣传内容和行为的具体规范，有助于进一步保障金融消费者合法权益。[①]

3. 我国智能广告监管自律组织

我国智能广告业自律组织主要包括中国广告协会（China Advertising Association，CAA）、中国广告主协会（China Association of National Advertisers，CANA）和中国商务广告协会（China Advertising Association of Commerce，CAAC）、中国商务广告协会综合代理专业委员会（The Association of Accredited Advertising Agencies of China，4A）等（表11-13）。

表11-13 中国智能广告自律组织名称及其职责权限

广告自律组织名称	职责权限
中国广告协会	紧密围绕"提供服务、反映诉求、规范行为"的基本职能开展业务工作，并加强与其他广告及相关行业组织的交流和合作
中国广告主协会	促进广告主广告投放的科学化、规范化和利益最大化；提高我国的营销传播水平，推动我国广告业的健康有序发展；维护广告主的合法权益，推动行业自律，不断提升广告主的市场竞争力
中国商务广告协会	提高行业的整体文化修养和专业服务水平，树立广告行业良好的社会形象；搭建行业的学习、沟通、交流、互助的平台，推动中国广告行业的发展，促进并提高广告行业在国家发展战略中的地位
中国商务广告协会综合代理专业委员会	加强本土企业与国外同行间的合作和交流，建立规范的广告经营秩序，抵制不正当竞争，推进中国广告业逐步形成符合国际惯例的广告代理制

---

① 央行等七部门拟发文规范金融产品网络营销活动[EB/OL]. (2022-01-01). https://baijiahao.baidu.com/s?id=1720744306725157861&wfr=spider&for=pc.

根据《中国广告协会章程》，中国广告协会是由中国境内的广告主、广告经营者、广告发布者、广告代言人（经纪公司）、广告（市场）调查机构、广告设备器材供应机构等行业相关的企事业单位、地方性广告行业的社会组织、广告教学及研究机构等自愿结成的全国性、行业性社会团体，并按照《广告法》的规定，制定行业规范，加强行业自律，促进行业发展，引导会员依法从事广告活动，推动广告行业诚信建设；树立广告业良好的社会形象，为我国经济转型升级、优秀文化传播、社会和谐进步贡献力量。[1]

中国广告主协会是中国广告主自愿结成的全国性、行业性社会团体，是非营利性社会组织，代表本会会员同媒体、广告商及其代表组织进行协作、沟通、磋商，维护会员合法权益。[2]

中国商务广告协会以全国商务广告行业为主体，包括相关品牌、营销、文化、创意等产业与教学和研究机构自愿结成的行业性的全国性的非营利的社会组织。[3]

中国商务广告协会综合代理专业委员会简称中国 4A 公司协会，由中国商务广告协会发起，是在国内从事经营活动的外资及本土大型综合型广告公司共同组成的行业自律组织，也是中国广告代理商的高端组织。[4]

4. 我国智能广告监管处理程序

我国暂时没有建立针对智能广告的专门法规，而是将其纳入现有广告监管处理程序。根据《广告法》《广告管理条例》《市场监督管理行政处罚程序规定》等的规定，我国对广告违法行为的处罚包括三个方面，即追究违法当事人的行政责任、民事责任和刑事责任，也适用于智能广告。

1）行政处罚

根据《广告法》《广告管理条例》和《市场监督管理行政处罚程序规定》的规定，广告监管机关对广告违法行为的行政处罚主要有表 11-14 所示的几种。

2）民事责任

根据《广告法》的规定，发生以下情形广告违法当事人应当承担民事责任：

第五十六条　违反本法规定，发布虚假广告，欺骗、误导消费者，使购买商品或者接受服务的消费者的合法权益受到损害的，由广告主依法承担民事责任。

---

[1] 中国广告协会. 中国广告协会章程[EB/OL]. （2023-03-17）.http://www.china-caa.org/cnaa/showinfo/about2.
[2] 中国广告主协会. 中国广告主协会章程[EB/OL]. (2021-08-16). http://www.zggz.org.cn/#/comityall.
[3] 中国商务广告协会. 中国商务广告协会章程[EB/OL]. (2020-10-18). http://www.caacchina.org/xiehuijianjie/2016/0713/97.html.
[4] 中国商务广告协会综合代理专业委员会.关于我们[EB/OL]. http://www.china4a.org.

表 11-14 广告监管机关对广告违法行为的行政处罚

法律法规	行政处罚	法条示例
《广告法》	停止发布广告	第五十七条 有下列行为之一的，由市场监督管理部门责令停止发布广告……
	没收广告费用、违法所得	第五十五条 广告经营者、广告发布者明知或者应知广告虚假仍设计、制作、代理、发布的…… 第六十一条 广告代言人有下列情形之一的，由市场监督管理部门没收违法所得，并处违法所得一倍以上二倍以下的罚款：（一）违反本法第十六条第一款第四项规定，在医疗、药品、医疗器械广告中作推荐、证明的；（二）违反本法第十八条第一款第五项规定，在保健食品广告中作推荐、证明的；（三）违反本法第三十八条第一款规定，为其未使用过的商品或者未接受过的服务作推荐、证明的；（四）明知或者应知广告虚假仍在广告中对商品、服务作推荐、证明的
	罚款	第五十五条 违反本法规定，发布虚假广告的，由市场监督管理部门责令停止发布广告，责令广告主在相应范围内消除影响，处广告费用三倍以上五倍以下的罚款，广告费用无法计算或者明显偏低的，处二十万元以上一百万元以下的罚款……
	停止相关业务	第六十三条 违反本法第四十五条规定，公共场所的管理者和电信业务经营者……情节严重的，由有关部门依法停止相关业务
《广告管理条例》	停止发布广告；责令公开更正；通报批评；没收非法所得；罚款；停业整顿；吊销营业执照或者广告经营许可证	第十八条 广告客户或者广告经营者违反本条例规定，由工商行政管理机关根据其情节轻重，分别给予下列处罚……违反本条例规定，情节严重，构成犯罪的，由司法机关依法追究刑事责任
《市场监督管理行政处罚程序规定》	查封、扣押等行政强制措施	第三十六条 市场监督管理部门可以依据法律、法规的规定采取查封、扣押等行政强制措施。采取或者解除行政强制措施，应当经市场监督管理部门负责人批准
	罚款	第六十六条 违法事实确凿并有法定依据，对自然人处以二百元以下、对法人或者其他组织处以三千元以下罚款或者警告的行政处罚的，可以当场作出行政处罚决定。法律另有规定的，从其规定

第六十八条 广告主、广告经营者、广告发布者违反本法规定，有下列侵权行为之一的，依法承担民事责任：①在广告中损害未成年人或者残疾人的身心健康的；②假冒他人专利的；③贬低其他生产经营者的商品、服务的；④在广告中未经同意使用他人名义或者形象的；⑤其他侵犯他人合法民事权益的。

3）刑事责任

根据《广告法》的规定，发生以下情形之一，广告违法当事人应当承担刑事责任：

第五十五条 违反本法规定，发布虚假广告的，由市场监督管理部门责令停止发布广告，责令广告主在相应范围内消除影响……广告主、广告经营者、广告发布者有本条第一款、第三款规定行为，构成犯罪的，依法追究刑事责任。

第七十条 违反本法规定，拒绝、阻挠市场监督管理部门监督检查，或者有其他构成违反治安管理行为的，依法给予治安管理处罚；构成犯罪的，依法追究刑事责任。

第七十一条　广告审查机关对违法的广告内容作出审查批准决定的，对负有责任的主管人员和直接责任人员，由任免机关或者监察机关依法给予处分；构成犯罪的，依法追究刑事责任。

第七十二条　市场监督管理部门对在履行广告监测职责中发现的违法广告行为或者对经投诉、举报的违法广告行为，不依法予以查处的，对负有责任的主管人员和直接责任人员，依法给予处分。

市场监督管理部门和负责广告管理相关工作的有关部门的工作人员玩忽职守、滥用职权、徇私舞弊的，依法给予处分。

有前两款行为，构成犯罪的，依法追究刑事责任。

根据《广告管理条例》第十八条之规定，广告客户或者广告经营者违反本条例规定，由市场监督管理机关根据其情节轻重，分别给予下列处罚……违反本条例规定，情节严重，构成犯罪的，由司法机关依法追究刑事责任。

5. 我国智能广告审查制度

广告审查制度包括广告内容核实和广告审查，广告主不论是自行发布还是委托发布广告，都必须具有或者能够提供真实、合法、有效的证明文件。广告发布前审查是行政主管部门依法进行的行政许可事项。我国广告审查制度也有自己的特点，一是为了加强对广告发布活动的管理，严格执行各类广告发布标准，《广告法》第三十四条规定，广告经营者、广告发布者应当按照国家有关规定，建立、健全广告业务的承接登记、审核、档案管理制度。广告经营者、广告发布者依据法律、行政法规查验有关证明文件，核对广告内容。对内容不符或者证明文件不全的广告，广告经营者不得提供设计、制作、代理服务，广告发布者不得发布。二是根据《广告法》第四十六条之规定，发布医疗、药品、医疗器械、农药、兽药和保健食品广告，以及法律、行政法规规定应当进行审查的其他广告，应当在发布前由有关部门对广告内容进行审查。

我国智能广告审查制度主要依据的行业的法律法规和政策如表 11-15 所示。

表 11-15　广告行业的法律法规和相关政策

序号	名　　称	施 行 时 间	颁 布 机 构
1	《广告管理条例》	1987 年 12 月 1 日	国务院
2	《化妆品广告管理办法》（已废止）	1993 年 10 月 1 日	国家工商行政管理总局
3	《食品广告发布暂行规定》（已废止）	1996 年 12 月 30 日	国家工商行政管理总局
4	《医疗广告管理办法》	2007 年 1 月 1 日	国家工商行政管理总局、卫生部
5	《药品广告审查发布标准》（已废止）	2007 年 5 月 1 日	国家工商行政管理总局、国家食品药品监督管理局
6	《医疗器械广告审查发布标准》（已废止）	2009 年 5 月 20 日	国家工商行政管理总局、卫生部、国家食品药品监督管理局

续表

序号	名称	施行时间	颁布机构
7	《医疗器械广告审查办法》（已废止）	2009年5月20日	国家工商行政管理总局、卫生部、国家食品药品监督管理局
8	《广播电视广告播出管理办法》	2010年1月1日	国家广播电影电视总局
9	《中华人民共和国消费者权益保护法》	2014年3月15日	全国人民代表大会常务委员会
10	《中华人民共和国广告法》	2021年4月29日	全国人民代表大会常务委员会
11	《房地产广告发布规定》	2016年2月1日	国家工商行政管理总局
12	《公益广告促进和管理暂行办法》	2016年3月1日	国家工商行政管理总局、国家互联网信息办公室、工业和信息化部、住房城乡建设部、交通运输部、国家新闻出版广电总局
13	《互联网广告管理暂行办法》（已废止）	2016年9月1日	国家工商行政管理总局
14	《广告发布登记管理规定》（已废止）	2016年12月1日	国家工商行政管理总局
15	《中华人民共和国反不正当竞争法》	2019年4月23日	全国人民代表大会常务委员会
16	《药品广告审查办法》（已废止）	2018年12月21日	国家市场监督管理总局、国家食品药品监督管理局
17	《中华人民共和国产品质量法》	2018年12月29日	全国人民代表大会常务委员会
18	《中华人民共和国商标法》	2019年11月1日	全国人民代表大会常务委员会
19	《药品、医疗器械、保健食品、特殊医学用途配方食品广告审查管理暂行办法》	2020年3月1日	国家市场监督管理总局
20	《互联网广告管理办法》	2023年5月1日	国家市场监督管理总局

由上述可知，我国政府广告审查机关重点审查药品、保健食品、医疗器械、特殊医学用途配方食品等，审查人员由政府主管部门的人员组成，主要负责广告主主体资格审查、广告内容核实和广告审查，如广告成品的语言、文字、画面等的审查和广告形式的审查，并决定是否发布广告批准文号。

6. 我国智能广告监管内容

就媒介形式而言，通过梳理我国智能广告监管现状，研究发现针对智能广告，我国广告监管的内容不具体细分最常见的媒介形式，未设立专门针对报纸、广播电台、电视台广告的法律法规，而是仅在《广告法》等法律法规中有所提及，如广播电台、电视台发布广告，应当遵守国务院有关部门关于时长、方式的规定，并应当对广告时长作出明显提示（第十四条）；广播电台、电视台、报刊音像出版单位、互联网信息服务提供者不得以介绍健康、养生知识等形式变相发布医疗、药品、医疗器械、保健食品广告（第十九条）；广播电台、电视台、报刊出版单位从事广告发布业务的，应当设有专门从事广告业务的机构，配备必要的人员，具有与发布广告相适应的场所、设备（第二十九条）；广播电台、电视台、报刊音像出版单位发布违法广告，或者以新闻报道形式变相发布广告，或者以介绍健康、养生知识等形式变相发布医疗、药品、医疗器械、保健食品广告，市场监督管理部门依照本法给予处罚的，应当通报新闻出版、广播电视主管部门以及其他有关部门（第六十七条）。但是针对互联网广告，国家市场监督管理总局颁布《互联网广告管理办法》对其进行监管。

就广告内容方面的基本要求而言，我国将虚假广告、违法广告纳入首要监管范围，同时结合国情和文化背景，作出了比较细致的规定，如违反本法规定，发布虚假广告，欺骗、误导消费者，使购买商品或者接受服务的消费者的合法权益受到损害的，由广告主依法承担民事责任（《广告法》第五十六条）。市场监督管理部门履行广告监督管理职责，可以行使下列职权：①对涉嫌从事违法广告活动的场所实施现场检查……⑥责令暂停发布可能造成严重后果的涉嫌违法广告；⑦法律、行政法规规定的其他职权。市场监督管理部门应当建立健全广告监测制度，完善监测措施，及时发现和依法查处违法广告行为（《广告法》第四十九条）。

就广告设计、制作、代理和发布而言，我国广告审查机关依据有关法律法规对上述流程进行监督管理，并依法进行处罚，如《广告法》第三十二条规定，广告主委托设计、制作、发布广告，应当委托具有合法经营资格的广告经营者、广告发布者；《广告法》第三十四条规定，对内容不符或者证明文件不全的广告，广告经营者不得提供设计、制作、代理服务，广告发布者不得发布；《广告法》第三十七条规定，法律、行政法规规定禁止生产、销售的产品或者提供的服务，以及禁止发布广告的商品或者服务，任何单位或者个人不得设计、制作、代理、发布广告。

11.2 智能广告监管重点与难点

11.2.1 智能广告监管的重点

1. 国外智能广告监管的重点

现有研究认为，国际上大体对于智能广告的监管方式体现出两种截然不同的趋势：一种是实行较为宽松自由的监管方式，常见于欧美国家的监管思路和一系列监管措施；另一种实行较为严格谨慎的监控方式，以韩国、日本、新加坡等一些亚洲国家为代表。

首先，欧美等国家由于自媒体时代以及智能广告本身所依赖的平台在信息传播过程中，更多依靠"一对一"这样的方式来强调互动性，于是个人隐私的保护问题成为网络广告监管过程中最大的阻力，也必然成为智能广告监管中的重点。比如公众在某App上搜索原本打算买的东西，结果在浏览网页或者观看某些视频时就会出现相关链接，并且会很准确地定位到原先感兴趣的内容，其实出现这种现象的最主要原因是Cookie机制的不正确使用以及大数据下广告机制的形成，尤其是Cookie的滥用就相当于用户在互联网上"裸奔"，所以个人隐私的保护问题成为国外智能广告监管的重中之重,相关的研究也十分丰富。①戈德法布指出,互联网广告与更传统的广告形式之间的关键经济区别在于,在线技术能够根据浏览历史和(来源)人口统计信息,将广告更精确地定位到具有特定特征的消费者身上。②为了利用其价值,有针对性的在线广告必须在消费者穿越网络空间时大量收集他们的数据。多年来,这些跟踪活动变得越来越普遍,但自引入以来,也受到了越来越多的公众审查③④。欧盟的政策制定者通过采用《通用数据保护条例》,回应了广泛的消费者隐私问题。⑤另外,通过技术手段对智能广告进行监管。有研究指出,智能技术是智能广告发展的核心驱动力,智能技术体系中各项技术的发展和突破都会给广告业带来新的、不确定的变化。⑥邵敏等的研究认为,以人工智能等技术为支撑的智能广告形式多样,并具有广告内容的个人定制化、广告主体的熟人推荐化、广告渠道的分散化和及时化等特点,所以通过技术手段对智能广告进行监管势在必行。⑦如英国施行了"现代化监听计划"(IMP),这是一个通过存储交流信息的细节到一个中央数据库的方式,来达到监控目的的系统工程。⑧

在欧美国家,个人隐私的保护问题是智能广告的监管重点。例如,2022年1月5日,法国国家信息与自由委员会发布声明表示,针对iOS14.6版本应用商店(App Store)的个性化广告问题,对苹果公司处以800万欧元(约合849万美元)罚款,理由是其在用户同意方面存在不足,违反了法国的《数据保护法》。⑨如表11-16所示,根据"Morketing"微信公众号的统计,2022年,因滥用用户数据,以苹果、Meta(脸书的母公司)、谷歌、推特、微软、亚马逊等为代表的互联网巨头总计被罚款约15.4亿美元。

其次,在亚洲国家,监管的侧重点又略有不同。近年来,韩国将重心放在对数字平台企业的监管上。比如,2022年12月,在韩国科学和信息通信技术部、公平贸易委员会和其他政府部门的综合计划中,韩国政府表示将加强法律和行政法规,以遏制以韩国本土科技巨头企业Naver和Kakao为首的国内平台市场权力过度集中。⑩此外,韩国个人信息保护委员会在2023年2月8日决定,对违反《个人信息保护法》的Meta下达

---

① 王菲. 互联网精准营销的隐私权保护:法律、市场、技术[J]. 国际新闻界,2011(12):90-95.
② GOLDFARB A. What is different about online advertising?[J]. Review of industrial organization, 2014, 44(2): 115-129.
③ EVANS D S. The online advertising industry: economics, evolution, and privacy[J]. Journal of economic perspectives, 2009, 23(3): 37-60.
④ GOLDFARB A, TUCKER C E. Privacy regulation and online advertising[J]. Social science electronic publishing, 2011, 57(1): 57-71.
⑤ LAU Y. 定向广告经济学简介[EB/OL]. https://www.ftc.gov/reports/brief-primer-economics-targeted-advertising.
⑥ 郑新刚. 超越与重塑:智能广告的运作机制及行业影响[J]. 编辑之友, 2019, 273(5):76-82.
⑦ 邵敏,赵韵文,林雪冬. 试论智能广告的形式、特点及监管[J]. 湖南大众传媒职业技术学院学报,2017,17(5):29-31,76.
⑧ 英国情报机构正考虑贩卖间谍软件?[EB/OL]. (2010-12-16). https://blog.csdn.net/iteye_887/article/details/81973024.
⑨ Morketing 因滥用数据,这些互联网巨头被罚了总计15亿美元[EB/OL]. (2023-01-26). https://mp.weixin.qq.com/s/D9rxZZPCASWb9HEvBZZuog.
⑩ 韩国政府将加强数字平台企业监管 以遏制滥用市场权力[EB/OL]. (2022-12-29). https://baijiahao.baidu.com/s?id=1753537888042385504&wfr=spider&for=pc.

表 11-16 2022 年海外互联网企业被罚款统计表①

公司	处罚金额或结果	处 罚 机 构	原　　　因	时　　　间
苹果	800 万欧元	法国国家资讯自由委员会	滥用移动系统的市场支配地位	2023 年 1 月 5 日
苹果	集体诉讼中	宾夕法尼亚州	窃听、隐私和消费者欺诈	2023 年 1 月 9 日
苹果	100 万欧元	巴黎商业法院	滥用 App Store 商业行为	2022 年 12 月 20 日
Meta	3.9 亿欧元	爱尔兰数据保护委员会	侵犯用户隐私，违反 GDPR 规定	2023 年 1 月 4 日
Meta	2 200 万美元	韩国个人信息保护委员会	未经用户同意，投放定向广告	2022 年 9 月 14 日
Meta	1 863 万美元	土耳其竞争管理局	阻挠竞争对手	2022 年 10 月 26 日
Meta	1 900 万美元	爱尔兰数据保护委员会	数据泄露事件	2022 年 3 月 16 日
谷歌	11.7 亿元	印度竞争委员会	滥用移动系统的市场支配地位	2022 年 10 月 21 日
谷歌	3.9 亿美元	美国 40 个州	非法追踪用户位置信息	2022 年 11 月 14 日
谷歌	1.63 亿美元	法国反垄断部门	滥用搜索市场主导地位	2022 年 4 月 7 日
谷歌	6 000 万美元	澳大利亚联邦法院	诱导用户提供隐私数据	2022 年 8 月 12 日
谷歌	5 000 万美元	韩国个人信息保护委员会	未经用户同意，投放定向广告	2022 年 9 月 14 日
谷歌	26 万美元	俄罗斯法院	个人"用户数据本地化"	2022 年 6 月 17 日
推特	1.5 亿美元	美国联邦贸易委员会	滥用用户数据，投放定向广告	2022 年 5 月 25 日
微软	6 000 万欧元	法国监管机构	Cookie 方面违反法国数据隐私规则	2022 年 12 月 23 日
亚马逊	达成和解	欧盟委员会	反垄断调查	2023 年 1 月 3 日

纠正命令、罚款 660 万韩元并要求其采取公开消息等整改措施。此前，Meta 用户若拒绝授权公司使用本人在其他网站浏览的情况等"轨迹信息"，就无法继续使用 Facebook 和 Instagram。②同样地，日本也是将对互联网巨头的监管放在首位。比如，日本政府在 2022 年 7 月 5 日发布新规，要求在自家网络搜索等服务中登载广告的 IT 巨头必须公开交易条件，对象为在日销售额 1 000 亿日元（约合人民币 49 亿元）以上的企业。继网上商城和应用商店后，日本再次对 IT 巨头加强监管，美国谷歌等或成为对象。③

最后，对线上智能广告的监管成为重点领域。互联网已成长为影响我们经济和社会生活的重要因素，这种成长已将其转变为营销商投放广告的重要媒介。所以，加强对线上智能广告的监管迫在眉睫。

2. 我国智能广告监管的重点

我国智能广告监管与国外监管最大的区别是强调对广告导向的监管，对涉及导向问题、政治敏锐性问题或重大社会影响的广告内容实施定向监测。

---

① 因滥用数据，这些互联网巨头被罚了总计 15 亿美元[EB/OL]. (2023-01-26). https://mp.weixin.qq.com/s/D9rxZZPCASWb9HEvBZZuog.

② 韩国个人信息保护委员会对 Meta 罚款 660 万欧元[EB/OL]. (2023-02-09). https://baijiahao.baidu.com/s?id=1757330896705731587&wfr=spider&for=pc.

③ 日本加强 IT 巨头网络广告监管：必须公开交易条件[EB/OL]. (2022-07-06). https://baijiahao.baidu.com/s?id=1737603880624074496&wfr=spider&for=pc.

《广告法》第一章第三条规定：广告应当真实、合法，以健康的表现形式表达广告内容，符合社会主义精神文明建设和弘扬中华民族优秀传统文化的要求。

《互联网广告管理办法》第三条规定：互联网广告应当真实、合法，坚持正确导向，以健康的表现形式表达广告内容，符合社会主义精神文明建设和弘扬中华优秀传统文化的要求。利用互联网从事广告活动，应当遵守法律、法规，诚实信用，公平竞争。国家鼓励、支持开展互联网公益广告宣传活动，传播社会主义核心价值观和中华优秀传统文化，倡导文明风尚。

错误导向的智能广告不仅会误导用户，甚至给用户造成财产损失，同时也会败坏社会风气，损害媒体的公信力，所以导向监管是我国智能广告监管工作的重中之重。

11.2.2 智能广告监管难点

最近几年，广告业发生了许多重大的变化，如技术对于行业的冲击、服务模式与结构的变化、受众消费模式的升级等，这些都是大家关注的热点话题[①]，这也为智能广告的监管的重难点指明了方向。智能广告的监管涉及导向、政策、资金、技术和人才等方面，这些都是智能广告监管中的难点。以下分别从导向、政策、资金、技术和人才五方面对智能广告监管的难点进行叙述。

1. 智能广告监管的导向问题

我国与国外智能广告监管最大的区别是对智能广告的导向监管。习近平总书记在新闻舆论工作座谈会上指出："广告宣传也要讲导向。"这是党的最高领导人首次提出广告宣传也要讲导向，为广告从业人员进一步指明了方向。同时，强化广告导向监管也是《广告法》的基本要求。所以，智能广告也必须强调导向监管。智能广告应该发挥引领社会风尚、弘扬正风正气、弘扬民族精神的作用。然而，首先，监管的难点在于如何把握社会热点、树立正确价值观、通过强有力的抓手落实智能广告的正确导向。例如，公益广告是指不以营利为目的、为社会提供服务的广告。它反映社会公众的意识、精神、愿望、意志和价值观，是民意表达的基本形态之一[②]。杨海军认为，公益广告通过大众媒介传播与公众自主参与，以鲜明的广告主题和持续、有力的广告传播手段，公开表达对社会现实问题的各种看法，以广告市场多角关系的互动，形成一致性的信念、态度、意见。由此可见，公益广告是弘扬正确导向的有力抓手之一，但是资本是追逐利益的，绝大多数广告业市场主体从事的是营利性的经营活动，其设计、制作、代理和发布相关智能广告是以营利为目的，个别不法分子甚至铤而走险，利用虚假广告、违法广告获取非法暴利；其次，传统广告采用的是预审查机制，但是面对以人工智能、大数据等信息技术设计、制作、代理和发布的智能广告，发布者不再限定

---

① 丁俊杰. 广告业的小趋势[J]. 中国广告，2018(6)：79-80.
② 杨海军. 广告舆论研究探析[J]. 新闻与传播研究，2010(5)：64-72.

于广告业市场主体,普通的个体同样可以随时随地设计、制作和发布广告信息,预审查机制显得有点失灵。以上种种也使对智能广告的导向监管成为难点,值得业界和学界共同探讨解决。

2. 智能广告监管的政策问题

关于智能广告的监管政策,国务院颁布《广告管理条例》,全国人大常委会颁布《中华人民共和国消费者权益保护法》《广告法》《中华人民共和国反不正当竞争法》等,国家市场监督管理总局针对具体领域颁布诸如《医疗广告管理办法》《药品、医疗器械、保健食品、特殊医学用途配方食品广告审查管理暂行办法》《互联网广告管理办法》等,并联合工业和信息化部等部门颁布《公益广告促进和管理暂行办法》。

由此可见,我国广告监管政策体系比较完善,但是针对智能广告这种新的广告形式,这些监管政策在立法、执法等层面也暴露出一些问题,有学者认为,智能广告投放周期短、展示形式隐蔽、内容"千人万面"、数量庞大,现有法律法规无法对其进行有效规制,面临"制度失灵"困境,政府管理部门亟须深入研究智能广告新发展特点,及时出台相关法律法规。[①]首先,智能广告活动主体的问题。有研究指出,由于互联网使制作、经营、发布广告的行为极大地简化、合并、重合,因而各主体的界限变得模糊,很多主体的身份发生了竞合,导致各方权利义务关系和法律责任复杂化。例如根据现行《广告法》,广告发布者,是指为广告主或者广告主委托的广告经营者发布广告的自然人、法人或者其他组织。但是随着人工智能、大数据等新技术的出现,智能广告的设计、制作以及发布都可以由机器通过深度学习自动完成,如阿里巴巴集团的"鹿班"系统,而且随着技术的不断发展,人工的介入会越来越少,甚至于可能会出现完全不需要人工参与的情况。在这种情况下,智能广告活动主体的涵盖范围是否需要重新界定值得有关部门思考。其次是智能广告隐私保护的问题。例如《广告法》第九条规定,广告不得危害人身、财产安全,泄露个人隐私,但是总体来说涉及隐私保护的法律条款较为模糊和宽泛,尚未实现精细化;《互联网广告管理办法》的细则较为具体,比如第十七条规定,未经用户同意、请求或者用户明确表示拒绝的,不得向其交通工具、导航设备、智能家电等发送互联网广告,不得在用户发送的电子邮件或者互联网即时通信信息中附加广告或者广告链接。除此以外,中国广告协会发布了一系列保护用户隐私的团体标准,包括:《移动互联网应用程序广告行为规范》提出的个人信息保护原则[②];《互联网广告 匿名化实施指南》提出的匿名化原则、目标与过程[③];《互联网广告 受众测量技术要求》提出的个人信息保护原则[④];《互联网广告场景下 IP 地址地

---

① 廖秉宜. 优化与重构:中国智能广告产业发展研究[J]. 当代传播,2017(4):97-101,110.
② 移动互联网应用程序广告行为规范[EB/OL].http://www.china-caa.org/uploads/downloads/digital/23010301.pdf.
③ 互联网广告 匿名化实施指南[EB/OL].http://www.china-caa.org/uploads/downloads/digital/23010303.pdf.
④ 互联网广告 受众测量技术要求[EB/OL].http://www.china-caa.org/uploads/downloads/digital/23010304.pdf.

理信息技术要求》提出的个人信息保护要求[①];《互联网广告数据应用和安全技术要求》提出的互联网广告数据应用原则、互联网广告数据安全技术要求[②];《移动互联网广告标识技术规范》提出的信息安全和隐私保护原则[③];《中国互联网广告投放监测及验证要求》提出的数据安全与个人信息保护等[④]。因而，制定并完善对我国智能广告隐私保护的专项法律法规任重而道远。

3. 智能广告监管的资金问题

首先是智能广告监管的资金来源问题，国家市场监督管理总局是国务院直属机构，其下属广告监管司的日常运行经费由中央财政统一划拨，各省、自治区、直辖市及计划单列市、副省级城市、新疆生产建设兵团市场监管局（厅、委）因广告监管司仅对其有业务上的指导，所以这些机构的日常运行经费由各自地方财政预算拨付；其次，随着互联网、人工智能、大数据等技术的发展，智能广告的设计、制作、代理和发布打破了时间和空间上的界限，所以对其监管范围不应该局限在各省、区、市，而是应该在落实技术监管的问题上打破各自为政的现状，从全国的层面统一进行规划，建立全国性以技术为导向的统一监测平台，避免中央财政和地方财政在智能广告监管的资金上重复投入，造成浪费。

4. 智能广告监管的技术问题

首先，广告监管技术更新不及时。随着人工智能、大数据等手段的兴起和普及，广告更加智能化，能够短时间自动生成各种形式的虚假、违法广告。数据显示，互联网广告依然是广告违法的重灾区，占到媒介违法案件的 54.18%，例如谷歌主动的自动广告过滤机制，2015 年总计预先屏蔽了 7.8 亿条违规广告，封杀了 21.4 万家广告商，其中包括 1 250 万条违规的医疗、药品广告，涉及药品未获批准或者虚假误导性宣传等原因。[⑤]这种趋势给我国的智能广告监管工作带来技术挑战，传统意义上单纯依靠人工对智能广告进行技术监管变得不合时宜。其次，传统的广告监管技术已经不能满足对智能广告监管的需求，市场监管部门需要加大对智能广告内容和形式监管的技术研发力度，通过数字化广告监管手段及时发现问题并进行查处。再次，依据现行《广告法》的规定，对传统广告、广告经营者、广告发布者依据法律、行政法规查验有关证明文件，核对广告内容。对内容不符或者证明文件不全的广告，广告经营者不得提供设计、制

---

① 互联网广告场景下 IP 地址地理信息技术要求[EB/OL]. http://www.china-caa.org/uploads/downloads/digital/23010305.pdf.
② 互联网广告数据应用和安全技术要求[EB/OL]. http://www.china-caa.org/uploads/downloads/digital/tcaaad.Pdf.
③ 移动互联网广告标识技术规范[EB/OL]. http://www.china-caa.org/uploads/downloads/digital/ydhlwggbsjsgf.Pdf.
④ 中国互联网广告投放监测及验证要求[EB/OL]. http://www.china-caa.org/uploads/downloads/digital/ggtfjcjyzyq.pdf.
⑤ 谷歌曾因违法推广被罚 5 亿美元 痛改医疗广告[EB/OL]. (2016-05-10). http://finance.china.com.cn/roll/20160510/3715718.shtml.

作、代理服务，广告发布者不得发布。但是在网络环境下，广告主发布广告的途径缺乏有效的审查、监管措施，例如 PC 端屏幕大、效率高，其广告的形式也十分多样，如弹窗广告、垃圾邮件广告等，又如 YouTube 收集儿童的私人数据并进行商业化。[1]最后，移动互联网端智能广告监管技术欠缺。史啟楠等的研究指出，微信端的广告界定难、监管难到位、执法办案难。[2]同样，杨嘉仪等的研究认为，社交媒体时代微信中的广告零门槛准入，广告主监管失控，强制性传播，剥夺用户选择权，而且广告内容良莠不齐。[3]此外，移动互联网端智能广告涉及隐私保护边界的问题也是学界和业界难以把握的重点[4]，例如除了中国广告协会互动网络分会制定了行业自律规范，我国有关互联网定向广告的监管和立法几乎属于空白，导致互联网定向广告行为缺少法律规制，网络用户的合法权益也就无法得到法律保护。在这种情况下，法院难以在事后提供有力的司法救济。[4]移动互联网端智能广告的上述特点使得对其进行监管具有一定难度。

5. 智能广告监管的人才问题

首先，数字经济时代信息从获取、理解、整合到评价、交流的整个过程都与过去呈现出很大不同，使用数字资源的数字素养成为一项重要的能力。[5]这不仅对互联网广告的生产者和消费者提出了数字素养的要求，同时也要求互联网广告监管者在数字素养方面不断提升，与时俱进更新相应的思维和能力。其次，我国智能广告监管的人员主要来自各级市场监管部门。但是面对以人工智能、大数据等新技术为主的智能广告，各级市场监管部门的人员的知识储备明显不够，针对现阶段智能广告监管的难点显得力不从心。最后，智能广告监管的人才间的交流合作。关于智能广告监管的人才间的交流合作，国外政府广告监管机关与行业参与者人才互补，共同解决人才短板的问题。例如，美国成立美国互动广告局，其与谷歌、雅虎、微软等网络广告行业参与者联合制定《IAB 点击计算指南》，保障网络广告产业中的网络安全问题。法国成立的广告道德委员会，其成员包括社会学、物理学、心理学、教育学、语言学和政治学等专业领域人才。但是，我国在这一方面的尝试因为体制、法律法规等因素的限制，还有待加强提高。

11.3　智能广告监管趋势

上文详述了国内外智能广告监管的现状、智能广告监管的重点和难点，以此为基

---

[1] ARAÚJO C S, MAGNO G, MEIRA W, et al. Characterizing videos, audience and advertising in YouTube channels for kids[C]//International Conference on Social Informatics, 2017.

[2] 史啟楠，孙磊. 微信广告的主要问题 监管难点及对策建议[J]. 中国市场监管研究，2016(12)：69-72.

[3] 杨嘉仪，马中红. 社交媒体时代微商广告监管的困境和出路——以微信为例[J]. 中国广告，2017(2)：111-118.

[4] 吴秀尧. 互联网定向广告的法律规制：一个比较法的视角[J]. 广东社会科学，2019(3)：244-253.

[5] 罗江. 刘双舟：互联网广告监管需协同共治[J]. 经济，2019(11)：90-92.

础，本节借鉴和吸取国外智能广告监管的经验与教训，并结合我国智能广告监管的现状，提出以广告导向监管为指导，以广告道德监管为辅助，以广告技术监管为保障，以广告协同监管为支撑，以广告信用监管为补充，形成广告监管共建、共享、共治新理念、新机制是我国智能广告监管的新趋势。

11.3.1 重视导向监管

我国与国外智能广告监管最大的区别是对智能广告的导向监管，也是我国智能广告监管的最大特色与突出优势。面向中国特色社会主义新时代，广告业将迎来导向与责任的公众时代，整个传统媒体广告将转向公共服务型，因此必须将导向意识和责任意识放在首位。[①]毫无疑问，智能广告在未来必须强调导向监管，关注社会热点，树立正确价值观，进一步发挥引领社会风尚、弘扬正风正气、弘扬民族精神的作用。

一是要充分发挥我国"国家监督为主，行业自律组织、社会监督为辅"的广告监管体制优势，积极推动、落实对智能广告导向的监管。绝大多数欧美等西方发达国家都是自律主导型即以广告行业自律为主（通过广告行业的自治组织实现对智能广告的监督管理），很少对智能广告进行导向监管。例如美国就是自律主导型管理模式的代表，这种松散的体制不利于智能广告的导向监管。随着大数据、人工智能、互联网4.0等技术的普及，未来海量、无处不在的智能广告一定会充斥于每一个个体周围，智能广告的背后也会代表各种群体的利益，反映生活习惯、态度，甚至于是民族文化和意识形态，所以未来对智能广告的导向采取进一步监管势在必行。我国采用国家监督为主，行业自律组织、社会监督为辅的智能广告监管体制，建立了从中央到地方的各级市场监管部门，这种广告监管体制具有更强的执行力，更有利于广告导向监管工作的有序有力开展，但是针对智能广告的新特性，在社会监督方面应该进一步扩大组织机构和个体的参与度，集思广益。

二是就智能广告监管机关而言，我国智能广告的主要监管部门要从讲政治的高度出发，加强组织部署，健全广告导向监管的领导协调和应急处置机制。因为智能广告的监管工作具有范围广、内容多、技术性强等特点，所以单一部门"单打独斗"不能满足智能广告的监管工作的需求，这对监管机关之间的协同配合提出了很高的要求。今后各监管机关需要在智能广告监管工作中加强磨合，并根据形势的变化对智能广告监管机关及时进行调整。

三是就智能广告处理程序和审查制度而言，突出查办重点案件，严厉查处使用或变相使用国家机关、国家机关工作人员的名义或形象等具有不良影响的广告，严肃查处妨碍社会公共秩序和公序良俗的广告。

---

① 陈刚. 技术成为广告业的核心生产力[J]. 声屏世界：广告人，2019(2)：43-44.

四是就智能广告监管内容而言，要注意社会效益和经济效益并重。2008年发布的《国家工商总局 国家发展改革委关于促进广告业发展的指导意见》指出："广告业是现代服务业的重要组成部分，是创意经济中的重要产业"。《广告产业发展"十二五"规划》是我国首个纳入国民经济与社会发展规划体系的广告业中长期发展规划。上述文件中都强调了广告的经济效益，但对广告的社会效益关注不够。我国是社会主义国家，智能广告在创造经济效益的同时也要发挥引领社会风尚、弘扬正风正气、弘扬民族精神的作用。《"十四五"广告产业发展规划》明确指出，广告产业要坚持服务大局，充分发挥广告产业作为生产性服务业的积极作用，准确把握产业经济属性和文化属性，主动服务文化强国建设、服务扩大内需和提升品牌附加值、服务区域协调发展。坚持把社会效益放在首位，实现社会效益和经济效益相统一。这是从顶层设计的角度对统筹协调"两个效益"的本质规定。

11.3.2 建立道德监管

目前，市场监管部门建立的违法广告监测系统只能监测违法智能广告的虚假宣传，而对于违反社会公序良俗的低俗智能广告，人工智能尚不能完全识别。成立行业道德委员会来实现行业内部的自我管理要比诉诸法律更具合理性。虽然道德标准是一个软指标，但它是在法律的规范下实施的。

我国为进一步推进广告领域的道德建设，根据整治虚假违法广告部际联席会议2021年第一次全体会议决议，国家市场监管总局、中央宣传部、中央网信办和广电总局等部门以联席会议联络办公室名义指导中国广告协会发起成立广告道德委员会。2021年9月10日，广告道德委员会成立大会暨第一次全体会议在北京召开。该委员会可以依据法律法规的相关规定，对广告中涉及的道德、伦理等方面的标准作出审核和认定。

广告道德委员会应该追踪随着社会迅速发展而产生的敏感问题，在智能广告领域树立正确的价值观。该机构应该确保其成员代表社会的多样性，并在广泛的领域（如社会学、物理学、心理学、教育学、语言学和政治学）中拥有广博的知识。

广告道德委员会可以在两种类型的问题上公开审查并发表意见：一是在与广告道德相关的新问题上制作报告，以研究和预测有关智能广告的社会发展问题，并提出新的或适应性的广告道德标准。二是广告道德委员会本身就是对自我调节的评估，它是批评和判断自我调节效率的机构，它指出了需要提高警惕的行业问题。因此，广告道德委员会应对广告与其社会环境之间的关系具有客观和专业的观点。

11.3.3 实现技术监管

《"十四五"广告产业发展规划》提出广告产业要强化智慧监管，积极适应广告新业态新模式发展要求，依托互联网、人工智能、区块链、大数据、云计算等技术，提高违法广告发现能力，强化网络存证功能，减轻人工审核负担，提高执法效能，提升广告监管智慧化水平。[①]将数据智能采集、智能分析和智能应用与广告智慧监管和执法结合起来，建立全流程的智能广告智慧监管技术体系，是对政府治理体系和治理能力现代化的要求。

一是如前文所述，智能广告最大的特点就是集成大数据、云计算、5G、AI、VR、区块链、物联网、互联网 4.0 等信息领域新技术，然而由这些新技术带来的诸如流量作假、"数据孤岛"等问题却给行业带来了巨大困扰，不仅造成了资源浪费，还让数字广告机构间的关系变得更为紧张。面对广告业监管和发展中出现的新问题，市场监管部门需要加大对智能广告内容和形式监管的技术研发力度，通过数字化广告监管手段及时发现问题并进行查处。与此同时，新技术的出现使实现智能广告技术监管成为可能，因为数据驱动的广告和可衡量、有针对性、基于数据的广告活动将日益成为广告的首选形式。[②]相对传统广告监管，智能广告的监管技术在两个方面实现了重大突破：一方面是做到了对定向投放的监管，也就是对受众的选择实现了精准化或者相对精准化监督管理；另一方面对曾经无法度量的广告效果实现了量化监督管控。

二是智能广告监管技术要与时俱进，针对不同发展阶段智能广告监管的重点、难点进行有效监管。伦敦国王学院冈崎伸太郎教授指出，现阶段智能广告研究在人工智能领域关注人工智能在广告产业中的应用，这一阶段的主题包括但不限定于人工智能与广告创意及创意过程，人工智能与广告规划和购买，人工智能与消费者的注意、认知和情感等。此外，传统的视频营销已经不能满足广告主场景化的广告需求，新技术的创新带来的隐私保护问题尤其值得监管机关关注，例如企业利用算法对视频中的人脸、物体、场景等八项维度进行识别和特征描述，实现视频的标签化搜索、自动化场景单元的划分和广告投放，从而实现视频广告的批量化、标准化匹配，以达到精准营销的目的。尤其要加强移动互联网端智能广告的技术监管，与互联网端相比，移动互联网端的私密性更强，违法、虚假智能广告更加隐蔽，监管难度更大，例如电商直播和短视频中的广告已经成为新业态发展模式，它兼具视听内容和商业广告的属性，其法律属性的复杂度已经超出传统图文广告的范畴。同时技术监管中涉及隐私保护边界的问题也需要学界、业界共同探讨解决，有关广告监管部门在未来要通过技术手段保护公众隐私，避免隐私泄露带来的风险。

三是智能广告监管技术要覆盖智能广告设计、制作、代理和发布的全流程。分众传媒首席战略官、首席信息官陈岩表示，在人工智能技术的推动下，机遇未来会促使广告传播行业形成全链条赋能，从内容的生成制作、流量的分发管理，到最后数据的

---

① 国家市场监督管理总局. 市场监管总局关于印发《"十四五"广告产业发展规划》的通知[EB/OL]. (2022-04-22). https://www.samr.gov.cn/zw/zfxxgk/fdzdgknr/ggjgs/art/2023/art_cb5cbd269425437084b67df54adccda8.html.

② 牟怡. 传播的进化：人工智能将如何重塑人类的交流[M]. 北京：清华大学出版社，2017：32.

综合管理体系，覆盖从广告创作阶段、广告投放阶段到广告效果评估和监测阶段全链条的赋能。上述形势，要求我国智能广告监管技术覆盖智能广告传播行业的全链条，尤其是通过监管技术对智能广告的投放效果进行精准化的监督管理。同时，有关监管机构还要建立全国性的智能广告技术监管平台，针对不同媒介端（如 PC 端、移动互联网端和网络电视端）的特点，提出一种适用于多种智能广告终端的监测监管技术思路，降低技术门槛的限制，并促进多端之间数据的交换，联合学界、业界对其中的技术构想进行可行性的分析研究。

四是引入第三方技术进行监管，与第三方大数据监测公司开展战略合作，建立智能广告监管的数据中心。开放"围墙花园"，利用第三方技术治理互联网流量欺诈乱象，从而营造良好的数据环境，以促进智能广告产业创新高质量发展。廖秉宜在研究中指出，加强数字媒介广告刊播环境的监测，确保品牌安全。大型互联网企业加强内容监测，营造良好的数字媒介环境。阿里巴巴、腾讯、百度、今日头条、凤凰网等国内大型互联网企业需要主动开展内容监测，净化内容环境，实行品牌安全第三方监测强制机制。[①]

11.3.4 实施信用监管

所谓信用，是指依附在人之间、单位之间和商品交易之间形成的一种相互信任的生产关系和社会关系。[②]罗伯特·帕特南（Robert Putnam）指出，信任、规范和网络，它们可以通过促进合作行动而提高社会效率[③]，而信任是信用的基础。由此可见，信用在社会中的重要作用。通过梳理可知，国外企业信用监管体系主要有三种模式（表 11-17），这些模式为我国智能广告信用监管体系的建立提供了很好的参考和借鉴。

表 11-17　国外企业信用监管体系的三种模式

类　型	特　点
市场主导型模式	又称民营模式。其特征是征信机构以营利为目的，收集、加工企业的信用信息，为信用信息的使用者提供独立的第三方服务。政府的作用一方面是促进信用管理立法；另一方面是监督信用管理法律的贯彻执行。美国、加拿大、英国和北欧采用这种企业信用体系模式
政府主导型模式	又称公共模式。它是以中央银行建立的"中央信贷登记系统"为主体，兼有私营征信机构的企业信用体系。该系统是非营利性的，系统信息主要供银行内部使用。法国、德国、比利时、意大利、奥地利、葡萄牙、西班牙采用这种企业信用体系模式
会员制模式	由会员向协会信息中心义务提供由会员自身掌握企业的信用信息，同时协会信息中心也仅限于向会员提供信用信息查询服务。协会的信息中心不以营利为目的，只收取成本费。日本采用这种信用体系模式

---

① 廖秉宜. 优化与重构：中国智能广告产业发展研究[J]. 当代传播，2017(4)：97-101，110.
② 信用[EB/OL]. (2023-11-08). https://baike.baidu.com/item/%E4%BF%A1%E7%94%A8/986088?fr=aladdin.
③ 帕特南. 使民主运转起来[M]. 王烈，赖海榕，译.南昌：江西人民出版社，2001：195.

正是由于信用在制度建设中起到的重要作用，2019年7月，国务院办公厅印发《国务院办公厅关于加快推进社会信用体系建设构建以信用为基础的新型监管机制的指导意见》，其目的是加强社会信用体系建设，深入推进"放管服"改革，进一步发挥信用在创新监管机制、提高监管能力和水平方面的基础性作用，更好激发市场主体活力，推动高质量发展。所以，未来在智能广告的监管中，有关监管部门要响应号召，尽快建立、完善智能广告信用监管体系，发挥信用在智能广告监管中的重要作用。

《"十四五"广告产业发展规划》同样指出要加强信用监管。依托国家企业信用信息公示系统，推动广告监管数据在信用信息公示平台归集标注。推进广告产业市场主体信用体系建设，探索建立部门间企业信用信息共享和失信联合惩戒机制与信用修复机制，加快推动实现"一处违法，处处受限"新局面。①

一是要完善智能广告信用监管流程的各环节。首先，创新事前环节信用监管。建立健全信用承诺制度，对申请人承诺符合审批条件并提交材料的有关行政许可事项应予即时办理，鼓励市场主体主动向社会作出信用承诺；充分利用各级各类政务服务窗口，探索开展经营者准入前诚信教育；积极拓展信用报告应用，鼓励各类市场主体在生产经营中更广泛、主动地应用信用报告。其次，加强事中环节信用监管。全面建立市场主体信用记录，及时、准确、全面记录市场主体信用行为，特别是将失信记录建档留痕，做到可查可核可溯；建立健全信用信息自愿注册机制，鼓励市场主体在"信用中国"网站或其他渠道上自愿注册信用信息；开展全覆盖、标准化、公益性的公共信用综合评价，为信用监管提供更精准的依据；大力推进信用分级分类监管，根据市场主体信用状况实施差异化监管措施。最后，完善事后环节信用监管。健全失信联合惩戒对象认定机制，督促失信市场主体限期整改，深入开展失信联合惩戒，坚决依法依规实施市场和行业禁入措施，依法追究违法失信责任，探索建立信用修复机制。例如，建立完善的药品广告事前审查制度，事中、事后强化监测与查处违法广告有助于规范我国药品广告市场的秩序，减少违法广告的出现。

二是要依托现有信用监管系统建立、完善智能广告信用监管体制。强化信用监管的支撑保障，提升信用监管信息化建设水平，形成信用监管协同机制；大力推进信用监管信息公开公示，做到"应公开、尽公开"；充分发挥"互联网+"、大数据对信用监管的支撑作用，实现信用监管数据可比对、过程可追溯、问题可监测；切实加大信用信息安全和市场主体权益保护力度，积极引导行业组织和信用服务机构协同监管。有研究指出，我国已经形成了企业信用体系建设基本组织架构的雏形，制定了一些制度规范，市场监管等部门已经建立覆盖全国的市场主体全国联网企业信用征信体系，重庆、深圳、湖南、浙江等省市还建立了地方联合征信的工作平台，征信中介机构也具

---

① 国家市场监督管理总局. 市场监管总局关于印发《"十四五"广告产业发展规划》的通知[EB/OL]. (2022-04-22). https://www.samr.gov.cn/zw/zfxxgk/fdzdgknr/ggjgs/art/2023/art_cb5cbd269425437084b67df54adccda8.html.

备了一定的规模。在发挥好政府主导的信用监管系统作用的同时,还要借助具有海量用户和技术优势的企业数据来补充已有的广告信用监管系统,如阿里巴巴集团的企业诚信体系、腾讯信用分体系、百度企业信用体系等,未来通过数据共享、技术互补共同建立和完善智能广告信用监管体系。

11.3.5 加强协同监管

当前,社会治理模式正在从单向管理转向双向互动,从线下转向线上线下融合,从单纯的政府监管转向更加注重社会协同治理。①面对智能广告监管复杂多变的形势,单纯以政府有关部门作为监管主体显然难以应对。大数据时代的到来,为政府、组织和公众的协同治理提供了契机。政府监管部门当然要管,但真正要管得住、管得好,还要依靠全社会的力量构建共治模式。对此,《"十四五"广告产业发展规划》提出要完善协同监管,推进社会共治。切实发挥整治虚假违法广告部际联席会议机制作用,坚持齐抓共管、各尽其责、综合治理,形成监管工作合力。探索对重大违法线索实行联席会议统一挂牌督办,对苗头性、倾向性问题统一调研会商,对重大典型案件集中曝光。做好行政执法与刑事司法的有效衔接。②

另外,还需加强智能广告的全球协同监管。在经济全球化的背景下,智能广告的设计、制作、代理和发布打破了地域限制,资本、技术和人才的全球化流动已然成为常态。根据《"十四五"广告产业发展规划》,我国广告产业的十项重点任务之一是推动协调发展,扩大对外开放。它包括:积极服务实施更大范围、更宽领域、更深层次对外开放,加强广告领域国际合作。②我国监管部门应该密切关注全球监管动态,加强与各国的数据共享、技术合作和人才培养,不断提升智能广告协同监管的国际化水平。

案例

思考题

1. 对广告的监督管理体制有哪几种?
2. 简述自律主导型的代表性国家及其主要内容。

---

① 黄璜. 构筑共建共治共享的数字社会治理体系[EB/OL]. (2022-01-29). http://www.qstheory.cn/qshyjx/2022-01/29/ c_1128313114.htm.
② 国家市场监督管理总局. 市场监管总局关于印发《"十四五"广告产业发展规划》的通知[EB/OL]. (2022-04-22). https://www.samr.gov.cn/zw/zfxxgk/fdzdgknr/ggjgs/art/2023/art_cb5cbd269425437084b67df54adccda8.html.

3. 简述政府主导型的代表性国家及其主要内容。
4. 简述我国智能广告监管体制的基本内涵。
5. 我国对智能广告的违法行为的处罚包括哪些内容?
6. 我国智能广告监管的重点在哪些领域?其与外国智能广告监管的区别体现在哪些方面?
7. 谈谈当前我国智能广告监管存在的问题。
8. 简述我国智能广告监管未来发展的新趋势。
9. 结合现实国情,谈谈国外智能广告监管经验对我国的借鉴意义。

参 考 文 献

一、专著类

[1] 麦克卢汉, 秦格龙. 麦克卢汉精粹[M]. 何道宽, 译. 南京：南京大学出版社, 2001.
[2] 凯利. 新经济 新规则[M]. 刘仲涛, 康欣叶, 侯煜, 译. 北京：电子工业出版社, 2014.
[3] 马克思, 恩格斯. 马克思恩格斯文集：第10卷[M]. 中共中央马克思恩格斯列宁斯大林著作编译局, 译. 北京：人民出版社, 2009.
[4] 鲍德里亚. 消费社会[M]. 刘成富, 全志刚, 译. 南京：南京大学出版社, 2014.
[5] 莱布尼兹. 莱布尼兹自然哲学著作选[M]. 祖庆年, 译. 北京：中国社会科学出版社, 1985.
[6] 尼格尼维斯基. 人工智能：智能系统指南[M]. 陈薇, 等译. 北京：机械工业出版社, 2015.
[7] 罗素, 诺维格. 人工智能：一种现代的方法[M]. 3版. 殷建平, 祝恩, 刘越, 等译. 北京：清华大学出版社, 2013.
[8] 麦克卢汉. 理解媒介：论人的延伸[M]. 何道宽, 译. 南京：译林出版社, 2011.
[9] 莱文森. 数字麦克卢汉：信息化新纪元指南[M]. 何道宽, 译. 北京：社会科学文献出版社, 2001.
[10] 赛佛尔, 坦卡德. 传播理论：起源、方法与应用[M]. 郭镇之, 等译. 北京：中国传媒大学出版社, 2006.
[11] 陈培爱. 现代广告学概论[M]. 4版. 北京：首都经济贸易大学出版社, 2017.
[12] 曹正凤. 从零进阶！数据分析的统计基础[M]. 北京：电子工业出版社, 2015.
[13] 尼葛洛庞帝. 数字化生存[M]. 胡泳, 范海燕, 译. 海口：海南出版社, 1997.
[14] 凯利. 必然[M]. 周峰, 等译. 北京：电子工业出版社, 2016.
[15] 吴声. 场景革命：重构人与商业的连接[M]. 北京：机械工业出版社, 2015.
[16] 斯考伯, 伊斯雷尔. 即将到来的场景时代[M]. 赵乾坤, 周宝曜, 译. 北京：北京联合出版公司, 2014.
[17] 詹金斯. 文本盗猎者：电视粉丝与参与式文化[M]. 北京：北京大学出版社, 2016.
[18] 庞蒂. 知觉现象学[M]. 姜志辉, 译. 北京：商务印书馆, 2021.
[19] 奥格威. 奥格威谈广告[M]. 曾晶, 译. 北京：机械工业出版社, 2013.
[20] 贝塔朗菲. 一般系统论[M]. 林康义, 等译. 北京：清华大学出版社, 1987.
[21] 梁丽丽. 程序化广告：个性化精准投放实用手册[M]. 北京：人民邮电出版社, 2017.
[22] 刘鹏, 王超. 计算广告：互联网商业变现的市场与技术[M]. 北京：人民邮电出版社, 2015.
[23] 刘庆振, 赵磊. 计算广告学[M]. 北京：人民日报出版社, 2017.
[24] 张亚东. 在线广告：互联网广告系统的架构及算法[M]. 北京：清华大学出版社, 2019.
[25] 罗丹, 马明泽. 信息流广告实战：今日头条、百度、腾讯三大平台全解析[M]. 北京：电子工业出版社, 2019.
[26] 吴军. 智能时代[M]. 北京：中信出版社, 2020.
[27] 莱文森. 莱文森精粹[M]. 何道宽, 译. 北京：中国人民大学出版社, 2007.
[28] 刘凡. 中国广告业监管与发展研究[M]. 北京：中国工商出版社, 2007.

[29] 牟怡. 传播的进化：人工智能将如何重塑人类的交流[M]. 北京：清华大学出版社，2017.

[30] 舍恩伯格，库克耶. 大数据时代：生活、工作与思维的大变革[M]. 周涛，译. 杭州：浙江人民出版社，2013.

[31] 陈海虹，黄彪，刘峰，等. 机器学习原理及应用[M]. 成都：电子科技大学出版社，2017.

[32] 柏格森. 时间与自由意志[M]. 吴士栋，译. 北京：商务印书馆，2017.

[33] 戈夫曼. 日常生活中的自我呈现[M]. 冯钢，译. 北京：北京大学出版社，2008.

[34] 帕特南. 使民主运转起来[M]. 王烈，赖海榕，译. 南昌：江西人民出版社，2001.

二、期刊论文类

[1] 刘磊，程洁. 颠覆与融合：论广告业的"互联网+"[J]. 当代传播，2015(6).

[2] 刘强. 2021：中国广告业的回顾与反思[J]. 现代广告，2021(22).

[3] 易龙. 智能广告初论[J]. 新闻界，2008(4).

[4] 王军. AISAS 模式下大众出版知识服务产品营销策略探析——以三联"中读"为例[J]. 科技与出版，2021(5).

[5] 饶广祥，段彦会. 泛广告：人工智能时代的广告变革[J]. 编辑之友，2020(5).

[6] 黄河. 易传媒：智能广告的先行者[J]. 中国高新技术企业，2011(11).

[7] 颜景毅. 计算广告学：基于大数据的广告传播框架建构[J]. 郑州大学学报(哲学社会科学版)，2017(4).

[8] 刘庆振. "互联网+"背景下计算广告技术体系的创新与应用[J]. 新闻界，2016(2).

[9] 秦雪冰. 技术嵌入与价值取向：智能广告的演进逻辑[J]. 湖北大学学报(哲学社会科学版)，2022(1).

[10] 段淳林，宋成. 用户需求、算法推荐与场景匹配：智能广告的理论逻辑与实践思考[J]. 现代传播(中国传媒大学学报)，2020，42(8).

[11] 李康跃，果凤春. AR 赋能：智能传播时代的场景建构[J]. 新闻世界，2021(1).

[12] 黄合水，方菲. 广告的演变及其本质——基于 1622 条教科书广告定义的语义网络分析[J]. 新闻与传播研究，2019(12).

[13] 李珍. 真实的自我与虚拟的身体——元宇宙中虚拟化身具身性研究[J]. 自然辩证法通讯，2023(2).

[14] 张蓓. 网络媒体与视觉修辞中的原型激活[J]. 编辑之友，2017(7).

[15] 程明，程阳. 数据全场景和人机物协同：基于 5G 技术的智能广告及其传播形态研究[J]. 湖南师范大学社会科学学报，2020(4).

[16] 施巍松，孙辉，曹杰，等. 边缘计算：万物互联时代新型计算模型[J]. 计算机研究与发展，2017(5).

[17] 陈春霞. 浅析机器学习的发展与应用[J]. 信息系统工程，2017(8).

[18] 韩阳，孙佳泽，王昊天. 浅谈人工智能的发展历程及瓶颈[J]. 数字通信世界，2019(6).

[19] 胡侯立，魏维，胡蒙娜. 深度学习算法的原理及应用[J]. 信息技术，2015(2).

[20] 付文博，孙涛，梁藉，等. 深度学习原理及应用综述[J]. 计算机科学，2018(S1).

[21] 司畅，张铁峰. 关于自然语言生成技术的研究[J]. 信息技术，2010(9).

[22] 蒋锐滢，崔磊，何晶，等. 基于主题模型和统计机器翻译方法的中文格律诗自动生成[J]. 计算机学报，2015(12).

[23] 张晨阳，杜义华. 短文本自动生成技术研究进展[J]. 数据与计算发展前沿，2021(3).

[24] 马晗，唐柔冰，张义，等. 语音识别研究综述[J]. 计算机系统应用，2022(1).

[25] 罗瑞. 元宇宙赋能体育新闻传播的未来图景[J]. 视听，2022(4).

[26] 王文喜，周芳，万月亮，等. 元宇宙技术综述[J]. 工程科学学报，2022(4).

[27] 杨扬. 计算广告学的理论逻辑与实践路径[J]. 理论月刊，2018(11).

[28] 段淳林. 计算广告的发展对广告学的冲击及挑战[J]. 中国广告，2020(11).

[29] 赖思洁. 搜索引擎竞价排名与消费者权益[J]. 老字号品牌营销，2020(8).

[30] 李彪. 信息流广告：发展缘起、基本模式及未来趋势[J]. 新闻与写作，2019（10）.

[31] 高寺东. AR技术在品牌传播中的应用[J]. 新媒体研究，2019(9).

[32] 刘燕. 科技助力广告创意思路升级——VR和AR元素在广告中的应用[J]. 视听，2017（10）.

[33] 廖秉宜. 优化与重构：中国智能广告产业发展研究[J]. 当代传播，2017(4).

[34] 易龙. 论智能广告研究的价值及其框架的构建[J]. 新闻界，2009(5).

[35] 刘燕南，吴浚诚. 互联网原生广告中隐私悖论的嬗变与规制[J]. 当代传播，2019(6).

[36] 马澈. 关于计算广告的反思——互联网广告产业、学理和公众层面的问题[J]. 新闻与写作，2017(6).

[37] 徐凤兰，孙黎. 国外网络广告监管经验及启示[J]. 传媒评论，2012(12).

[38] 赵洁，骆宇. 美国网络广告监管以及对我国的启示[J]. 中国广告，2007(11).

[39] 国家工商总局国际合作司. 英国的广告监管[J]. 工商行政管理，2016(19).

[40] 饶世权. 论广告的监督管理制度[J]. 商业研究，2004(3).

[41] 范志国. 日本广告监管给我们的启示[J]. 声屏世界·广告人，2008(1).

[42] 黄宇宸，周辉. 韩国互联网广告监管研究报告[J]. 网络法律评论，2016(2).

[43] 章俐. 美国保险广告监管及启示[J]. 中国保险，2005(7).

[44] 田圆圆. 澳大利亚药品广告监管模式简介及对我国的启示[J]. 中国新药杂志，2011(5).

[45] 李彬. 英国广告业管理模式和法律规制及对我国的启示[J]. 工商行政管理，2013(4).

[46] 周辉. 美国网络广告的法律治理[J]. 环球法律评论，2017(5).

[47] 宋泽蓉，张艳. 美国互联网广告业自我规制的特色与启示[J]. 传播力研究，2019(27).

[48] 王菲. 互联网精准营销的隐私权保护：法律、市场、技术[J]. 国际新闻界，2011(12).

[49] 郑新刚. 超越与重塑：智能广告的运作机制及行业影响[J]. 编辑之友，2019(5).

[50] 丁俊杰. 广告业的小趋势[J]. 中国广告，2018(6).

[51] 杨海军. 广告舆论研究探析[J]. 新闻与传播研究，2010(5).

[52] 邵国松，杨丽颖. 在线行为广告中的隐私保护问题[J]. 新闻界，2018(11).

[53] 付少雄，赵安琪. 健康APP用户隐私保护政策调查分析——以《信息安全技术个人信息安全规范》为框架[J]. 图书馆论坛，2019(12).

[54] 史啟楠，孙磊. 微信广告的主要问题 监管难点及对策建议[J]. 中国市场监管研究，2016(12).

[55] 杨嘉仪，马中红. 社交媒体时代微商广告监管的困境和出路——以微信为例[J]. 中国广告，2017(2).

[56] 吴秀尧. 互联网定向广告的法律规制：一个比较法的视角[J]. 广东社会科学，2019(3).

[57] 陈刚. 技术成为广告业的核心生产力[J]. 声屏世界·广告人，2019（Z1）.

[58] 邓仲华，李志芳. 科学研究范式的演化——大数据时代的科学研究第四范式[J]. 情报资料工作，2013(4).

[59] 俞雷. DG-IASS广播电视智能广告监测系统[J]. 电视技术，2008(6).

[60] 邵敏，赵韵文，林雪冬. 试论智能广告的形式、特点及监管[J]. 湖南大众传媒职业技术学院学报，2017(5).

[61] 钱广贵，毕衍鑫. 论广告生存形态的历史变迁与未来发展[J]. 山东社会科学，2018(3).
[62] 曾静平，刘爽. 智能广告的潜进、阵痛与嬗变[J]. 未来传播，2018(3).
[63] 秦雪冰. 智能的概念及实现：人工智能技术在广告产业中的应用[J]. 广告大观(理论版)，2018(1).
[64] 吕尚彬，郑新刚. 计算广告的兴起背景、运作机理和演进轨迹[J]. 山东社会科学，2019(11).
[65] 姜智彬，黄振石. 基于"基础-工具-目的-本性"框架的智能广告定义探析[J]. 中国广告，2019(11).
[66] 顾明毅. 中国智能广告模型研究[J]. 现代传播(中国传媒大学学报)，2020(7).
[67] 高渊. 智能广告时代行业从业者的职能转向[J]. 记者摇篮，2018(11).
[68] 程星，李敏. 媒介融合下广告发展新态势[J]. 记者摇篮，2018(7).
[69] 刘莹. 人工智能背景下广告业的问题与对策[J]. 视听，2019(7).
[70] 高婷嫱，陈世鑫. 试析中国智能广告产业发展现状及改进策略[J]. 西部广播电视，2019(13).
[71] 逯宝峰. 人工智能环境下广告传播的模式创新[J]. 传媒，2019(3).
[72] 姜智彬. 技术赋能："十三五"时期的中国广告行业变革[J]. 编辑之友，2021(1).
[73] 秦雪冰. 创新生态系统理论视角下的智能广告产业演化研究[J]. 当代传播，2022(2).
[74] 杨光炜，刘嫣，张晓勇. 智能广告设计技术的应用研究[J]. 艺术科技，2017(5).
[75] 郑天娇，汤明妍，宋丹，等. 区块链技术在广告业中的应用设想[J]. 新闻研究导刊，2017(13).
[76] 王蓓. 基于物联网技术的智能广告系统设计[J]. 电子技术与软件工程，2018(20).
[77] 郭慢，钱松荣. 基于 OpenCV 的人脸识别技术在智能广告上的应用[J]. 微型电脑应用，2018(10).
[78] 匡文波，贾一丹. 移动智能广告的传播效果研究[J]. 现代视听，2018(10).
[79] 谭辉煌，张帆，钱涛. 媒体智能化趋势下广告运作模式的嬗变与重构[J]. 新媒体与社会，2019(1).
[80] 郑雅羽，陈杰华，贾婷婷. 基于受众兴趣识别的智能广告展示系统设计[J]. 浙江工业大学学报，2018(5).
[81] 谢俐，何勇，张海. 基于受众分析的智能广告平台研究[J]. 重庆电力高等专科学校学报，2019(6).
[82] 吴海洲，田秀云，王慧，等. 基于 LiFi 的智能广告系统设计与实现[J]. 电子制作，2019(11).
[83] 秦雪冰，郭博. 智能广告文案的消费者参与度研究——基于汽车之家 APP 的实证检验[J]. 新闻与传播研究，2022(6).
[84] 许子明，田杨锋. 云计算的发展历史及其应用[J]. 信息记录材料，2018(8).
[85] 罗晓慧. 浅谈云计算的发展[J]. 电子世界，2019(8).
[86] 王菲，姚京宏. 构建全新信任范式：论区块链对广告业的变革[J]. 当代传播，2021(5).
[87] 陈春霞. 浅析机器学习的发展与应用[J]. 信息系统工程，2017(8).
[88] 韩阳，孙佳泽，王昊天. 浅谈人工智能的发展历程及瓶颈[J]. 数字通信世界，2019(6).
[89] 余殷博. 基于人工智能下的机器学习历史及展望[J]. 电子技术与软件工程，2017(4).
[90] 姜倩盼. 自然语言处理的挑战与未来[J]. 信息与电脑(理论版)，2013(7).
[91] 张曰花，王红，马广明. 基于深度学习的图像识别研究[J]. 现代信息科技，2019(11).
[92] 邢铭生，朱浩，王宏斌. 语音识别技术综述[J]. 科协论坛(下半月)，2010(3).
[93] 张斌，全昌勤，任福继. 语音合成方法和发展综述[J]. 小型微型计算机系统，2016(1).
[94] 龙佳. 论搜索引擎的特点与发展态势[J]. 电脑知识与技术，2019(1).

[95] 石宇航. 浅谈虚拟现实的发展现状及应用[J]. 中文信息，2019(1).

[96] 秦雪冰. 从非人格性到媒介性：电商直播背景下广告观念的更新[J]. 编辑之友，2021(5).

[97] 陈昌凤. 元宇宙：深度媒介化的实践[J]. 现代出版，2022(2).

[98] 孙玮. 赛博人：后人类时代的媒介融合[J]. 新闻记者，2018(6).

[99] 曾琼. 从平移到颠覆：技术可供视域下数字广告的发展演进[J]. 湖南师范大学社会科学学报，2023(2).

[100] 曾琼，马源. 计算技术对广告产业发展的嵌入——基于技术可供性的视角[J]. 现代传播(中国传媒大学学报)，2022，44(7).

[101] 罗江. 刘双舟：互联网广告监管需协同共治[J]. 经济，2019(11).

[102] 邱月. 移动场景传播：社交媒介技术支持下的公益广告在青年受众中的有效传播路径[J]. 北方传媒研究，2019(1).

三、学位论文类

[1] 刘志浩. 基于视频的植入广告识别系统设计与实现[D]. 北京：北京邮电大学，2020.

[2] 蔡润珩. 场景融合营销中计算广告作用研究[D]. 郑州：河南大学，2019.

[3] 潘红. 网络搜索引擎广告的传播策略变化研究[D]. 成都：成都理工大学，2016.

[4] 张曜. 中外大数据企业网站隐私政策比较研究[D]. 太原：山西大学，2017.

[5] 邓莎莎. 支持决策研讨的文本分析方法研究[D]. 上海：上海交通大学，2014.

[6] 王治中. 智能广告播放与效果评估系统[D]. 青岛：青岛理工大学，2010.

四、电子文献

[1] 互联网 web3.0 时代的特点（web3.0 被认为是互联网的下一个时代？）[EB/OL]. (2023-03-31). https://www.yyssd.com/web3/ 378.html.

[2] 美国西北大学新闻学院终生荣誉教授唐·舒尔茨与北大师生共同讨论"广告的未来"[EB/OL]. (2016-12-20). https://news.pku.edu.cn/xwzh/129-296266.htm.

[3] AARRR 模型最详解[EB/OL]. (2022-05-30). https://zhuanlan.zhihu.com/p/520771211.

[4] 易观：2019 中国信息流广告市场专题分析[EB/OL]. (2019-04-28). http://www.199it.com/archives/868070. html.

[5] 短视频市场有多大？抖音信息流广告年收入预计 95 亿左右[EB/OL].(2018-11-12). https://mp.weixin.qq.com/s/ WNbeBCCj0pRLg2DeIH0rgA.

[6] 大数据[EB/OL]. (2023-10-10). https://baike.baidu.com/item/%E5%A4%A7%E6%95%B0%E6%8D%AE/1356941?fr=aladdin.

[7] IMT-2020(5G)推进组：5G 愿景与需求白皮书[EB/OL]. https://www.docin.com/p-890406206.html.

[8] 马涛. 计算广告的形态演变 [EB/OL]. (2022-06-24). https://mp.weixin.qq.com/s/47gBB8yiah_B7iDGTKVn1A.

[9] 广告需求方平台[EB/OL]. (2022-06-18). https://baike.baidu.com/item/DSP%20-20Demand%20side%20platform/9426096?fr=aladdin.2022.

[10] 比尔·盖茨：未来两到三年内大多数虚拟会议将转向元宇宙[EB/OL]. (2021-12-10). http://finance.sina.com.cn/stock/usstock/c/2021-12- 10/doc-ikyamrmy8115388.shtml.

[11] AdMaster 2018 年最新报告：上半年广告无效流量占比 28.8%，垂直媒体成重灾区[EB/OL]. (2018-08-01). https://www.163.com/dy/article/DO47JK8T05118DFD.html.

[12] 香港贸发局[EB/OL]. http://economists-pick-research.hktdc.com/business-news/article/Business-

Alert-US/FDA-Expands-Regulatory-Authority-to-Cover-E-Cigarettes/baus/en/1/1X300W0C/1X0A674B.htm.

[13] 美国消费品安全委员会. 消费品安全改进法案（CPSIA）[EB/OL]. https://www.cpsc.gov/Regulations-Laws--Standards/Statutes/The-Consumer-Product-Safety-Improvement-Act.

[14] 三星广告被起诉[EB/OL]. (2019-07-04). https://weibo.com/3626485974/HBVP8bL4n?sudaref=www.baidu.com&display=0&retcode=6102&type=comment.

[15] 新加坡卫生科学局.我们是谁[EB/OL]. https://www.hsa.gov.sg/about-us.

[16] 最发达的国家美国的广告审查制度[EB/OL]. (2016-08-28). http://www.maxlaw.cn/z/20160828/857495714113.shtml.

[17] 全日本 CM 放送联盟[EB/OL]. (2023-05-18). https://baike.baidu.com/item/全日本 CM 放送联盟/6887921?fr=aladdin.

[18] 国家市场监督管理总局广告监督管理司. 广告监督管理司[EB/OL]. https://www.samr.gov.cn/ggjgs/sjjs/.

[19] 国家市场监督管理总局广告监督管理司. 工商总局等十一部门关于印发《整治虚假违法广告部际联席会议 2018 年工作要点》的通知[EB/OL]. (2019-02-15). https://www.samr.gov.cn/ggjgs/tzgg/art/2023/art_3fa6e88aba1b4da6a1b8243b00b87833.html.

[20] 中国广告协会. 中国广告协会章程[EB/OL]. (2023-03-17). http://www.china-caa.org/cnaa/showinfo/about2.

[21] 中国广告主协会. 中国广告主协会章程[EB/OL]. (2021-08-16). http://www.zggz.org.cn/#/comityall.

[22] 中国商务广告协会.中国商务广告协会章程[EB/OL]. (2020-10-18). http://www.caacchina.org/xiehuijianjie/2016/ 0713/97.html.

[23] 中国商务广告协会综合代理专业委员会. 关于我们[EB/OL]. http://www.china4a.org.

[24] LAU Y. 定向广告经济学简介[EB/OL]. https://www.ftc.gov/reports/brief-primer-economics-targeted-advertising.

[25] 英国情报机构正考虑贩卖间谍软件?[EB/OL]. (2010-12-16). https://blog.csdn.net/iteye_887/article/details/81973024.

[26] 2019 年中国广告行业发展现状, 互联网广告线上渗透率将持续增长[EB/OL]. (2019-04-15). https://baijiahao.baidu.com/s?id=1630662064117589196&wfr=spider&for=pc.

[27] 李继东, 胡正荣. 从控制到联结：人类传播范式的转变[EB/OL]. (2015-04-02). http://www.sass.cn/109012/26973.aspx.

[28] 李开复谈人工智能的五个定义：哪个最不可取？[EB/OL]. (2019-08-27). https://baijiahao.baidu.com/s?id=1643006053392164975&wfr=spider&for=pc.

[29] 微信官宣：发视频号，可以赚钱了![EB/OL]. (2023-04-07). https://mp.weixin.qq.com/s/x3i3QcAOM-GIxaxapV8Byw.

[30] 《2022 中国互联网广告数据报告》正式发布[EB/OL]. (2023-01-12). http://www.ce.cn/xwzx/gnsz/gdxw/202301/12/t20230112_38343827.shtml.

[31] 电通收购太意以提高创意生产客户转型及技术能力[EB/OL]. (2023-03-08). https://baijiahao.baidu.com/s?id=1759810266166146135&wfr=spider&for=pc.

[32] 勾正科技. 重磅发布!《"坦途前行"—2022 中国智慧屏行业发展白皮书》[EB/OL]. (2023-03-29). https://baijiahao.baidu.com/s?id=1761681006736867155&wfr=spider&for=pc.

[33] 海外快讯|智能电视占用户 OTT 观看时长的 50%[EB/OL]. (2023-04-11). https://zhuanlan.zhihu.

com/p/621134072.

[34] 倒映有声. 倒映有声联手昆仑万维和 StarXMusicXLab 共推数字 IP 出海演唱 AI 作曲[EB/OL]. (2022-06-24). https://baijiahao.baidu.com/s?id=1736510973771723317&wfr=spider&for=pc.

[35] 受益互联网出海 汇量科技业绩重回高增长[EB/OL]. (2022-06-28). http://stock.10jqka.com.cn/20220628/c640113710.shtml.

[36] 读书 | 了解 ChatGPT 的前世、今生和未来[EB/OL]. (2023-03-05). https://baijiahao.baidu.com/s?id=1759484494324589074&wfr=spider&for=pc.

[37] 周鸿祎谈 ChatGPT：是真正的人工智能 将很快产生意识[EB/OL]. (2023-02-24). https://finance.cnr.cn/ycbd/20230224/t20230224_526164037.shtml.

[38] 人民时评：区块链，换道超车的突破口[EB/OL]. (2019-11-04). https://baijiahao.baidu.com/s?id=1649228283766554172&wfr=spider&for=pc.

[39] 区块链将如何重构广告业的生态系统[EB/OL]. (2018-05-24). https://www.sohu.com/a/232794785_152615.

[40] （一）机器学习简介[EB/OL]. (2022-05-25). https://zhuanlan.zhihu.com/p/519787370?U.

[41] Machine Learning——揭开机器学习的面纱[EB/OL]. (2020-04-07). https://blog.csdn.net/qq_38249388/article/details/105377118.

[42] 数据中台：从 0 到 1 打造一个离线推荐系统[EB/OL]. (2021-04-27). https://new.qq.com/rain/a/20210427A07LFX00.

[43] 机器学习[EB/OL]. https://www.zhihu.com/column/c_1323568649978757120?utm_id=0.

[44] SVM 支持向量机之证明 SVM （三）[EB/OL]. (2018-10-19). https://blog.csdn.net/qq_30534935/article/details/83182659.

[45] SVM 原理[EB/OL]. (2021-09-06). https://blog.csdn.net/qq_56201448/article/details/120146007.

[46] K 近邻算法[EB/OL]. (2022-03-03). https://zhuanlan.zhihu.com/p/475038438.

[47] 人工神经网络(一)概述[EB/OL]. (2019-06-27). https://blog.csdn.net/qq_45293031/article/details/93854391.

[48] 集成学习-Boosting 集成学习算法 AdaBoost[EB/OL]. (2020-10-12). https://blog.csdn.net/iqdutao/article/details/108719059.

[49] 贝叶斯学习（二）[EB/OL]. (2020-07-24). https://blog.csdn.net/shmilyam/article/details/107564861.

[50] 第五章 决策树[EB/OL]. (2021-11-09). https://blog.csdn.net/dzkdyhr1208/article/details/121226867.

[51] 神经网络与深度学习（课程分享一）[EB/OL]. (2023-03-19). https://blog.csdn.net/qq_49669611/article/details/129656819.

[52] 一文读懂深度学习算法的技术原理及 5 个领域实践（1 图像、2 语音、3 文本、4 数据分析、5 视频）[EB/OL]. (2021-05-07). https://zhuanlan.zhihu.com/p/370465231.

[53] 深度学习介绍与分类[EB/OL]. (2019-09-05). https://zhuanlan.zhihu.com/p/81326071.

[54] 图像识别[EB/OL]. https://baike.baidu.com/item/%E5%9B%BE%E5%83%8F%E8%AF%86%E5%88%AB/6263637?fr=aladdin#reference-[1]-1.

[55] CRNN——卷积循环神经网络结构[EB/OL]. (2021-04-17). https://blog.csdn.net/weixin_45755332/article/details/115796090.

[56] 语音识别技术的相关知识[EB/OL]. (2019-07-08). https://cloud.tencent.com/developer/article/1459385.

[57] 语音识别技术简述[EB/OL]. (2004-12-13). https://blog.csdn.net/compiler/article/details/214657.

[58] 语音识别技术[EB/OL]. (2023-06-13). https://baike.baidu.com/item/%E8%AF%AD%E9%9F%B3

B3%E8%AF%86%E5%88%AB%E6%8A%80%E6%9C%AF/5732447?fr=aladdin.

[59] 视频理解综述：动作识别、时序动作定位、视频 Embedding[EB/OL]. (2021-10-14). https://baijiahao.baidu.com/s?id=1713584138450335810&wfr=spider&for=pc.

[60] 一名程序化广告老从业者的十年总结[EB/OL]. (2021-04-20). https://zhuanlan.zhihu.com/p/343365932?utm_id=0.

[61] 程序化广告发展之——adnetwork 和 RTB[EB/OL]. (2022-07-15). https://zhuanlan.zhihu.com/p/541766579.

[62] 程序化广告：魔高一尺，道能高一丈吗？[EB/OL]. (2022-06-28). https://mp.weixin.qq.com/s/wFT5zLGjjibK7ujBNbcWXQ.

[63] 472 名广告决策者，告诉我们的移动程序化广告发展现状[EB/OL]. (2022-02-16). https://mp.weixin.qq.com/s/kjbAqS4Rr97MDkR2JMBYqQ.

[64] 武汉大学媒体发展研究中心. 珞珈问道|姜智彬：程序化广告的发展和计算广告的学科体系[EB/OL]. (2022-07-18). https://mp.weixin.qq.com/s?__biz=MzIzMjc1OTM2OQ==&mid=2247503710&idx=1&sn=5609836f39d105dac1a919e507afcb8d&chksm=e8928678dfe50f6e96ab1cf2154af431f62210cb5203035cb743bf3a2812ca7036c361a3c36c&scene=27.

[65] 集成 ChatGPT-4 的微软 Bing 短暂上线：以聊天方式呈现结果，目标成为你的贴心助理[EB/OL]. (2023-02-04). https://www.ithome.com/0/671/153.htm.

[66] 微软 CEO：人类正在进入 AI 时代，和谷歌的搜索竞赛从今天开启[EB/OL]. (2023-02-08). https://baijiahao.baidu.com/s?id=1757245019061381939&wfr=spider&for=pc.

[67] 搜索引擎 [EB/OL]. (2023-04-20). https://baike.baidu.com/item/%E6%90%9C%E7%B4%A2%E5%BC%95%E6%93%8E/104812?fr=aladdin#reference-[2]-1154-wrap.

[68] 美团搜索中查询改写技术的探索与实践[EB/OL]. (2022-02-21). https://zhuanlan.zhihu.com/p/470318201.

[69] 阿里妈妈技术. CIKM2021|图模型在广告检索(Ad Retrieval)中的应用[EB/OL]. (2021-12-15). https://mp.weixin.qq.com/s/_MjXd_K4Wm9tN_XOisWuSw.

[70] 原生广告 [EB/OL]. (2023-02-23). https://baike.baidu.com/item/%E5%8E%9F%E7%94%9F%E5%B9%BF%E5%91%8A/7715366?fr=aladdin.

[71] 多感官设计. [EB/OL]. https://wiki.mbalib.com/wiki/%E5%A4%9A%E6%84%9F%E5%AE%98%E8%AE%BE%E8%AE%A1.

[72] 中国互联网络信息中心. 第 51 次中国互联网络发展状况统计报告[EB/OL]. https://www.cnnic.net.cn/NMediaFile/2023/0322/MAIN16794576367190GBA2HA1KQ.pdf.

[73] 艾媒咨询. 艾媒咨询|2023 年中国虚拟主播行业研究报告 [EB/OL]. (2023-04-06). https://mp.weixin.qq.com/s/CzfL48yem0AwZXANQBJmhw.

[74] 什么是元宇宙？为何要关注它？——解码元宇宙[EB/OL]. (2021-11-19). https://baijiahao.baidu.com/s?id=1716854014749625905&wfr=spider&for=pc.

[75] 清博智能. Gucci 要在虚拟空间里建小镇！奢牌为何都钟爱元宇宙？[EB/OL]. (2022-06-10). https://mp.weixin.qq.com/s?__biz=MzI1NjA0NzYxNw==&mid=2247493410&idx=6&sn=9c2e25bdca976f697d4c812f960c6665&chksm=ea2e084cdd59815ad2483fca0501809600849f18574a88ca40c09b2d2052da22181a57fe7f73&scene=27.

[76] 奢侈品闯入元宇宙，是财富密码还是虚幻泡沫？[EB/OL]. (2021-12-22). https://baijiahao.baidu.com/s?id=1719838285581099016&wfr=spider&for=pc.

[77] 法国严格管理电视药品广告[EB/OL]. (2009-02-19). https://www.gmw.cn/01gmrb/2009-02/19/content_889390.htm.

[78] 法国金融市场监管局:"数字货币衍生品"必须监管 禁止线上投放广告[EB/OL]. (2018-02-23). https://baijiahao.baidu.com/s?id=1593146784203303580&wfr=spider&for=pc.

[79] 加拿大细分反垄断体系 高效且维护市场公平[EB/OL]. (2014-08-13). http://www.chinanews.com.cn/gj/2014/08-13/6488609.shtml.

[80] 加拿大证券管理局:将联合全球数字平台禁止数字货币相关广告[EB/OL]. (2018-07-11). https://www.sohu.com/a/240521372_115060.

[81] 加拿大反垃圾邮件法终于在 7 月完全生效了[EB/OL]. (2017-08-22). https://www.sohu.com/a/166350335_739899.

[82] 日本拟出台新法给电商上紧箍咒:随意操纵商品显示顺序属违规[EB/OL]. (2019-11-04). https://baijiahao.baidu.com/s?id=1649261669598052743&wfr=spider&for=pc.

[83] 日本消费者委员会要求加强保健食品广告监管[EB/OL]. (2013-01-04). https://www.cnr.cn/advertising/ggjiangguan/201303/t20130322_512209162.html.

[84] 三星 LG "电视互撕大战":监管结束调查 双方互撤投诉[EB/OL]. (2020-06-06). https://new.qq.com/rain/a/20200606A07SFQ00.

[85] 新加坡,首个禁止高糖饮料广告的国家[EB/OL]. (2019-10-12). https://baijiahao.baidu.com/s?id=1647162658862500240&wfr=spider&for=pc.

[86] 孟兆平:从美国经验看互联网广告的中国之路[EB/OL]. (2016-08-29). http://it.people.com.cn/n1/2016/0829/c1009-28673771.html.

[87] 广告宣传也要导向正确[EB/OL]. (2016-04-28). http://www.wenming.cn/wmpl_pd/zmgd/201604/t20160428_3322115.shtml.

[88] 央行等七部门拟发文规范金融产品网络营销活动[EB/OL]. (2022-01-01). https://baijiahao.baidu.com/s?id=1720744306725157861&wfr=spider&for=pc.

[89] 韩国政府将加强数字平台企业监管 以遏制滥用市场权力 [EB/OL]. (2022-12-29). https://baijiahao.baidu.com/s?id=1753537888042385504&wfr=spider&for=pc.

[90] 韩国个人信息保护委员会对 Meta 罚款 660 万韩元[EB/OL]. (2023-02-09). https://baijiahao.baidu.com/s?id=1757330896705731587&wfr=spider&for=pc.

[91] 日本加强 IT 巨头网络广告监管:必须公开交易条件[EB/OL]. (2022-07-06). https://baijiahao.baidu.com/s?id=1737603880624074496&wfr=spider&for=pc.

[92] 谷歌曾因网络药品广告被罚 5 亿美元 后彻底整改[EB/OL]. (2016-05-10). http://finance.china.com.cn/industry/company/20160510/3715818.shtml.

[93] 国家市场监督管理总局. 市场监管总局关于印发《"十四五"广告产业发展规划》的通知[EB/OL]. (2022-04-22). https://www.samr.gov.cn/zw/zfxxgk/fdzdgknr/ggjgs/art/2023/art_cb5-cbd269425437084b67df54adccda8.html.

[94] 信用[EB/OL]. (2023-11-08). https://baike.baidu.com/item/%E4%BF%A1%E7%94%A8/986088?fr=aladdin.

[95] 外国征信体系纵览[EB/OL]. (2018-06-25). https://mp.weixin.qq.com/s/ZTp1kk75rkGlRkvVFVwz2A.

[96] 黄璜. 构筑共建共治共享的数字社会治理体系[EB/OL]. (2022-01-29). http://www.qstheory.cn/qshyjx/2022-01/29/c_1128313114.htm.

五、英文文献

[1] POSTMAN N. Technopoly[M]. New York: Vintage Books, 1993.

[2] TURING A M. Computing machinery and intelligence[J]. Mind, 1950(59).

[3] MINSKY M L, PAPERT S A. Perceptrons: an introduction to computional geometry[M]. Cambridge, MA: The MIT Press, 1987.

[4] SCHULTZ D. The future of advertising or whatever we're going to call it[J]. Journal of advertising, 2016(3).

[5] LAZER D, PENTLAND A, ADAMIC L, et al. Computational social science[J]. Science, 2009(5915).

[6] VINCENT NG, KWAN HO M. An intelligent agent for web advertisements[J]. International journal of foundations of computer science, 2002(4).

[7] ADAMS R. Intelligent advertising[J]. Ai & society, 2004(1).

[8] GAO J Z, JI A. Building an intelligent mobile advertising system[J]. International journal of mobile computing and multimedia communications, 2010(1).

[9] RUSSELL S J, NORVIG P. Artificial intelligence：a modern approach[M]. 2nd ed. Upper Saddle River, New Jersey: Prentice Hall, 2003.

[10] WIND J, HAYS C F. Beyond advertising: creating value through all customer touchpoints[M]. Hoboken, NJ: John Wiley & Sons, 2016.

[11] Programmatic Digital Display Ad Spending[EB/OL]. (2023-10-09). https://www.emarketer.com/search1/?query=programmatic%20ad%20spending.

[12] BRODER A Z. Computational advertising and recommender systems[C]//2008 ACM Conference on Recommender Systems, RecSys 2008, Lausanne, Switzerland, October 23-25, 2008. ACM, 2008.

[13] VERGEER L, VANDERLEE L, KENT M P, et al. The effectiveness of voluntary policies and commitments in restricting unhealthy food marketing to Canadian children on food company websites[J]. Applied physiology nutrition and metabolism, 2018(1).

[14] COASE R H. The Federal Communications Commission[J]. Journal of law and economics, 2013(4).

[15] SAVELL E, FOOKS G, GILMORE A B. How does the alcohol industry attempt to influence marketing regulations? A systematic review[J]. Addiction, 2016(1).

[16] NOEL J K, BABOR T F, ROBAINA K. Industry self-regulation of alcohol marketing: a systematic review of content and exposure research[J]. Addiction, 2017(S1).

[17] GALLOPEL-MORVAN K, SPILKA S, MUTATAYI C, et al. France's Évin Law on the control of alcohol advertising: content, effectiveness and limitations[J]. Addiction, 2016(S1).

[18] NOEL J, LAZZARINI Z, ROBAINA K, et al. Alcohol industry self-regulation: who is it really protecting?[J]. Addiction, 2016(S1).

[19] BARRY A E, BATES A M, OLUSANYA O, et al. Alcohol marketing on twitter and instagram: evidence of directly advertising to youth/adolescents[J]. Alcohol & Alcoholism, 2015(4).

[20] VENDRAME A SILVA R, PINSKY I, et al. Self-regulation of beer advertising: a comparative analysis of perceived violations by adolescents and experts[J]. Alcohol & alcoholism, 2015(5).

[21] CLARK E M, JONES C A, WILLIAMS J R, et al. Vaporous marketing: uncovering pervasive

electronic cigarette advertisements on twitter[J]. Plos One, 2015(7).

[22] COLLINS L, GLASSER A M, ABUDAYYEH H, et al. E-cigarette marketing and communication: how E-cigarette companies market e-cigarettes and the public engages with E-cigarette information[J]. Nicotine & tobacco research, 2019(1).

[23] YEE C, MAN W, SAI H, et al. Public support for electronic cigarette regulation in hong kong: a population-based cross-sectional study[J]. International Journal of environmental research and public health, 2017(7).

[24] ZETTERQVIST A V, MERLO J, MULINARI S. Complaints, complainants, and rulings regarding drug promotion in the united kingdom and sweden 2004-2012:a quantitative and qualitative study of pharmaceutical industry self-regulation[J]. Plos med, 2015(2).

[25] GOLDFARB A. What is different about online advertising?[J]. Review of industrial organization, 2014(2).

[26] EVANS, D S. The online advertising industry: economics, evolution, and privacy[J]. Journal of economic perspectives, 2009(3).

[27] GOLDFARB A, TUCKER C E. Privacy regulation and online advertising[J]. Social science electronic publishing, 2011(1).

[28] Zenith. Adspend Forecast Live[EB/OL]. http://adforecast.zenithmedia.com/.

[29] ARAÚJO C S, MAGNO G., MEIRA W, et al. D. Characterizing videos, audience and advertising in youtube channels for kids[C]//International Conferehce on Social Informatics, 2017.

[30] GUSEVA A I, KIREEV V S, FILIPPOV S A. Highly pertinent algorithm for the market of business intelligence, context and native advertising[J]. International journal of economics and financial issues, 2016(S8).

[31] LI H. Special section introduction:artificial intelligence and advertising[J]. Journal of advertising, 2019(3).

教师服务

感谢您选用清华大学出版社的教材！为了更好地服务教学，我们为授课教师提供本书的教学辅助资源，以及本学科重点教材信息。请您扫码获取。

▶ 教辅获取

本书教辅资源，授课教师扫码获取

▶ 样书赠送

公共基础课类重点教材，教师扫码获取样书

 清华大学出版社

E-mail: tupfuwu@163.com
电话：010-83470332 / 83470142
地址：北京市海淀区双清路学研大厦 B 座 509

网址：https://www.tup.com.cn/
传真：8610-83470107
邮编：100084